ちくま学芸文庫

モラル・エコノミー

インセンティブか善き市民か

サミュエル・ボウルズ
植村博恭　磯谷明徳　遠山弘徳 訳

筑摩書房

THE MORAL ECONOMY:
WHY GOOD INCENTIVES ARE NO SUBSTITUTE FOR
GOOD CITIZENS
by Samuel Bowles

Originally published by Yale University Press

Japanese translation published by arrangement with Yale Representation Limited
through The English Agency (Japan) Ltd.

政治を論ずる著作者たちは、これまでに一つの原則を確立してきた。それによれば、さまざまな権力の制御システムを作り上げる場合、……人間はすべて悪党（knave）であり、すべての行動において、私的利益以外の目的をまったくもたないと想定されるべきである。この私的利益によって、われわれは人間を支配しなければならず、それによって、その飽くことない貪欲（avarice）と野心（ambition）にもかかわらず、彼らを公益（public good）に協力させねばならない。

……したがって、人間はすべて悪党と想定されねばならないというのは正しい政治原則である。しかし、同時に、事実において誤っている原則が政治において正しいというのは、少し奇妙に思われる。

――デヴィッド・ヒューム『道徳・政治・文学論集』（一七四二年）

目次

モラル・エコノミー

インセンティブか善き市民か

日本語版への序文

日本の読者に本書を読んでいただくことができ、大変嬉しい。本書が出版されてから一年も経たないうちに、本書での主要な考えが、われわれが経済学について考える仕方をどのように変化させるのかということについて、しばしば尋ねられてきた。この機会に、喜んでいくつかの考えを提起することにしたい。まず、かなり前のちょっとした物語から始めさせていただきたい。

私のもとに届いたメールは、「エキサイティングで刺激的な時代」を思いださせるものだった。それは、私の旧友が大統領行政府のスタッフとして一九五〇年代初頭を過ごしたときのことである。「人々は長い時間働いた」――と彼は語った――「そして達成感がそれを埋め合わせていたと感じていたし……自分の重要性も感じていた。金曜日の午後の会議はきまって八時か九時にまで及んだ。そのようなときには議長が土曜の朝に再開してはどうかと提案したものだった。しぶるものは一人としていなかった。われわれ全員が、その会議が重要であり、自分が重要だということを知っていた」。しかしそれから、何かが変わった。「土曜に勤務したものは誰であれ、超過手当を受け取るという大統領令が発令されたとき、どうなったか。……土曜の会議は事実上開かれなくなってしまった」。

そのメールは、トーマス・シェリングからのものだった。彼は、ホワイトハウスを去った半世紀後にノーベル経済学賞を受賞した。授賞理由は、経済学は市場を超えた社会的相互作用を含めるようにその焦点を拡大すべきであると、経済学者たちに確信させたことだった。シェリングの物語からわれわれが持ち帰ってきたメッセージ、すなわちインセンティブが時として期待に反する効果を生むということは、心理学者にはなじみ深いものである。近年の研究において、二歳未満の子供は、手の届かないところにある物をとろうとする大人を見て、見返りがなくても夢中で手助けしようとすることが確認された。しかし、大人の手助けをすることで見返りを与えられた後では、子供たちが手助けする比率は四〇パーセント低下した。

シェリングが発見したように、インセンティブが時として期待に反した結果をもたらすという事実は、経済学者ならば、まさに問題となるものである。この陰鬱な科学によれば、インセンティブはよりよく秩序づけられた社会のための基礎である。多くの人々によって経済学の父と考えられているアダム・スミスは、それを次のように的確に言っている。「われわれが食事をとれるのも、肉屋や酒屋やパン屋の博愛心によるのではなくて、自分自身の利益に対する彼らの関心によるのである」。

そして、アダム・スミスは『国富論』（一七七六年）の中で、それはすべてが悪いことではないと説明した。肉屋、パン屋、酒屋あるいはその他の私的な経済的行為者は「ただ彼自身の利得を意図しているだけなのである。そして、他の多くの場合と同様に、その場合でも、見えざる手に導かれて、自らは意図してもいなかった目的を促進することになる。彼が、この目的をまったく意図していなかったということは、その社会にとって必ずしも悪いことではない。彼自身の利益を追求することで、社会の利益を増進しようと真に意図する場合よりも、もっと有効に社会の利益を増進することもしばしばあるのである」。

スミスの考えは、いまだに響きわたっている。一九八七年の株式市場大暴落の直後に、『ニューヨーク・タイムズ』紙は論説に次のような表題をつけた。「強欲を禁ずる？ ノー。それを活かせ」。そして、次のように続けた。「ここでのおそらく最も重要な考えは、動機と帰結を区別する必要があるということである。デリバティブ証券は、生肉がピラニアを引きつけるように、欲深い人間を引きつける。しかし、だから何なのか。私的な強欲は公益をもたらすことができる。証券規制のための分別ある目標は、利己的行動を経路づけることであり、それを阻止することではない」。

ここでのラディカルな考えは、だめな動機も高い目的のために活かすということである。したがって、社会や経済がどの程度よく働くかは、その市民の質を合計するということには依存しないのである。そこで本当に問題なのは、市民たちがどのように相互作用するかということである。経済がどのようによく働くかは、複雑系理論の言葉で言えば、経済を作り上げている人々の相互作用から生じる創発性なのである。全体について生じる事柄は、個々の部分から推論することはできず、個々の部分を加算することによっても、またその他の単純なルールによっても推論することはできないものである。

スミスは、経済の働きを理解するために、創発性の考え（その言葉を使用してはいないが）をまさに最初に使用した。しかし、スミスは重要なことを見過ごしてしまったにちがいない。経済的な利己心は、パン、ビール、牛肉をテーブルの上に置いてきたが、ボストンの消防士たちに病欠の連絡をやめさせはしなかったのである。どこで彼らは間違ったのか。スミスも彼を継承した偉大な一九世紀の経済学者たちも、実際に人々が完全に利己的であると考えるという誤りをおかしたのである。

スミスは、そのもう一つの偉大な本である『道徳感情論』において、「人間がいかに利己的であると想定しうるにしても、明らかに彼の本性の中には、他人の運命に関心をもち、他人の幸福をかけがえのないものとするいくつかの原理がある。人間がそれから受け取るのは、それを眺めることによって得られる喜びの他に何もないにもかかわらずにである」という考えを保持していた。スミスの四分の三世紀あとに、ジョン・スチュアート・ミルは、純然たる利己心の仮定を「人間の恣意的な定義」と呼んだ。

スミス（および彼以降の大半の経済学者）が見落としたのは、道徳的な、寛大な、あるいは他の社会的に利益的な行動が、利己心を活用するように設計されたインセンティブに基づく政策によって、おそらく不利な影響を受けるだろうという可能性である。ほとんどの経済学者にとって、語られることのない第一原理は、インセンティブと道徳とが「加法的に分離可能なもの」だということである。これは数学からきた用語で、一方の効果が他のレベルに依存しないことを意味している。二つが加法的に分離可能である場合、それは相乗的——二重唱が単独のパートよりも良いのと同様に、それぞれが他方の結果に正の貢献をする——でもなければ、相対立するものでもない。

あなたは、分離可能性がどこで誤りとなりうるのかすでに見てきた。シェリングやホワイトハウスの職員に土曜日の会議の超過手当を支払う提案は、彼らが行っていることが重要であるという意味に加えて、勤務するもう一つ別の理由をたんに追加するといったものではない。彼らの公共心は、彼らへの支払いに対する彼らの利己的な関心から分離可能ではないのである。利己的な関心を表す政策は公共心を減じてしまうことがわかる。この場合における全体は、個々の部分の総和よりも小さかったのである。

このことは、われわれを複雑性に立ち戻らせることになる。それは、物事の結果は、めったにそれらの単純な合計ではないと考えるものである。スミスの見えざる手の主張では、全体（テーブル上の食事）は、個々の部分（スミスの考えでは、座ろうとする飢えた家族についてさほど気にせず、食事を提供しようとする人々の利己的動機）の合計より大きいのである。

しかし、それはまた、別の方向へと向かうことになる。経済学者が見過ごしてきたのは、インセンティブ（罰金やボーナス）を加算することは、別のなにかを減じているかもしれないということである。それは、責任あるいは義務あるいは内発的な喜びといった個人の感覚である。心理学者フェリクス・ワーネケンとマイケル・トマセロは、報酬がどのように他者を助けようとする子供たちの内発的な欲求をクラウディングアウトするかということに関する研究の著者であるが、彼らは次のように結論づけている。「子供たちは最初は手伝いをしようという気持ちをもっている。しかし、外からのご褒美がその気持ちを削ぐことになる。したがって、社会化の実践は、これらの傾向の上に築かれ、利他的に行動しようとする子供本来の性向と相容れないかたちではなく、それに呼応して作用するようにすべきである」。

これは公共政策に対しても、よいアドバイスであるかもしれない。

サンタフェ、ニューメキシコ　二〇一七年二月一九日　サミュエル・ボウルズ

序文

ほとんど三〇年もかけて作り上げる著作というのは、多くの手助けを受けているものである。本書は一部にはイェール大学でのキャッスル講義に基づいている。そこでのブライアン・ガーステン、フィル・ゴルスキ、ローリー・サントス、スティーブン・スミスとクリス・ユードリの批判的なコメントが、本書に多くの改善をもたらしてくれた。

これは、イェールの社会科学の教授陣から学んだ二度目のものである。最初は、倫理学・政治学・経済学専攻に進む前の学生としてであり、次は、私のキャッスル講義の主催者としてである。最初の恩義は、私の指導教員であったチャールズ・リンドブロムとそのプログラムでの刺激に負っている。リンドブロムは、私に分析的に考えるように促し、他方で、学問領域の固く守られた境界を越えていくことを促してくれた（リンドブロムが擁護したイェールでの伝統は、キャッスル講義でコメントをしてくれた人たちの学問分野から明らかである。一人は歴史学者、一人は心理学者、二人の政治学者、経済学者が一人である）。その後、博士課程の学生として、ハーヴァードでアレクサンダー・ガーシェンクロンとともに経済史の研究をしたことが、社会はどのようにより良く統治されうるのか、社会は時間の経過とともにどのように進化していくのかという大問題は問うに値するし、その当時、私が望んでいた答えではないにせよ、その答えはありうることを私に確信させた。

一九八〇年代末からこのプロジェクトに関わる仕事をする中で、これらの問題に関する私の思考は、次のような人たちによって形づくられたものである。過去と現在の九月セミナーのメンバーたちは、プラナブ・バードハン、ロバート・ブレナー、ハリー・ブリッグホース、故ジェラルド・コーエン、ジョシュア・コーエン、ヤン・エルスター、スレシュ・ナイドゥ、フィリップ・ヴァン・パリース、アダム・プレゼヴォルスキー、ジョン・ローマー、レベッカ・サックス、シーナ・シフリン、ヒレル・スタイナー、ロバート・ヴァン・ダー・ヴィーン、そしてエリック・オーリン・ライトであり、サンタフェ研究所での行動と制度の共進化に関するワーキンググループ（一九九八年〜）のメンバーは、ラリー・ブルーム、ロバート・ボイド、ハーバート・ギンタス、そしてペイトン・ヤングである。社会がどのようにわれわれの選好を形成するかに関するギンタスの博士論文とそれ以来の彼との共同研究は、前述の問題に関する私の思考に深い影響を与えた。

以下のページでの着想の多くは、まず、ロバート・ボイドとギンタスを長とする規範と選好研究ネットワークにおいて、九〇年代後半の期間に試された。この研究ネットワークのメンバーのうち、特に感謝したいのは次の人たちである。コリン・カメラー、マーティン・ダリー、エルンスト・フェール、サイモン・ゲヒター、エドワード・グレイザー、ジョージ・レーベンシュタイン、そして故マーゴ・ウィルソンである。この著作の初期の草稿と研究に対するその他の寄稿に対するコメントについては、（すでに名前を挙げた人たちに加えて）特に次の人たちに謝意を表したい。マーザリン・バナージ、ヨハイ・ベンクラー、ラーンヒルド・ハウリ・ブラーテン、ファン・カミロ・カルデナス、ウェンディ・カリン、ルース・グラント、ジョシュア・グリーン、ジョナサン・ハイト、キーラン・ヒーリー、ベルント・アーレンブッシュ、レイチェル・クラントン、ウーゴ・パガノ、エリザベス・フェルプス、サンドラ・ポラニア＝レイエス、カルロス・シッカート・ロドリゲス、ダリア・ロイスメイアー、ポール・シーブライト、そして特に、エリザベス・ジーン・ウッドである。

私の共同研究者であるスン＝ハ・ホワンとサンドラ・ポラニア＝レイエスは、この本の多くの部分の実質上の共著者である。われわれの共同論文の結果の使用を快諾してくれた彼らに感謝をしたい。第5章は、*Philosophy and Public Affairs*（2011）に発表した論文に拠っており、本書への収録を許可してくれた同誌に感謝する。第3章と第4章には、*Journal of Economic Literature*（2012）にポラニア＝レイエスと共同で発表した話題が含まれている。

スーザン・カー、キアラ・ヴァレンティーニ、そして特にエリカ・ベナーは、私が述べる物語の中で主要でかつ複雑な役割を果たす人物であるニッコロ・マキャベリを理解する手助けをしてくれた。マキャベリの『ディスコルシ』と『君主論』のいくつかの文章のイタリア語からの翻訳は私自身によるものである。

サンタフェ研究所とシエナ大学のポンティニャーノ修道院は、研究と熟考、執筆のための最高の環境を提供してくれた。そこでの職員たちは、この研究を楽しいものに、そして可能なものにしてくれた。とりわけ、サンタフェ研究所図書館のマーガレット・アレクサンダー、ジョイ・レキュヤー、スーザン・マクドナルドには感謝したい。また、研究の助手をしてくれたニコル・ヴィジャール・エルナンデス、図表と索引のそれぞれを作成してくれたダヴィデ・メルカンギとサイ・マドフリカ・マムヌルにも感謝する。そして、マッカーサー財団と全米科学財団からの金銭的な支援にも謝意を表したいと思う。最後に、私は、故ジョージ・コーワンとアデル・シモンズに対して、私の研究に対する変わることのない彼らの信頼と長年にわたる援助に恩義を感じている。

もしあなたが、この小さな本を書くのにどうしてそんなに長くかかったのかと訝るならば、それは要するに、私には学ぶべきことが多かったということである。手短かに、その物語を述べておこう。私が市場とインセンティブとの文化的結果についての研究を一九八〇年代末に始めたとき、当時は抽象的なモデルを作成するだけになっていたが、それは、何がその主題に私を引きつけているのかについて何か言うことを可能にさせてはくれなかった。その主題とは、より良い政策、制度、そして国制（国家の組織体制）についての経験的な挑戦である。私は他にそういうものがないので、モデルによる議論を行っていた。しかし、利用可能なデータは、人々の倫理的、内発的、そして他の非経済的動機についての私の仮説や、それらがインセンティブ、法の制約、その他の公共政策の手段によってどのように影響されうるのかについて検証するのには不適切であった。さらに、経済学者や生物学者の間にとどまらず、そうした動機が真剣な研究に値するほど十分に一般的であるかどうかについての重大な疑問さえ存在した。

これが変化し始めたのは一九九〇年代においてだった。すでに述べた規範と選好研究ネットワークが、世界中の文化の中での一連の行動実験を（ジョセフ・ヘンリッヒと多数の人類学者と経済学者のグループとともに）実施する機会を与えてくれた。また、私は他の研究者たちの（特に、エルンスト・フェール、サイモン・ゲヒター、アルミン・ファルク、ウルス・フィッシュバハーとチューリッヒ学派からの）実験からも貪欲に学んだ。本書の第3章、第4章、そして第5章になったその実証的な骨子が形になり始めたのだった。

千年紀の変わり目頃に、私は明らかに次なる疑問と思われるものに取り組むことになった。実験が示していると思えるように、もし人々が、経済学者や進化生物学者が想定してきた以上に寛大で市民的心性をもっているならば、このことが一つの難問を提起する。自然淘汰も、その当時に著名な文化進化のどんなモデルも、これがどのようにして生じうるのかに対する即答を提供しないというものである。

私は、人間の社会的行動の進化に関連する考古学的、遺伝学的、民族学的な根拠に取り組むことを始めた。ユンキョー・チェ、アストリッド・ホッペンズィッツとハーバート・ギンタスとともに、私は、ギンタスと私が（二〇一一年の著書のタイトルで）協力する種と呼んだ、すなわち、人間の文化的・生物学的進化についての説明を提供するモデルとコンピュータ・シミュレーションを展開した。その根拠が明らかにしたのは、実験結果は変則例（アノマリー）ではないということだった。倫理的かつ寛容な動機が人間集団において一般的であると期待しうる信頼できる遺伝的・文化的な理由が存在する。

当時が、私にこの研究に取り組むようにさせた挑戦に立ち戻るべきときであったし、また人間行動に関するこの新しい経験的な知識のどんな含意が、利己心と寛容さ、道徳的行動と非道徳性の両方を付与された人々のためにうまく働く政策や制度の設計に適用しうるのかを理解すべきときであった。そのようなわけで、私は、二〇年も前に棚上げしたプロジェクトに再び取り組むことにしたのだった。

この短い本がその長い旅路の結果である。

第1章　ホモ・エコノミクスに関する問題

二世紀半前、ジャン＝ジャック・ルソーは、彼の『社会契約論』の読者を「あるがままの人間(メン)」のための「ありうべきものとしての法律」[★1]を考えるように誘(いざな)った。性差を表す言葉遣いはさておき、この言い回しは依然として共感を呼ぶ。うまく統治するためには、人々が、統治(ガバナンス)のシステムを構成する法律、経済的インセンティブ、情報、あるいは道徳的アピールにどのように反応するかを理解することが必要であることを、われわれは知っている。そして、これらの反応は、人々の行動を動機づけ、制約する願望、目的、習慣、信念、そして道徳に依存している。

しかし、ルソーの「あるがままの人間」によって、われわれは何を理解すべきか。

経済人――ホモ・エコノミクスに立ち入ってみよう。経済人の発想に影響を受けている経済学者、法学者、政策立案者の間では、公共政策や法体系の設計、同様に企業組織やその他の民間組織について考えるさいに、それが市民、従業員、ビジネス・パートナー、あるいは潜在的な犯罪者であれ、人々は完全に利己的で、非道徳的であると想定されねばならないと広く主張されている。一部にはこの理由のゆえに、今では物質的インセンティブが、学生たちの学習、教員の効率性、ダイエット、投票、禁煙、ビニールのレジ袋から再利用可能な袋への転換、財務管理における受託者責任や基礎研究を動機づけるために活用されている。これらすべてが、経済的インセンティブがない場合には、内発的、倫理的、あるいはその他の非経済的理由によって動機づけられるであろう行動である。

この仮定が法律、経済、政策立案の分野で広く流布しているとすれば、人々が完全に非道徳的で利己的であると現実には誰も信じていないのは奇妙に思えるだろう。実際、その仮定は、現実主義ではなく、慎重さを根拠に提案されたのである。ヒュームでさえ、本書のエピグラフの末尾で、その原則は「事実において誤っている」と読者に警告している。

法律、政策、事業組織を設計するとき、ホモ・エコノミクスを市民や学生、借り手の行動モデルとすることは決して分別のあることではないことを納得してほしい。理由は二つある。第一に、このパラダイムからの政策は時として、普遍的な非道徳的利己心の仮定を、このパラダイムによらなかった場合よりもほぼ正しいものとする。つまり、人々は、インセンティブがない場合よりもある場合のほうが、時としてより利己的な仕方で行動する。第二に、罰金や報酬、その他の物質的誘因は、しばしばうまくいかないことがある。(ヒュームが主張したように）どんなに巧みに悪党の貪欲を阻止するよう設計されたとしても、インセンティブだけでは良い統治の基礎を提供することはできない。

もし私が正しいとすれば、良い統治に不可欠な倫理的動機やその他の社会的動機の衰退は、より包括的でより良く定義された私的所有権や市場競争を高めること、個人の行動を導くためのより多くの金銭的インセンティブの使用といった、経済学者が好んで主張してきた政策の意図せざる文化的帰結となろう。

私は、市場経済が機能するために必要なものとして主張されるこれらの政策が、利己心を促進し、社会が協力的で寛大な市民による堅固な市民文化を維持するための手段を掘り崩すことになりかねないことを示そうと思う。そうした政策は、市場の働きそのものに必須の社会規範を危うくさえしかねないのである。このいわゆるクラウディングアウト過程の文化的犠牲になるのは、借入をしようとするとき、自分の債権・債務を正直に申告することや約束を守ること、また誰も見ていないときでも懸命に働くことといった日々の美徳である。これらの規範がなかったり、傷つけられたりしている場合には、市場とその他の経済制度は、うまくいかないのである。今日の高業績で、かつ知識基盤の経済は、以前にもまして、こうした社会規範の文化的な下支えを必要としている。これらの中には、握手は実際に握手なのであるということの保証も含まれる。人がこれに疑いをもつ場合には、交換からの相互の利益は不信によって抑制されるだろう。

経済学者たちによって市場を「完全にする」ために必要であるとみなされる政策が、市場をうまくいかなくさせる可能性があるという逆説的な思想は、市場を超えてあてはまる。

人々の市民的心性や社会規範を守ろうとする本来の願望が、これらの政策の結果として浪費されるかもしれないし、おそらく取り返しがつかないほどに、将来における良く設計された政策のための余地を小さくするだろう。したがって、大昔に、ホモ・エコノミクスが市場を発明したと幾人かの経済学者たちは想定したが、事実はその逆だったのかもしれない。すなわち、非道徳的な利己心の増殖が、経済学者たちが理想とした類いの社会で生活することの帰結の一つなのかもしれない。

政策立案者や憲法起草者が直面する問題は、インセンティブと制約とが統治のシステムにとって不可欠だということである。しかし、「あるがままの人間」があたかもホモ・エコノミクスのごとく設計される場合、インセンティブが公益の供給において抑制するように設計された利己心を促進するようになるならば、インセンティブは裏目に出るだろう。もしホモ・エコノミクスが実際に「あるがままの人間」の正確な描写であれば、問題は生じないだろう。その場合、クラウディングアウトされるべきものは何もないはずである。しかし、過去二〇年間にわたり、行動実験（第3章、4章、5章で見るつもりである）が、倫理的・他者考慮的な動機がほとんどすべての人間集団に共通するという明確な証拠を提供してきた。実験は、これらの動機が時として物質的な利己心に訴える政策やインセンティブによってクラウディングアウトされることも示している。以下がその一例である。

ハイファの六つの託児所では、一日の終わりに子供を迎えに来るのに遅刻する親たちに罰金が科されることになった。それはうまくいかなかった。親たちは、遅刻回数を二倍にすることで罰金に反応した［★2］。一二週後に罰金は取りやめられたが、親たちの遅刻はその後も続いた（罰金なしの対照集団と比較した彼らの遅刻の回数は図1・1に示される通りである）。

こうした罰金を科すことの反生産的な結果は、経済的インセンティブと道徳的行動との間のある種の負の相乗効果を示唆している。あたかも売りに出すかのように遅刻に値段をつけることは、先生たちに迷惑をかけまいとする親たちの倫理的な義務感を掘り崩し、親たちが遅刻を、買うことのできるある種の商品とみなすことに導いたように思える。

もし罰金が十分に高かったならば、明らかに親たちは違った反応をしただろう。しかし、あらゆるものに値段をつけることは、良い発想ではない。もしそれができ、適正な価格が見出しうるとしてもである（後に見るように、いずれもとても大きな「もし」である）。

最近の実験では、（非貨幣的な物でなく）お金を見せたりコインについて話したりするだけで、子供たちを社会的でない仕方で行動するようにさせ、日常的な相互作用において他者に対して協力的でないようにさせるという結果が出ている［★3］。

別の研究では、二歳未満の子供たちは、手の届かないところにある物を取ろうとする大人を見て、見返りがなくても夢中で手助けしようとする。しかし、大人の手助けをすることでおもちゃを見返りにもらった後は、手助けをする比率は四〇パーセント低下した。こ

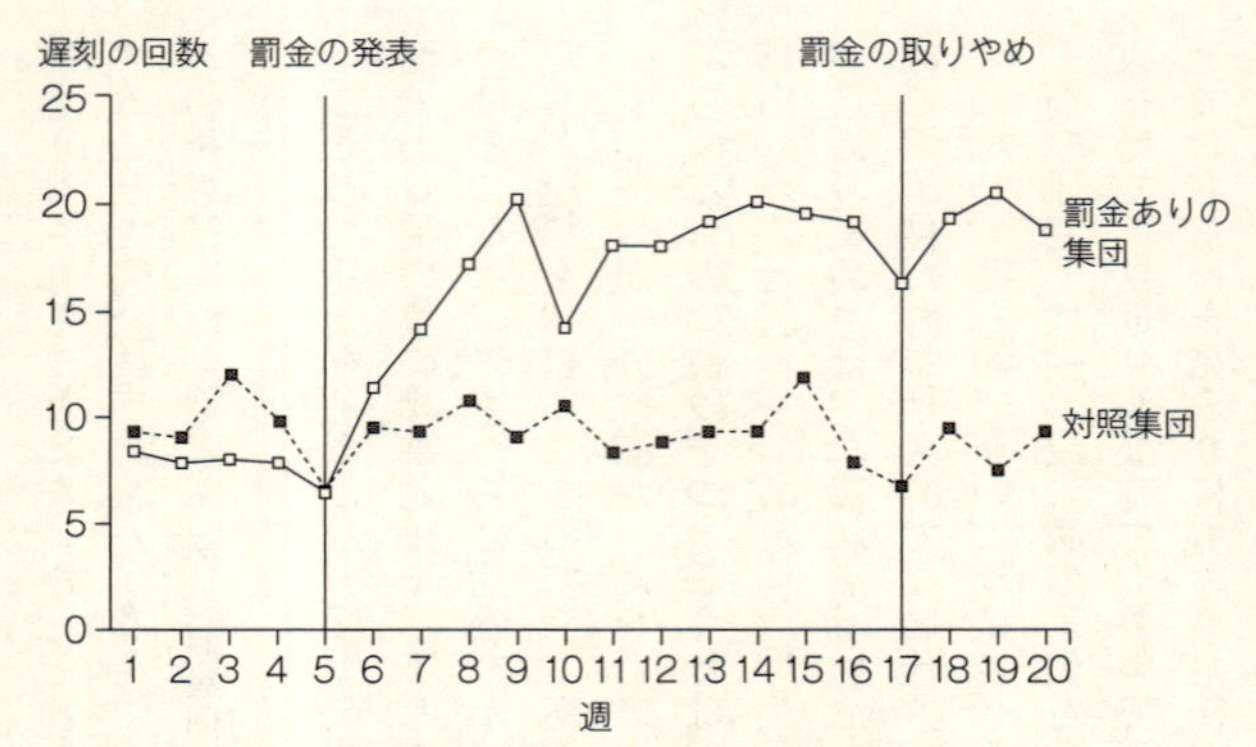

図1・1　ハイファの託児所での遅刻に対する罰金の効果
(Gneezy and Rustichini 2000 からのデータ)

の研究の著者であるフェリクス・ワーネケンとマイケル・トマセロは、次のように結論づける。「子供たちは最初は手伝いをしようという気持ちをもっている。しかし、外からのご褒美がその気持ちを削ぐことになる。したがって、社会化の実践は、これらの傾向の上に築かれ、利他的に行動しようとする子供本来の性向と相容れないかたちではなく、それに呼応して作用する」[★4]。これは、公共政策にとっても有益な助言となろう。

政策立案者たちは、経済的インセンティブと倫理的・他者考慮的な動機の双方が効果的な政策のために必要だが、前者が後者を衰えさせるかもしれないということに、どのように応えるべきだろうか。もし動機づけの二つの源泉が考慮に入れられるならば、政策立案者たちは、彼らの政策パッケージにおいて経済的インセンティブに限定的な役割を与えることを考えるかもしれない。もしインセンティブが社会的価値を掘り崩し、それでもインセンティブと社会的価値の両方が必要とされるならば、人は、このクラウディングアウト問題がない場合に利用するだろうよりもインセンティブを少なく利用すべきだということになると思える。

同様の推論によって、政策立案者たちは資源の配分に際して市場の役割を制限するよう導かれるだろうし、代わって、政府やインフォーマルな非市場組織のより大きな役割を支持するよう導かれるだろう。これは、マイケル・サンデルの『それをお金で買いますか(原題：お金が買えないもの——市場の道徳的限界)』での主要論点と一致する。「あらゆる人間活動に値段をつけることは、大切にする価値のある一定の道徳的、市民的な善を浸食する」[★5]。サンデルは、「市場が公益を提供しないところと市場が属さないところ」に関する公開討論のための説得力ある論拠を立てる。デブラ・ザッツは、『なぜある物は売るためのものであってはならないのか』の中でこれについての政治的理由を示し、いくつかの市場を制限することが、民主主義的な文化や政治体制にとって基本となる政治的平等を維持するのに不可欠であるという見解を提起する[★6]。私の関心は、(政府や他の配分システムに対立するものとしての)市場の度合いにあるのではなく、市場、企業、公共政策のいずれにおいてであれ、経済的インセンティブの時として問題となる使用にある。インセンティブが倫理的かつ寛大な動機をクラウディングアウトする可能性があるという証拠が、サンデルやザッツの推論を補うことになる。

しかし、インセンティブそれ自体は、完全に批判されるべきものではないと主張することもできる。クラウディングアウトは、インセンティブを遂行する人とその対象者との間の関係から生ずる根本問題を反映するものかもしれない。たとえば、雇用者の報酬や監視政策に盛り込まれるインセンティブは、被雇用者に、雇用者が貪欲か支配的か、あるいは被雇用者を信用していないかといったことを伝えるだろう。またインセンティブは、ハイファでのような「支払いをすれば遅刻しても構わない」といった誤ったメッセージを不用意に伝えるかもしれない。

だとすれば、政策立案者はインセンティブと市場の役割を制限するよりも良いことができる可能性がある。政策立案者はクラウディングアウトを覆すことができるかもしれない。この推論に基づく新たな政策パラダイムにおいては、伝統的な政策手段であるインセンティブと懲罰が、市民の倫理的、あるいは他者考慮的な動機の力を掘り崩すよりも高めるかもしれない。そして、今度は、これが法的制約や物質的誘因の有効性に貢献するかもしれない。法と道徳は相乗的であるという発想は、少なくとも二〇〇〇年前のホラティウスにまで遡る。「罪の芽が罰によって切り取られていないのならば、暗い心でかこつとも何になろうぞ。道徳なくしてうつろな法が何になろうぞ」（『カルミナ』第三巻二四歌）［★7］。

ホラティウスにとって、法と道徳は、ともに協力して働く、秩序立った社会に不可欠のものである。

私がここで提起したいのは、一方でのインセンティブと制約、他方での倫理的・他者考慮的な動機づけの間の相乗作用という政策パラダイムである。ホラティウスよりも前に、古代アテナイ人議会が、そうしたパラダイムの基礎を考案した。そして私は最終章で、ハイファでは事態がなぜ違うものになったのかを説明しようと思う。

新しい政策パラダイムは、「あるがままの人間」という経験的に根拠づけられた見解に基礎づけられるだろう。ホモ・エコノミクスを置き換えることが出発点である。しかし、そうしたパラダイムを補完する部分は、われわれの行動を説明する認知過程に関する新しい証拠を統合することにあるだろう。リチャード・セイラー、キャス・サンスティーン、ダニエル・カーネマン、エイモス・トヴェルスキーほかの研究は、人々は意思決定において、経済学者が一般に想定するように、先を見通し、計算をし、首尾一貫しているのではないことを明らかにした［★8］。そうではなく、われわれは現状に対してバイアスをもち、将来の異なる時間に起こる選択肢の選択において一貫しないのである。

これらのバイアスをどう避けるべきかを教えられた後でさえ、われわれは、経済学者が計算ミスと考えるような間違いを犯してしまう。たとえば、不確実な状況で行動を起こす場合、人々は、何かが起こるかもしれないという正の確率を、それがどんなに小さいもののであっても、それが起こらないことを確実に知っているとは全く異なるものとして扱う。経済学者たちに、彼らの学問分野でノーベル経済学賞を受賞したことで賞賛された心理学者カーネマンは、次のように結論づける。「人々は決定において近視眼的であり、自らの将来の嗜好を予測する技能を欠いている。そして、過去の経験に関する当てにならない記憶や間違った評価による誤った選択に導かれる可能性がある」[★9]。

要するに、かつては選択行動をすべての人間活動の中心においた経済学者たちが、今や人々は良い選択者でないことを発見したのである。

セイラー、サンスティーン、カーネマンたちは、認知処理に関する新たな根拠についての公共政策的な含意を引き出した。このことが理由の一端で、以下で私は、われわれがどのように意思決定するかよりも、次のことに関心がある。それは、われわれが意思決定するとき何を評価するのか、インセンティブと公共政策のその他の側面が、われわれが評価するものをどのように形づくるのか、そしてこれが、われわれが政策を立案する仕方を変えるべきであるのを示唆するのはなぜか、である。

以下では、ホモ・エコノミクスに基づく政策パラダイムとは何かを説明し、それが支持する政策が倫理的その他の社会的動機をクラウディングアウトするかもしれないということに、その実行者たちが気づかないか、無関心になっていったという奇妙な物語を詳しく述べることから始めようと思う。

第2章　悪党のための立法

月曜日と金曜日に疑わしい病気欠勤連絡が集中することに気づいて、ボストンの消防本部長は二〇〇一年一二月一日に、無制限の有給病欠という消防署の政策をやめた。その代わりに、彼は一五日の有給病欠という制限を設け、その制限を超えた消防士については、給与を減らすことにした。消防士はどう反応しただろうか。クリスマスと元日の病欠連絡の数が、前年の一〇倍に増加したのである。

消防本部長は、消防士の休日ボーナスを取りやめることで報復した[★1]。消防士たちは不快に思った。次の年に、彼らは一万三四三一日の病欠日を獲得した。それは前年の六四三二日からの大幅上昇であった[★2]。

新しい仕組みによって屈辱を受けたと感じた多くの消防士たちが、それを悪用するか、けがをしていたり体調が良くないときでさえ、人々に奉仕をするという過去の倫理を捨て去るかした。

私はこの本部長にいくぶん同情する。かつて私は、十代だった私の子供たちに、彼らのささやかな週当たりの小遣いを上乗せする方法として、家庭の雑用の価格表を提示したことがあった。彼らの反応は、かつてはインセンティブなしに多かれ少なかれ楽しそうにやっていた家事をやめてしまっただけであった。

本部長の苦労と私の家庭経済学における実験の失敗は、決して例外ではない。すでに見たように、人々を社会的に責任のある仕方で行動させるよう明示的な経済インセンティブと制約を課すことは、時には効果がなく、ボストンの消防本部長が発見したように、反生産的ですらある。これは問題だろうか。私の直感は、より大きな罰則は機能するだろうということである。消防士たちのクリスマスと元日での多数の病欠連絡は、彼らがお金への関心を失ったということを意味しない。もし消防本部長がより重い罰則を科したならば、たとえ消防士たちの怒りと不信が、結果として彼らの義務感を失わせたとしても、彼らはきっと節度を守ったであろう。経済的利害が、人々に奉仕するという誇りに取って代わったのである。

しかし、これらのインセンティブと制約は限界をもつ。重い罰金や厳しい懲罰は、偽りの電話連絡を阻止するかもしれない。しかし、それらは消防士のプロ意識や勇気といった捉えにくく、より測定しにくい側面を動機づけるだろうか。極端なペナルティがたとえ役目を果たしうるとしても、リベラルな社会は消防士たちが不快に思っていることを見出すだろう。ペナルティを消防士たちの義務感の代替物とするのではなく、消防本部長は消防士たちの市民的誇りを支持し高めるような政策を探すことができたはずである。

消防本部長のインセンティブに対する消防士たちの反応が問題と考えるかどうかが、あなたを統治の哲学における古くからの未解決問題の一方の列か他方の列かのどちらかに並ばせることになる。それは、大ざっぱに言うと、悪党のための立法が機能しうるかどうかということである。もしそうならば、一方の側に拠って統治することが良い考えであろうか。私はこれらの問題への取り組みを、次のような注目すべき物語を述べることから始めよう。すなわち、悪党のための立法という考えがどのようにして生まれてきたのか。われわれが家庭や政治機構、近隣地域で日常的に行う倫理的判断の手の届かない道徳不在の領域へと市場を変えた経済学者の手の中で、それが根本的な転換を遂げたのはどのようにしてか[★3]。

マキャベリの共和制

アリストテレスからトマス・アクィナス、ジャン＝ジャック・ルソー、そしてエドマンド・バークまでの政治哲学者たちは、良い政府の指標としてだけでなく、その不可欠の基盤としての市民的徳（civic virtue）の涵養を認識していた。「立法者は、市民に習慣を教え込むことによって彼らを善良にする」と、アリストテレスは『ニコマコス倫理学』で書いた。「良い立法が悪い立法と違うのはこの点である」[★4]。その一世紀も前に、孔子は、これがどのようになされうるのか、そして避けるべき落とし穴について助言をした。「人々を行政の命令で指導しなさい。罰則によって管理しなさい。さすれば、人々は法をくぐり抜けようとし、恥ずかしいと思わないだろう。人々を徳によって指導しなさい。儀礼によって管理しなさい。そうすれば、人々は恥の意識をもつだろうし、公正になるだろう」[★5]。

しかし、二一世紀のレンズを通せば、秩序ある社会の基礎として徳と恥に言及するのは、古くさいように思えるし、有害とさえ思える。フリードリヒ・ハイエクは、市場を「その機能のために左右されない社会システム」として賞賛した。それは、「すべての人間が、今以上に善人になって初めて機能するようなものではない。そうではなく、すべての人間を、あるがままの多様で、複雑な、時には善人であり、また時には悪人であるという姿のままで活用する社会システムなのである」[★6]。一九八七年の株式市場大暴落の直後に、『ニューヨーク・タイムズ』紙は社説の見出しを「強欲を禁ずる？ ノー。それを活かせ」として、次のように続けた。「ここでのおそらく最も重要な考えは、動機と帰結を区別する必要があるということである。デリバティブ証券は、生肉がピラニアを引きつけるように、欲深い人間を引きつける。しかし、だから何なのか。私的な強欲は公益をもたらすことができる。証券規制のための分別ある目標は、利己的行動を経路づけることであり、それを阻止することではない」[★7]。ノーベル経済学賞受賞者ジェームズ・ブキャナンは、ヴァージニア州ブラックスバーグの彼の家近くの農産物直売所を訪れたときのことを述べて、これがどのように機能しうるのかを説明した。「私は果物の販売員を個人的に知らないし、彼の福利に特別な関心をもたない。彼はこの態度に報いるのである。彼がひどく貧乏であるか、とてつもなく裕福か、それともその中間のどこなのかどうかを、私は知らないし、知る必要もない。……それでもわれわれ二人は、効率的に交換を行うことができる。なぜなら、両当事者が彼らに関連する所有権に同意するからである」［★8］。

法学者もこのような考え方において経済学者と同様である。オリヴァー・ウェンデル・ホームズ・ジュニアは、一八九七年に学生たちに次のように語った（以来、ロースクールへのすべての入学者が同じ信念を教え込まれてきた）。「もしあなたが法律だけを知りたいと思うならば、あなたはそれを、法律の中であれ外であれ、良心というより曖昧な制裁に行為の理由を見出す善人としてではなく、その知識によって予想できるようになる物質的な帰結にしか配慮しない悪人として、法律を見なければならない。……慣習法において契約を守る義務は、あなたがそれを守らないのならば、損害賠償を支払わねばならないという予想を意味する、それだけである」［★9］と。ハイエクは、同様の、しかし微妙に異なる見解をアダム・スミスに起因するものとみなした。「ほとんど疑う余地のないことは、……スミスの主たる関心は、人間が最良の状態にあるときにたまたま達成しうることにあったのではなく、人間が最悪の状態にあるときに害をなす機会をできるだけ少なくすることにあったということである」[★10]。

市民に良い習慣を教えるアリストテレスの立法者から「悪人」のための経済統治のシステムと法までの長い道のりは、一六世紀におけるニッコロ・マキャベリとともに始まった。アリストテレスと同様に、マキャベリは、彼が「堕落」と呼んだものを回避する社会慣習に関心をもったが、(本書へのエピグラフでの) 悪党に対するヒュームの原則に二世紀以上も先んずる一節の中で、むしろ異なる助言を行った。「共和制の基礎を築き、その法律を整備した誰もが、すべての人間は不道徳で、……必要によって以外、良い行いをすることはないと想定しなければならない。言うなれば、飢えと貧困が彼らを勤勉にし、法が彼らを善人にする」[★11]。マキャベリの「法が彼らを善人にする」は、人々に「習慣を教える」アリストテレスの立法者とわずかに似ているように聞こえるだろう。しかしここでは、彼の「すべての人間が不道徳である」と同じように、マキャベリは「良い」(*buoni*) と「不道徳な」(*rei*) を、性格の側面ではなく、行動を述べるために使っている。

政治哲学者のレオ・シュトラウスは、二一世紀の経済学者その他によるこの発想の起源をマキャベリにまでたどった。「経済主義は成年に達したマキャベリズムである」[★12]。しかし、シュトラウスが「経済主義」と呼んだものの起源は、マキャベリの著作に見出しうるが、彼はアリストテレスと同様に、しかし多くの現代の経済学者とは異なり、良い統治は利己的な (「堕落した」) 市民において可能であるとは想定しなかった。「遍く存在する堕落を抑えるのに十分な法や秩序というのは見出しえない。というのも、良い慣習が自らを維持するために法を必要とするのと同様に、法は自らが遵守されるために良い慣習を必要とするからである」［★13］。

マキャベリにとって、法は二つの機能をもつ。公共の目的に向かって利己心を抑えるためのインセンティブと制約を提供することと、同時に、法の有効性を左右する良い慣習を維持することである。「〔徳の〕良い事例は、良い法から生まれる良い教育から生ずる」［★14］。したがって、マキャベリは、私が最後の諸章で提起する相乗的な政策パラダイムを支持したのである。そこでは、良い法と良い慣習は代替的というよりも補完的であることが提起される。

にもかかわらず、マキャベリにとって、政府の課題は優れて、「自然で普通の気質」によって動機づけされる市民を、あたかも彼らが善人であるかのごとく行動させることであった。特に『リウィウスについての論考（ディスコルシ）』において、マキャベリは、共和制が良く統治されるのを保証するのは市民の道徳ではなく、むしろ「法を整備する」指導者の能力であることを明らかにする［★15］。マキャベリは次のように書いた。「イタリアと比べて、スペインとフランスは良く統治されている。しかしこれは、その大部分がなくなりつつある人々の善良さからではなく、これらの王国が秩序づけられる仕方から生まれる違いである」。そして、「フランス王国は、われわれの時代に知られているどこよりも、法によって統治される王国である」［★16］と、彼は続けた。

これは間違いようのないメッセージである。普通の性質と願望をもつ市民は、それでも彼らの行動が「法によって管理される」ならば、良く統治されうるだろう。ここでの新しい発想は、社会の統治の質は市民の質のたんなる集計ではないということである。良い統治とは、良い市民から構成される社会の問題というよりも、社会制度がどのように市民の間の相互作用を組織するのかという問題である。

現代の物理科学者は、マキャベリのこの発想を、社会の統治の質は政治組織の創発性、すなわち、それを構成する市民たちの特性からは直接には推測されえない全体の性質であると言い換えるだろう。その場合、マキャベリにとっての良い政府とは、秩序だった社会の創発性なのである。

この発想の二世紀後の急進的なバージョンが、バーナード・マンデヴィルの人騒がせな『蜂の寓話』の主要なメッセージであった。その中で、後にロンドン市民になったこの風変わりなオランダ人医師は、社会秩序を維持するためには徳は必要ではなく、有害ですらあると主張した。マンデヴィルのミツバチの群れは、勝手気ままな強欲と不公平な競争の上に栄えたのだった。しかし、蜂たちが有徳になったとき、崩壊と無秩序が確実に生ずる（マンデヴィルは、すべての生物種のうちで最も協力的であるミツバチ属のメンバーが、競争しないことを遺伝的にプログラムされていることを知りえなかった）。財への需要を抑えることによる倹約の美徳が経済崩壊の源泉でありうるというマンデヴィルの洞察は、ケインズ経済学の基礎である節約の逆説の先駆であると一部の人々に考えられている。マンデヴィルの『寓話』の一七一四年版は、その副題において、「人間の弱さが市民社会の利点になり、道徳的美徳の場所を提供させることになることを証明するためのいくつかの論考」を含む著作であると宣言した。結果として、マンデヴィルは、「あらゆる大衆の中で最悪の人間が共通善（common good）のために何かをする」と書いた［★17］。

読者が『寓話』の教訓を読み解くことができない場合に備えて、マンデヴィルは散文的な註釈において、次のように説明した。「飢え、のどの渇き、裸がわれわれの血を騒がせる最初の暴君である。その後、自負、怠惰、感覚的な耽溺、移り気が、学芸、商売、手仕事、天職を促す偉大な後援者である。他方、窮乏、強欲、妬みと野心が、社会の構成員を労苦に引き留め、彼らの大部分を楽しげに持ち場の単調な仕事に従わせる偉大な親方である。国王も王子も例外ではない」［★18］。マンデヴィルにとって、マキャベリが「普通の気質」と呼んだものの優雅な帰結は、人間社会についての自然な事実ではない。マキャベリが良い政府の基礎を法を整備する人間の能力に見たのとまったく同様に、マンデヴィルにとっては「私悪」が「公益になる」［★19］のを可能にさせるのが、熟練の政治家による巧妙な管理であった。

良い法が良い市民を作るというアリストテレスの見解とは対照的に、マンデヴィルの

『寓話』は、正しい制度が高尚な目的に向けての卑しい動機を抑えうることを示唆した。このありそうもない錬金術がどのようになしうるのかを説明する課題がアダム・スミスに残され、それが彼の有名な実業家、消費者、農民の動機についての記述となる。「彼はただ彼自身の利得を意図しているだけなのである。そして、他の多くの場合と同様に、その場合でも、見えざる手に導かれて、自らは意図してもいなかった目的を促進することになる。彼がこの目的をまったく意図していなかったということは、その社会にとってかならずしも悪いことではない。彼自身の利益を追求することで、社会の利益を増進しようと真に意図する場合よりも、もっと有効に社会の利益を増進することもしばしばあるのである」[★20]。競争市場と確実で明確に定義された所有権が社会を秩序づけ、その結果、見えざる手がその魔法を行うことができる、とスミスは説明した。「われわれが食事をとれるのは、肉屋や酒屋やパン屋の博愛心によるのではなくて、自分自身の利益に対する彼らの関心によるのである」[★21]。

したがって、正しい制度のもとでは、高尚な帰結は普通の動機から生じうる。

悪党のための立法

これを達成しうる制度の設計に注意を向けてみよう。『道徳・政治・文学論集』(一七四二年)の中で、デヴィッド・ヒュームは次のような「原則」を推奨した。「いかなる政府の仕組みを考案する場合でも、……人間はすべて悪党であり、すべての行動において、私的利益以外の目的をまったくもたないと想定されるべきである。この私的利益によって、われわれは人間を支配しなければならず、それによって、その飽くことない貪欲と野心にもかかわらず、彼らを公益に協力させねばならない」[★22]。同様の精神で、ジェレミー・ベンサムは、公共政策の設計について「義務と利害の結合原理」を提起した。つまり、「守ることが義務である行為を……遵守するのを各人の利害にせよ」[★23]というものである。今では公共経済学と呼ばれる分野の最初のテキストである『道徳および立法の諸原理序説』において、ベンサムはヒュームの原則の公共政策的な含意を明らかにした。

しかし、悪党を抑え込むことがこれらのおよびその他の古典派経済学者たちの中心テーマであったが、彼らは、経済主体や市民が不道徳であることを信じなかった。まったく逆であった。

ヒュームは社会規範の進化に関する研究の先駆者であり、先に引用した悪党についての一節の直後の文章で、「事実において誤っている原則が政治において正しいというのは、奇妙である」と述べた。スミスは『道徳感情論』で、次のように主張した。「人間がいかに利己的であると想定しうるにしても、明らかに彼の本性の中には、他人の運命に関心をもち、他人の幸福をかけがえのないものとするいくつかの原理がある。人間がそれから受け取るのは、それを眺めることによって得られる喜びの他に何もないにもかかわらずにである」[★24]。実際、古典派の著者たちによって推奨された政策は、倫理的・他者考慮的な動機へのアピールを見落としてはいない。後に見るように、ベンサムは、懲罰は「道徳的な教え」であるべきだと信じていた。

純然たる利己心という仮定と、より複雑で高尚な人間の動機づけに関する経験的な現実との間の同様の緊張が、ホモ・エコノミクスのパラダイムを受け入れる二一世紀の法学者たちを悩ませることはなかったように思う。法律を学ぶ学生たちの注意を「悪人」に向けさせたほんの数行前で、ホームズは「法はわれわれの道徳生活の証人であり、外部への供託物である」[★25]と主張した。古典派の著者たちの政策のように、今日の法律実務は、想定される悪人の利己心というよりも、広範囲の社会的処理を認識する。たとえば市場規制は、非難に値する人々を恥ずかしいと思わせるために、違反に対する罰金と不正行為の公開の必須化とを結びつける。

マキャベリでさえ、その当時の広く行き渡った表現であった「すべての人間が不道徳であると言われている」を、有害な人間本性の証拠としてではなく、一つの慎重な仮定として引用しつつ、堕落した市民という考えを導入した。『ディスコルシ』においてマキャベリは、この仮定を経験的根拠に基づいて拒否した。「われわれの推論は、堕落がさほど広まってはおらず、腐った人より善人のほうが多いところでの人々についてのものである」。さらに、「どのようにすれば完璧に悪になるか、完璧に善になるかを知っている人は稀(まれ)である」［★26］ことをつけ加えた。アリストテレスは、この点について、さらに悪い事態を述べる。「ほとんどの人間は、善人というより悪人であり、利益の奴隷である。……それは、支配者がそれができるときにはいつでも悪いことをするのと同様である」［★27］。したがって、悪党のための立法のアピールは、市民が事実において悪党であるというのではなかった。それはむしろ、第一に、利己心の追求が、宗教上の熱烈さや権力の追求のような他のより破壊的な「情動」と比べて、優雅な、あるいは少なくとも害のない活動とみなされるようになったということであった。第二に、経験的な問題として、徳のみが国民国家の規模での良い政府のための不十分な基礎を提供したということであった。

中世において、強欲は、七つの大罪をもつほとんどの人間の中で一二世紀以降の商業活動の拡大とともに、より広く蔓延していった［★28］。それゆえ、利己心が結果として尊敬すべき動機として受け入れられるようになったことは驚くべきことであり、この変化が、少なくとも最初は、経済学の勃興に少しも負っていなかったことはもっと驚きでもある。アダム・スミスが、肉屋、酒屋、パン屋の利己心がどのようにわれわれに食事をとらせるようにするのかについて書いた以前に、ジェームズ・ボズウェルのジョンソン博士［ボズウェルが伝記を書いたサミュエル・ジョンソン博士］が、ホモ・エコノミクスに別の承認を与えた。「お金を稼ぐには、ごく単純に雇われるより他に手はない」［★29］。

スミスの先の一節は、見えざる手への数少ない言及の一つとして広く引用される。しかし、利己心以外の動機が有害でありうるという新しい発想を提出するためでもあったことを忘れるべきではない。「彼自身の利益を追求することで、社会の利益を増進しようと真に意図する場合より、もっと有効に社会の利益を増進することもしばしばあるのである」。利己心が良い政府の受け入れることのできる基礎とされたのは、戦争や無秩序の影があったからである。最近終結し、レーモン・アロンが「総力戦の世紀」と呼んだ二〇世紀も含む、われわれが記録をもつどの世紀においてよりも、一七世紀においては、戦争こそがヨーロッパでの死者のより多くの割合を占めた。イギリスの議会派と王党派との間の一〇年間の戦争の後に執筆をしながら、(一六五一年における)ホッブズは、「人を平和に向けさせる情動」を決定しようとし、それらを「死の恐怖、便利な生活に必要な物への願望、それらを得るための勤勉による希望」[★30]に見出した。悪党は聖人よりもましということかもしれない。

悪党のための立法アプローチの第二のアピールは、より直接にマキャベリの著作に関連し、彼が支持した政治理論の実践的転換に関連する。マキャベリは、「われわれが物事の現実をどのように想像しうるかというよりも、物事の現実に向かうことのほうがより適切なように思える」と書いた。「現実に存在するのを確かめられもせず、知られてもいない多くの想像上の共和国と公国がある」[★31]。一世紀半後に、バールーフ・スピノザが『国家論』を発表した。「理論家や哲学者ほど統治するのに適さない人間はいない。……彼らはどこにも見出せない人間本性を褒めたたえる。……そして、彼らは現実に存在するその種のものを罵り、あるがままの人間ではなく、そうあってほしいと思うような人間を思い描いている」[★32]。スピノザ後の世代であるマンデヴィルは、彼の『寓話』を実質上、同じ言葉で始めた。

しかし、良い政府の必須条件として美徳からの撤退を推奨するのは、人間の動機に関するリアリズム以上のものであった。もし統治しようとする「他者」がわれわれの親族、隣人、あるいは友人であるならば、彼らの福利に対する関心、社会規範への違反に対する社会的な制裁や報復を避けようとする願望によって、われわれは、彼らの利害を考慮し、良い統治に貢献するよう誘導されるかもしれない。しかし、都市の成長や国民国家の統合とともに、政治組織を家族や一族に喩えることは維持できないものとなる。統治の範囲があまりにも拡大しすぎたからである。国家の規模と市場の範囲が拡大するにつれて、個人は数十人の知り合いとではなく、何百、そして間接的には何百万もの見知らぬ人と相互作用する。

新しい政策パラダイムは、次のような関心に対する対応だった。すなわち、多数の見知らぬ人たちが相互作用するとき、倫理的・他者考慮的な動機は良い政府のための十分な基礎ではない。市民的徳を補完する制約とインセンティブのシステムを採用する必要があるというのが、それである。マキャベリを悩ませたのは、市民的徳がないとか、それが重要でないということではなく、それが十分でないということだった。新しい政策パラダイムを形づくった古典派経済学者たちは、市民的徳がなければ、どんな経済、どんな社会システムもうまく機能しえないことを知っていた。かの人騒がせなマンデヴィルでさえも、この点では読者を安心させた。「私は次のことを第一の原則として定める。その大小にかかわらず、すべての社会で、善良であることがその構成員すべての義務であること。美徳は奨励されねばならず、悪徳は賛成されない。法には従い、違反者は懲罰を受ける」[★33]。

同様に、スミスが支持した「自然的自由」は道徳によって制限を受ける。「すべての人は、彼自身の方法で自分の利益を追求することを完全に自由に放任される」というスミスの有名な一節は、「彼が正義の法に違反しない限り」という但し書きに条件づけられている。正義は「社会のあらゆる構成員が他の構成員の不正や圧制から保護されること」[★34]を必要とすると、スミスは説明した。マンデヴィルも、人間の性癖をほったらかしのブドウの木の手に負えない生長に喩えて、まさしく同じ考えを表明した。「悪徳が正義によって枝を払われ、抑制されるならば、悪徳は有益な発見である」[★35]。

したがって、古典派経済学者たちは、後にホモ・エコノミクスと呼ばれるようになったものが一つの単純化であることを十分に認識していた。それは、彼らが人間の行動について知っていたものとは異なる単純化であったが、数ある中でも、経済インセンティブを変える政策がどのように行動に影響を及ぼすのかを明らかにする単純化であった。ここに、最後の古典派経済学者であり、ごく最近までわれわれに残されていた経済学の境界と主要な諸仮定を定めたジョン・スチュアート・ミルがいる。「経済学は人間の本性のすべてを取り扱わない。……それは、富を所有しようとする存在としてのみ人間に関心をもつ。……それは、富の追求の結果において生ずるような現象のみを予測する。それは、その他の人間の情動や動機を完全に捨象する」［★36］。ミルはこれを「人間の恣意的な定義」と呼んだ。

一九世紀末における新古典派経済学の出現は、扱いやすいが、経験的には誤った抽象としての利己心の地位を変えるものではなかった。新古典派パラダイムの創始者の一人であるF・Y・エッジワースも、彼の『数理精神科学』において同様の見方を示している。「すべての主体が利己心によってのみ動機づけられるというのが経済学の第一原理である」［★37］。しかし同じ一節で、エッジワースは「自らの幸福と比較されるものとしての他者の幸福が、まったく価値がないというわけでも、一〇〇％価値があるというわけでもない」ことを事実として認めた。

しかし、ミルと同様に、エッジワースは、経済学は他者の動機とは無関係に、個人の富の最大化の側面に訴えるインセンティブの効果を研究できると主張した。しかも、彼らはともに、他者の動機を考慮することは、学問分野の範囲を超えることになるのをはっきりと認識していた。

道徳感情と物質的利害の分離可能性

古典派経済学者（と、それ以降のほとんどの経済学者）が見落としたのは、道徳的、そして親社会的行動は、利己心を抑えるように設計されたインセンティブに基づく政策によって、おそらく不利な影響を受けるだろうという可能性である。ケネス・アローは、リチャード・ティトマスの『贈与関係――人間の血液から社会政策へ』の書評において、次のように質問を行った。「血液の市場の創造は、献血することに具体化されている利他主義を弱めるだろうというのはなぜなのか」[★38]。最近まで、ほとんどの経済学者の回答は、案の定、わざわざ返答することもないというものだった。しかし、アローにとって、それは「真に経験的な問題であって、第一原理の問題ではなかった」。

しかしながら、ほとんどの経済学者にとって、語られることのない第一原理は、インセンティブと道徳が加法的に分離可能だということである。これは数学からきた用語で、一方における変化の効果が他方のレベルに依存しないことを意味している。二つのものが加法的に分離可能である場合、それらは相乗的――二重唱が単独のパートよりも良いのと同様に、それぞれが他方の結果に正の貢献をする――でもないし、また対立するものでもない。

私は、後続の諸章で、この分離可能性の仮定に立ち戻るつもりである。あなたは、それが悪い方向に向かいうることをすでに見ている。ボストン市民に対する消防士の義務感は、彼ら自身の給料への利己的な関心から分離しえない。後者に対処する政策は前者を衰えさせるように思える。この場合での全体は部分の合計以下である。利己心に基づく政策パラダイムが見落としたのは、まさにこの可能性である。

分離可能性は、日常語ではない。それゆえ、事例の考察を行うために立ち止まってみる価値はある。エイミー・レセスニエウスキーとバリー・シュワルツたちは、若い男女をウエストポイントのアメリカ陸軍士官学校に行かせることになる動機を研究した［★39］。彼らは、公的機関によって実施された入学してくる士官候補生の九つの年齢集団に対するアンケート調査を使用した。それは、各自が道具的な動機のために（「良い仕事を得るため」「ウェストポイントの一般的な評判がその人の履歴書のプラスになるとみなされる」）か、それとも内発的な動機のため（「陸軍士官になるという願望」「自己啓発」）のどちらで、入学しようとしているのかを評価するためである。続いて彼らは、これらの入学の動機が後の成功に相関するかどうかを見るために、卒業後の一〇年間、一万一三二〇人の士官候補生を追跡した。

図2・1は、ウェストポイントに入るという高い内発的動機をもつ士官候補生、中位の内発的動機をもつ士官候補生、低い内発的動機をもつ士官候補生のそれぞれについて、どのように道具的動機が士官になる確率（成功の指標の一つ）と統計的に関連するかについ

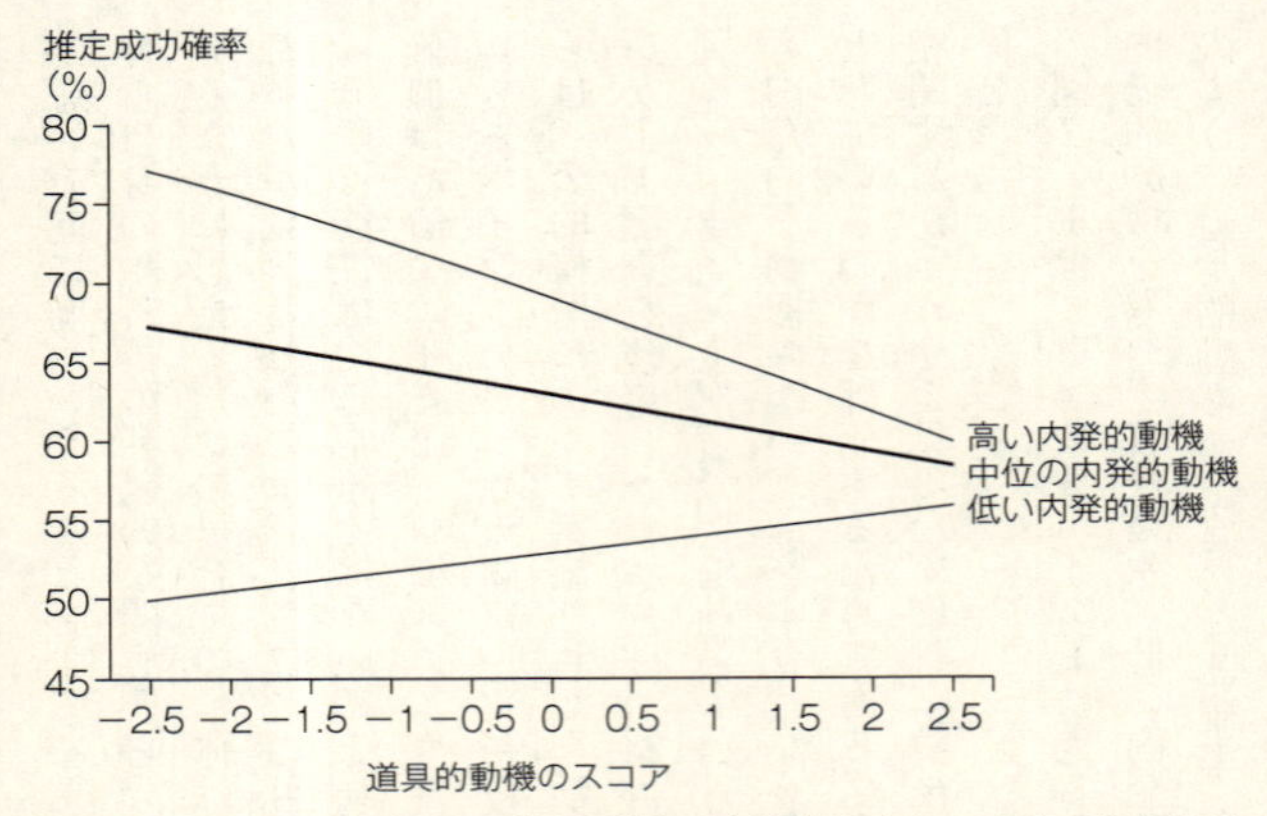

図2・1　ウェストポイントの士官候補生の卒業後のパフォーマンスにおける代替物としての道具的動機と内発的動機　縦軸における成功の尺度は、士官候補生が士官になる推定確率である。したがって、特定の直線における各点は、横軸によって与えられる道具的動機のスコアとそれぞれの直線によって与えられる内発的動機のスコアをもつ士官候補生に関する予想成功確率を示している。道具的動機のスコアは、ウェストポイントに入学する利己的な理由を測定する。内発的動機のスコアは、本文で述べられている内発的な理由を測定する。この要因での高いスコアは、95 パーセンタイルでのスコアを示している。低いスコアは、5 パーセンタイルでのスコアを示している。(Wrzesniewski et al. 2014 からのデータ)

ての報告を示している。データは何を示すのか。

第一に、強い内発的動機をもち、平均レベルの道具的動機（横軸上のゼロ）をもつ士官候補生については、任命される可能性が高い（高い内発的動機に関する直線は、士官になるのに成功する確率が高いことを示している）ことに注意してほしい。第二に、きわめて低い内発的動機をもつ士官候補生（下の、右上がりの直線）については、より強い道具的動機が任命される可能性を高めることと関連していた。

しかし、ビッグ・ニュースは三番目の観察である。中位の、あるいは高い内発的動機（二つの右下がりの直線）をもつ士官候補生については、強い道具的動機をもつことがより悪いパフォーマンスと関連することになった。内発的動機と道具的動機は加法的に分離しえず、それらは代替物なのである。一方が大きくなればなるほど、他方の正の効果を弱めるのである。

陸軍士官学校は、士官たちを訓練するために、この情報をどのように使用できるのだろうか。もし潜在的な入学者の多くが、大きく内発的動機を欠いていると判断されるときには、図における下の直線をその手引きとすべきだろう。結果として、彼らの道具的動機に訴え、軍隊での職の機会や軍の外で職を得るさいのウェストポイントの評判の価値を強調することになる。しかし、もし多くの士官候補生が、国民に奉仕することを望む高い理想をもつ若い男女であることを学校が（正しく）知っているならば、二つの右下がりの直線が手引きとされ、道具的動機に訴えることは重要視されないだろう。

経済学者たちは、通常、内発的動機がないという第一の仮定をするか、あるいは利己心以外の動機を認識した場合でも、(大部分、無意識のうちに)二組の動機は分離可能であると仮定するかのいずれかである。しかし、それらが本当に分離可能ならば、図の三つの直線はどれも右上がりになり、平行になるはずである。

分離可能性の暗黙の仮定が、経済学者たちを二つの重要な可能性を無視することに導いた。第一に、公益に向けて利己心を抑えるためにインセンティブを使用することは、市民的徳、あるいはその動機的な特性を弱める可能性があるということである。第二に、倫理的関心と他者考慮的な関心がともに発展でき、相乗的に社会的な成果を増進できる条件が存在しうるということである。

道徳不在の領域としての市場

分離可能性が広く(とはいえ、大部分が暗黙に)受け入れられたことは、経済行動に関する仮定が人間心理に関する事実と観察に一致させる必要はないことを意味した。一八世紀末以来、経済学者、政治理論家そして憲法思想家たちは、ヒュームの原則を受け入れ、ホモ・エコノミクスを行動についての作業仮説としてきた。一部にはこのために、競争市場、明確に定義された所有権、そして効率的で(二〇世紀以降の)民主的な責任ある国家が、統治の重要な構成要素とみなされる。良い制度が、良い政府の必要条件としての善き市民に取って代わった。経済では、価格が道徳の仕事をすることになろう。

そこから、倫理的推論や他者への関心は家族のメンバーや市民としての行動を活気づけるだろうが、同じことは買い物や生計を立てることにはあてはまらないと考えるまでは短い歩みであった。公爵夫人が「世の中をうまく運ぶもの、それは愛、それは愛」と大声で叫んだと聞き入れた。ルイス・キャロルのアリスは経済学者たちのメッセージを真面目に聞き入れた。アリスは、「みんなが人のことに口出ししなければ、うまくいくと、どなたかおっしゃいましたね」[★40]と小さな声で言った。

人のことに口出しをしない人々がどのように愛の代理を務めることができるのだろうか。これは、ベンサム、ヒューム、スミスほかによって提起された古典的な立憲的課題であった。そして、それは依然として政策設計を動機づける至高の目標をなしている。探求するのは、人々の自らの目的の私的な追求を容易にすると同時に、それでもなお彼らに他者に対する自らの行動の効果を適切に考慮するようにさせるような、法とその他の公共政策を見つけることである。

経済学の用語で、これがなされうるのは次の場合である。それぞれの活動主体が、たんに私的な便益と費用、すなわち、自分自身の利益や損失、快楽や苦痛に影響するそれらだけを考慮するというよりも、他者への効果を含む、行動のすべての費用と便益を内部化する場合である。

他者に対する自分の行動の効果を慎重に考慮することは、他者考慮的な選好をもつことを意味している。黄金律における変化やその他の倫理的な教えが、(公爵夫人が「愛」と言ったように)この目標を追求する一つの方法である。

別のアプローチは、ブキャナンの自宅近くでの果物販売員への無関心がその例となるように、「人のことに口出しをしないみんな」というものであるが、それは道徳の働きをする価格に依存する。これは、原則として、次の二つの条件が満たされるときにうまくいく。

第一は、人々が何をすべきかを決定するとき、彼らにとって問題となるすべての物が価格をもたねばならないということである。この「すべての物が価格をもつ」という必要条件は、財にのみならず(同一の財は同一の価格をもたねばならない)、近隣に対する財の生産による騒音公害の効果や二酸化炭素排出のような、取引の他のあらゆる側面にも適用される。

第二は、税、補助金やその他の政策が、次のような仕方で価格に影響を及ぼさねばならないということである。買い手が財を獲得するために支払う価格は、その生産と使用の結果として誰かによって負担されるすべての費用を含み、かつ同様に売り手が受け取る価格は、財を利用できるようにすることの(買い手やその他にとっての)すべての便益を含むというものである。価格は、買い手と売り手にとってのたんなる私的費用というよりも、財の生産と分配のすべての社会的な費用と便益を測るものでなければならない。第二の条件を「価格は適正である」と呼ぶことにしよう。これらの条件のもと、「人のことに口出しをしないみんな」は、自己考慮的な人々がたんに価格に注目することによって、(無意識のうちにではあるが)至高の目標を遂行するだろうことを意味している。彼らは、他者に対する彼らの行動の効果をすべて考慮に入れるだろう。これこそが、マンデヴィルが「熟練の政治家の巧妙な管理」は「私悪」を「公益に変えること」を可能にするだろうと主張して読者を驚かせたときに、彼の頭にあったことである。

スミスはマンデヴィルよりも一段と踏み込んだ。スミスの見えざる手の背後にある注目に値する発想は、正しい制度のもとでは「熟練の政治家」は必要でさえないかもしれないということである。市場競争によって決定される価格は独力で役目を果たすことができ、補助金や税、その他の政策の助けをまったく必要としない。スミスは、売り手間、買い手間の競争がこの結果にとって決定的であり、どのような仕方で独占やカルテルが見えざる手を妨害するのかについて警告した。「同業者というものは、うかれたり、気晴らしをするために会合をするときでさえ、その会話の果ては、公衆に対する陰謀、つまり価格を引き上げるための計略になってしまうのである」[★41]。スミスはまた、見えざる手の届く範囲を越えたところにある公教育の提供のような多くの政策領域について熟知していた。

そのとき以来、経済学者たちは、見えざる手が機能するのに必要な制度的条件は競争に勝ると強調してきた。あらゆる財が適正な価格をもつためには、すべての経済的相互作用が、経済学者が完備契約と呼ぶものによって統治されねばならない。これは、交換のあらゆる側面――交換当事者か他の誰かによって評価されるどんなものも――が価格をもち、交換を統治する契約に含められることを意味している。完備契約は、それぞれの活動主体が彼あるいは彼女の行動の結果生ずる、他者に授与される、あるいは課されるものを含むすべての便益と費用を「所有する」というかたちで請求権と責任とを割り当てる。

もし契約が完備的ならば、利己的な個人間の競争の均衡的結果は、「あらゆる物が価格をもつ」ことと「価格が適正である」ということの両方を保証するだろう。結果として、競争市場は、パレート効率的と呼ばれる結果を実現する。これは、誰かの状態を悪くさせることなく、少なくとも一人の個人の状態を良くさせるようなもう一つの技術的に実行可能な結果は存在しないということを意味している。

ケネス・アローとジェラール・ドブリューは、私が「見えざる手」の定理と呼ぶこの推論を証明し、それによりノーベル経済学賞を受賞した。この厚生経済学の第一基本定理の公理――とりわけ、契約が完備的であるという仮定――は、政府の介入が市場の失敗に対処するのに必要とされない理想化された世界の性質と、調整されない交換やその他の経済活動がパレート非効率的な結果をもたらす状況を明らかにした。

われわれの目的にとって先駆的ではないが、より重要なのは、この世界では、ハイエクとブキャナンが暗示したように、良い統治は徳を必要とすると思われないということである。第一基本定理は、完全に非道徳的で自己考慮的な選好を含む人々の選好にかかわらず、真実である。

したがって、市場は、外国大使館に与えられる受け入れ国の主権と法律の停止と同種な、ある種の道徳的な治外法権を達成する。人は、子供の面倒を見ない親や、それが彼の目的に適うときに法に違反する市民に眉をひそめることができるし、あるいは非難することさえできる。しかし、利己的な買い物客についてはどうか。あるいはさらに言えば、利己的な銀行家はどうか。すべての物が適正な価格をもつかぎり、市場という状況での利己心の追求は、ある人の行動の他者に対する効果を適切に考慮することを（これらの適正な価格によって）余儀なくされる。これが、ブキャナンが果物の販売員の福利に無関心であることを恥じなかった理由である。

取引の自発的な性質と（定理の仮定のもとでの）結果の効率性とが、競争的な交換を、市民や家族のメンバー間の関係に共通に適用される規範的な基準を停止できる特殊な領域にした。ブキャナンの無関心を一般化し、市場を「道徳不在の領域」に指定しつつ、哲学者デヴィッド・ゴーティエは次のように主張した。「道徳は市場の失敗から生ずる。……道徳は、完全競争の条件下での市場の相互作用には適用されない」［★42］。

そこで、強欲は、利己心として作り直されて、飼い慣らされ、道徳的な欠点からアイスクリームの好みのような動機の一種へと転換された。

悪党のための経済学

しかし、ブキャナンや彼の自宅近くの果物販売員と異なり、もし二人の当事者が交換に関連する所有権に合意しないとしたらどうなるだろうか。これが生ずるのは、契約が不完備で、価格づけされない交換の側面が存在するときである。あなたが私の副流煙を吸う場合や農夫のジョーンズのミツバチがブラウンのりんごの木に受粉する場合などである。ジョーンズが彼の蜂蜜をブラウンのりんごと交換するとしても、通常、ジョーンズは彼のミツバチによって提供される無料の受粉サービスに料金を課すことはできない。農夫のブラウンや近くの無数の他の果樹園所有者へのそれらの援助は漏出効果である(「外部経済」や単純に「外部性」と呼ばれる)。つまり、価格づけられない、あるいは交換の契約条項の対象とならない(また、交換条項にとって「外部的な」)経済主体間の直接効果である。ミツバチのサービスは、ジョーンズが蜂蜜につける価格には含まれない。結果として、「あらゆる物が価格をもつ」と「価格が適正である」という条件とは妥当しない。そして、蜂蜜の販売から得るジョーンズの私的収入は、彼の農場が生産する総社会的便益に及ばない(ミツバチの受粉サービスは含まれない)。結果として、不効率に少ない蜂蜜(とミツバチの受粉サービス)が生産されるだろう。

契約は、法律サービスの開発や提供のようなチーム生産においても、また、近隣の快適さや社会規範の遵守のような公共財の自発的な供給においても、不完備である。公共財――ラジオ放送やアイデアのような――は、不完備契約の極端な形態である。なぜなら、それらは(定義により)非競合的(私がより多くもつことは、あなたにとっての利用可能性を減少させない)で、かつ非排除的(公共財の享受は制限されない。私がそれをもつ場合でも、あなたもそれをもつことができる)であるからである。

農夫ジョーンズのミツバチによる農夫ブラウンのりんごの木への受粉や、公共財の供給のような場合では、利己的な行為者間の規制されない市場の相互作用は効率的な結果を実現できない(少なすぎる受粉、少なすぎる公共財の供給)。しかし、これは市場における利己的競争が制限されるべきであることを意味しない。それは、公共政策が価格を適正にする任務を引き受けることを意味する。

二〇世紀初めに、アルフレッド・マーシャルとアーサー・ピグーは、市場が失敗するときでさえ、価格にある人の行動の他者に対する効果を内部化する仕事をさせるための経済的な論理を詳しく説明した。契約が不完備である場合、それが他者に課す環境被害(外部不経済)に関しては、その産業に課税し、労働者が転職してしまえば他の企業に恩恵を及ぼすことになる企業の訓練活動については、補助金を交付することを推奨した。

農夫ジョーンズは、ミツバチによる農夫ブラウンへの受粉サービスの価値に等しい補助金を得るだろう。その結果、（補助金を含む）ジョーンズの収入が彼の蜂蜜の生産の全社会的便益を測定することになろう。最適な課税や補助金と呼ばれるようになったものは、これらの便益と費用が行為者の私的な収入と費用で説明されないだろうときに、ある行為者の行動が他者にもたらす便益についてその行為者に報いる、また、他者が負担する彼の行動の費用について責任を負わせるようにするものであった。

環境の漏出効果に関して「汚染者に支払わせる」という環境税が一例である。実現可能であれば、これらの最適なインセンティブはまさにベンサムの「義務と利害の結合」原理を実現するだろう。その原理とは、利己心を公共の目的に合致させるために、そのもとで個人が活動する物質的インセンティブを変更することである。したがって、マーシャルとピグー、それ以降の経済学者たちによって主張された最適な課税と補助金は、完備契約の代替物であり、見えざる手の届く範囲をその仮定が侵害される場合に拡張する努力である。理想では、そうした税や補助金は問題となるすべての物に価格をつけることができるし、これらの価格を適正にすることもできる。

政策立案者のための結果として生ずる手引きは、市民をあたかも善人であるかのように行動させるのに必要なことを明らかにする。すなわち、自己考慮的な個人を、影響を受けた人々がそれらを評価するだろうと同様な仕方で、彼の行動の他者に対する効果をあたかも彼が評価するかのように行動させるように動機づける類いのインセンティブと制約である。この場合での賢明な政策立案者の職務明細書は、もはや集団を向上させる任務を負うアリストテレスの立法者のそれではなく、代わって、あたかも彼が善人であるかのごとく市民を行動させるようにする正しい法を整備するという任務を負うマキャベリの共和主義者のそれである。

農夫ジョーンズのミツバチやブラウンのりんごの木の花のような田舎での事例は、経済学者にとって不完備契約を教えるさいの定番であった。公共財に関する教科書での事例は、その灯りを誰かが見ることができるならば、すべての人が見ることのできる灯台である。しかし、不完備契約の問題は、経済の周辺における何か珍奇なものといったものではない。後に見るように、それは労働、信用そして情報の市場、そして資本主義経済のその他の中心的な分野に遍く存在する特徴である。

不完備契約が標準で、例外ではないという事実が、インセンティブの使用と限界に関する一連の含意を準備万端にする。そして、なぜそれが真実であるのかを改めて考察するだけの価値がある。交換において供給される財やサービスの量と質に関する情報は、非対称的である、すなわち両当事者に知られていないか、たとえ両当事者に知られているとしても、契約を強制履行するために法廷では使用しえないという意味で、立証不能であるかのいずれかである。この場合には、交換のいくつかの側面は契約の状態にないだろう。契約は不完備である。エミール・デュルケームが主張したように、「契約の中でのすべてのものが契約なのではない」［★43］。結果として、市場の失敗は、環境の漏出効果にのみかぎられるのではなく、資本主義経済にとって不可欠な日々の交換において発生する。労働市場と信用市場がそれである。従業員が懸命に働くことを明記する強制履行可能な雇用契約を書くのは不可能である。資金の借り手が破産すれば、信用契約は履行されえない［★44］。労働市場と信用市場の事例は共通の構造をもっている。依頼人（雇用者あるいは貸し手）は、代理人（被雇用者あるいは借り手）に、代理人の利害には反するが依頼人にとって利益になるように（懸命に働く、借り手にとっての期待収益を最大化させるのではなく、期待される返済を最大にするように借りた資金を使用する）行動させようとする。しかし、労働努力や資金の使用についての情報は、依頼人には知られないか、法廷において証拠として採用されないかのいずれかであるので、両者の利害の対立は、完備的で強制履行可能な契約の条項を特定化することでは解決されえない。

契約が不完備であるとき、交換の事実上の条項の大部分が、法廷によってではなく、当事者間の戦略的相互作用によって決定される。この相互作用の結果は、二人の当事者の交渉力と彼らの社会規範とによって決定される。同じ問題が、農夫が地主に収穫高の一部を支払うときに生ずる。三つのケースのすべてにおいて、代理人（小作人を含む）は、彼あるいは彼女の行動の結果をわがものにするわけではない。貸し手は、借り手が返済できなければ損失を負担する。雇用者は、被雇用者が懸命に働いた利益のほとんどを享受するが、仕事がなされなかったならば賃金を遡って取り返すことはできない。

このように、現代資本主義経済の多くにおいて、見えざる手の定理の完備契約という仮定は侵害される。「見えざる手の定理」の証明を可能にした市場経済の作動に関する数学的表現の偉大な貢献は、アダム・スミスの発想が真に必要としたものを明らかにすることだった。アローは、スミスの定理の貢献がどのようなものであったのかを次のように述べた。「アダム・スミスから現在まで、長い、かなり重要な人物を含む経済学者たちの系譜が、次のことを示そうとしてきた。利己心によって動機づけられ、価格シグナルによって導かれる分権経済が、大きなクラスに属する可能な経済資源の配分のどれよりも、ある明確な意味でいっそう優れていると言える整合的な資源配分と両立しうるということである。……重要なのは、それが真実であるかどうかを知るだけでなく、真実たりうるかどうかを知ることである」[★45]。

アローやその他のおかげで、それが「真実たりうる」条件――競争だけでなく、問題となるすべての物における完備契約――は、高度に制約的であることが今や知られている。それは、徹底した自由放任政策によっても効率的な結果を実現するのがいかにありえないかを示している。初級の経済学の教科書の著者たちが、その定理に基づくモデルを近似するただ一つの市場の経験的な事例を見つけるのにさえ悪戦苦闘するのを、私は経験から知っている。

マキャベリからメカニズム・デザインへ

しかし、マーシャル＝ピグー的伝統によって提起される最適な補助金や課税の類いが、信用市場、労働市場その他に見られない完備契約の代理を提供しうるかもしれない。もしそうならば、価格はなお道徳の仕事をすることができるだろう。「人のことに口出しをしない人々」が良い政策である領域は大きく拡張しうるだろう。

多くの巧妙なインセンティブ・システムがこの目的のために提案された。この目的のために存在するメカニズム・デザインと呼ばれる学問分野さえある。メカニズムとは、たんに人々がどのように相互作用するかを統治する所有権、インセンティブ、制約やその他のルールの集合である。しかし、第6章で見るように、これらの賢いメカニズムを機能させるために必要とされる仮定は、厚生経済学の第一定理が基礎をおく公理とほとんど同様に現実経済からかけ離れている。メカニズム・デザインは、倫理的・他者考慮的な動機を不必要にするインセンティブをまだ考え出してはいないし、それが可能なわけでもない。完全に自己考慮的な人々を、あたかも彼らが他者に対する彼らの行動の効果を気にかけるように確実に行動させることは、これまで法学者や政策立案者には成し遂げられなかった。私はそれがなぜかを第6章で説明する。

それゆえ、経済学の教室のホワイトボード上を除いて、人々がホモ・エコノミクスに取り組もうとしないのは驚くべきことではない。雇用者は強い労働倫理をもつ労働者を雇うのを好む。銀行は、利己的でよりリスクの高いプロジェクトを採用するよりも、提案された通りにビジネスを行うと信頼しうる人々にお金を貸すことを好む。再びホワイトボード上を除いて、デュルケームが一世紀前に書いたように、「契約そのものが十分でない」ことを誰もが知っている。「契約の規制は……本来、社会的なものである」[★46]。デュルケームは、握手が重要であるという当たり前のことを繰り返した。そして、そうでないところでは、経済は低調な働きしかしない。

見えざる手の定理を説明する論文において、アローは次のように書いた。「信頼がなければ、……相互に利益のある協力のための機会は断念されねばならないだろう。……倫理的かつ道徳的な行動規範を含む、社会的行動の規範は、……市場の失敗を埋め合わせるための社会の反応でありうるだろう」[★47]。換言すれば、契約は不完備であるから、道徳がときどき価格の仕事をしなければならない。その逆ではない。

アローの主張は、社会規範や道徳律が個人の行動が他者に対して授けたり課したりする便益と費用を内部化する効果をもつとき、それらは市場の失敗を弱めることができるというものである。契約の不完備性にもかかわらず、現代経済の主要な市場——労働、信用、そして知識に関する市場——は、時としてそれなりにうまく機能しうる。なぜなら、社会規範と他者考慮的な動機とが、積極的な労働倫理、プロジェクトや情報の質について真実を述べる義務、約束を守ることへのコミットメントを促すからである。「モラル・エコノミー」というのは撞着語法ではない。

規範やその他の社会的動機の重要性は、われわれが通常、市場の失敗と呼ぶものを超えてさらに広がる。それは、ある人の行動の他者に対する効果が契約によって統治されない社会生活の多くの領域を包含する。人々のライフスタイルの選択による長期的な気候上の影響、便宜主義的な抗生物質の使用による薬剤耐性の強い細菌の生成、そして人々の移動手段の選択の結果生ずる交通混雑がそれである。良い統治を支持するための社会規範の必要性は、これらや他の問題がわれわれの福祉への従来より大きい挑戦を提起するにつれて増加しうるだろう。労働そのものの性質の変化——たとえば、物を生産することから情報を処理することやケアを提供することへ——が示唆するのは、われわれの経済が次第に契約の不完備性によって特徴づけられるだろうということである。

古典派経済学者たちが正しかったのは、倫理的・他者考慮的な動機だけでは、見知らぬ者同士での相互作用が行われる経済の良い統治にとって不十分だと考えた点である。市民の利己心が、「彼が意図してもいなかった目的を促進する」ために飼い慣らされうるというスミスのかつての注目すべき主張を今や誰も疑わない。しかし、イノベーションと技術進歩の経済学の先駆者となったヨーゼフ・シュンペーターが、「誰もが、自身の功利主義的な目的だけで導かれるようなところでは、……どんな社会システムもうまくいかない」

［★48］と書いたとき、彼も同様に正しかった。この一節でシュンペーターが記述したのは、倫理的・他者考慮的な動機が広く認識される領域である家族や政治組織ではなく、資本主義企業の働きについてであった。

マキャベリは、統治の構造を考案することを彼の共和制の立法者に委託する際に、「人間をあるがままのものとして」捉えるという二世紀以上後のルソーの命令（そして、四世紀以上後のメカニズム・デザイン）を予期していた。その統治構造では、「普通の自然な気質」をもつ人々が、そうした気質にもかかわらず、良く統治される共和制をもたらすような仕方で行動することを選択するだろう。これが、どのように政策が設計されるべきか、どのように法が整備されるかに関するわれわれの理解に対する主要な貢献であった。しかし、同じことを、最初はマンデヴィルによる、そして次には経済学者による、この良い発想の根本的な拡張について言うことはできない。今日でさえ、私の学問分野での多くのものが、個人の選好の性質に対する公然とした無関心を、非道徳的で利己的な市民を公益に向けて行動するようにさせる賢いインセンティブの能力への過剰な自信に結びつける。

倫理的・他者考慮的な動機は良く統治された社会にとって不可欠であり、将来においてもいっそうそうである可能性が高い。この事実を無視し、人々の行動を動機づける選好に無関心である政策は、これらの必須の性質を傷つけるかもしれない。これが、政策立案者が本部長の懲罰的なインセンティブへの消防士の反応に関心をもたねばならない理由であり、また、罰金を科された後でも保育園に遅刻する親たちに関心をもたねばならない理由である。

以下では、われわれは、これらの関心を共有し、良い統治を行おうとするアリストテレスの立法者の立場に立つことにしよう。その立法者は、インセンティブと制約は、どのような社会秩序にとっても不可欠だが、決して十分ではないし、倫理的動機づけに対して意図せざる悪影響をもつだろうことを知っている。立法者の目から見れば、実のところ悪党や悪人のために設計される利己心の原則に基づく政策の道具箱が、問題の一部である可能性がある。

私宛ての一通の電子メールがある。これは私が本章で報告する実験に関係するのだが、このメールを読むことで送信者が大統領行政府の若いスタッフとして一九五〇年代初頭を過ごした「エキサイティングで刺激的な時代」が思いだされた。「人々は長い時間働いた」――と彼は語った――「そして達成感がそれを埋め合わせていたと感じていたし……自分の重要性も感じていた。金曜の午後の会議はきまって八時か九時にまで及んだ。そのようなときには議長が土曜の朝に再開してはどうかと提案したものだった。しぶるものは一人としていなかった。われわれ全員が、その会議が重要であり、自分が重要だということを知っていた。……土曜に勤務したものは誰であれ、超過手当を受け取るとした大統領令が発令されたとき、どうなったか。……土曜の会議は事実上開かれなくなってしまった」。

メールはトーマス・シェリングからのものだった。シェリングは、ホワイトハウスを去って半世紀後にノーベル賞を受賞した。経済学は市場を超えた社会的相互作用を含めるようにその焦点を拡大すべき、という点を経済学者に認めさせたことがその授賞理由であった。若きシェリングが大統領行政府で経験したことは例外的なことだったのだろうか。

インセンティブは機能する。インセンティブはしばしば通常の経済理論が予測する通りにほぼ正確に行動に影響を与えるが、それは、インセンティブの対象者が関心を抱くのが物質的利益だけだと仮定するからである。教科書の例としては、インセンティブに対するチュニジアの分益小作農〔小作料があらかじめ定められておらず、収穫物の一定の割合を地主が徴収する小作制度の一形態〕やアメリカのフロントガラス設置作業者の反応が挙げられる〔★1〕。こうした例では、物質的利己心の仮定は、熱心に働いた場合に受け取る利得を高める、そういったさまざまなインセンティブの効果を予測する優れた基礎である。彼らの労働努力は、自分の賃金がどの程度までそうした効果に依存しているかということと密接に関係していた。

しかし、教室の中の経済学が正しくないこともある。シェリングも他のホワイトハウス・スタッフも超過手当に惹かれたから、喜んで土曜に勤務したというわけではなかった。イスラエルでは進学資格に多額の報奨金が提示されたが、そうした報奨金は、すでに進学資格を取得する見込みの高い生徒を除けば、男子生徒にはまったく影響を与えなかったし、女子生徒への効果はごく小さいものであった〔★2〕。アメリカ合衆国の都市部の二五〇校において、試験の成績との引き換えに相当額の現金が提供されたが、そうした現金の効果はまったくと言ってよいほど見られなかった。また、生徒のインプット（たとえば読書）に対するインセンティブの効果は控えめなものであった〔★3〕。自然実験は稀（まれ）であるが、ノルウェーでは入院期間を短縮させる手段として罰金を科すことが利用された。だが、その効果は正反対の結果をもたらした［★4］。対照的に、イギリスでは入院期間が大幅に縮小したが、それは利潤と損失の計算に依拠する政策によるものではなく、むしろ、病院経営者の恥やプライドに訴えるよう設計された政策によるものだった［★5］。

ヨルダン川西岸地区へのイスラエル人入植者、パレスチナ難民、そしてパレスチナ人学生が次のように尋ねられた。自分たちの政治指導者が集団間の対立する問題について妥協した場合、どの程度怒りや反感を感じるのか、あるいはどの程度暴力を支持するようになるのか、と［★6］。自分たちの集団の主張（たとえば、エルサレムの地位をめぐるそれ）が「神聖な価値」を反映したものだと受け止めている人々（三つのグループそれぞれについてそのおよそ半数）は、妥協との引き換えに、たとえば、集団が金銭的補償を受け取る場合でも、きわめて大きな怒り、反感を表し、暴力を支持した。

同じような反応は、環境ハザード受け入れ意思に関する評価アンケート調査に回答した、スイス市民の反応についても説明できるかもしれない。すなわち補償を提案されたとき、地域への核廃棄物処理施設建設に対する彼らの抵抗は強まった［★7］。多くの法律家が、違約をカバーする条項を明示的に導入した場合、違約の可能性が高まると考えている（また、実験の証拠もこうしたことを示している）［★8］。

こうした例は、古典的な分離可能性の仮定、すなわち、インセンティブと道徳感情とは望ましい結果を履行するにあたり単純に加法的だとする仮定に疑問を投げかける。本章において、匿名の被験者を典型とし、彼らの間で相当額の金額を使ってプレイされる実験室の実験を示すが、そうした実験は、道徳的な動機やその他の非経済的動機があからさまなインセンティブによってクラウディングアウトされることがある、ということを示唆する。

前章末で私は、アリストテレスの立法者——彼はこの問題に気づいているのだが——にクラウディングアウト問題をふまえて公共政策を設計する役割を与えた。物質的な利己心に訴えることで道徳感情が損なわれることがある。こうした事実は、クラウディングアウトされる道徳感情が存在しないのであれば、立法者を悩ますことはない。しかし、これは正しくない。自然観察と実験データは、ほとんどの人間集団で、一貫して利己的であるような個人はほとんど存在せず、道徳的・他者考慮的動機が一般的だということを示している。さらに、われわれが理解できるのは、こうした実験が、実験室の外で人々がどのように行動するかを予測する、ということである。たとえば、ブラジルの漁師の間では、陸地での公共財実験で協力的である人々は、実際に漁に出たとき、より環境に優しい罠と網を採用する。

ホモ・ソキアリス

囚人のジレンマゲームでは、他のプレイヤーがどのような行動をとるかに関わりなく、自分のパートナーと協力するよりも裏切ることがプレイヤーの利得を最大化する。このゲームでは裏切ることが、ゲーム理論家が言うところの支配戦略であり、ゲームはきわめて単純である。このゲームを理解するのにゲーム理論家は不要である。したがって、人々が関心を抱くのが自分自身の利得だけだと仮定すれば、裏切りが普遍的だと予測される。

しかし、ゲームが現実の人間によってプレイされるとき、ほぼ半数のプレイヤーが裏切るよりも協力的である[★9]。ほとんどの被験者が、協力者を裏切ることでより大きな物質的利得を得ることよりも、相互協力を選好し、進んで他のプレイヤーが同じように感じる機会を選択する（そして他のプレイヤーも進んで同じ機会を選択する）と述べている。

プレイヤーが裏切るとき、それは往々にして、彼らが受け取るより大きな利得によって誘惑されるからではない。他のプレイヤーが裏切るかもしれないということを知っているからであり、自分自身の協力を他のプレイヤーが悪用するという考えを嫌うからである。こうした点は、囚人のジレンマゲームが、標準形の場合のように同時にプレイされるのではなく、つまり、それぞれの人が他者がどのように行動するかを知らずにどう行動すべきかを決定するのではなく、逐次的にプレイされる（一人がランダムに先手として選ばれる）ときに発生する結果から知ることができる。逐次ゲームにおいては、後手が通常先手のプレイヤーに互恵的に対応し、先手が協力する場合には協力し、協力しなければ裏切る。より高い利得ではなく、騙されやすい間抜けにならないことがここでの動機だという事実を覚えておこう。われわれはこの点にまた立ち返る。

本章や後の章で議論される実験は表3・1に示されている（最も詳細に説明されるページは索引に示されている）。より詳細な、テクニカルなゲームの説明は補遺2において与えられている。

囚人のジレンマだけが、実験の被験者がきまって利己心の仮定を破る唯一のゲームなのではない［★10］。広範な実験から得たデータを利用し、エルンスト・フェールとサイモン・ゲヒターは、被験者の四〇パーセントから六六パーセントが互恵的選択を示すと推定している。つまり、被験者は、好意に応えないことでより高い利得を得ることができる場合でも、好意を返したのであった。同じ研究は、被験者の二〇パーセントから三〇パーセントが通常の自己考慮的な選好を示すと指摘している［★11］。アルミン・ファルクとミヒャエル・コスフェルトの信頼ゲーム（以下で説明）においては、利己的な選択を行った被験者は五分の一を下回った。

ジョージ・レーベンシュタインたちは、彼らが行った実験ゲームにおいて三つのタイプのプレイヤーを区別している。「聖人（saints）はつねに平等性を好み、そして彼らがたとえ相手と悪い関係にある場合でも、聖人は相手よりも高い利得を受け取ろうとしない。……忠実な人（loyalists）は、中立的な、あるいは良い関係にあるときにはより高い利得を受け取ろうとしないが、悪い関係にある場合には有利な不平等を追求する。……冷酷な

ゲーム	ゲームのプレイ方法	測定される価値
一回きりの囚人のジレンマ	相互協力が最も高い平均利得をもたらす。しかし、利己的プレイヤーは裏切る。	他のプレイヤーが取る行動に関する自分の信念に依存するプレイヤーの互恵性。市場フレーミングが価値に与える効果。
贈与交換	一方のプレイヤーから他方のプレイヤーへの移転は互恵的かもしれない、もしくは非互恵的かもしれない。	互恵性と互恵性期待。
信頼（罰金ありの場合と罰金なしの場合）	受託者への投資家の移転は実験者によって乗数倍される。それから受託者は反対に投資家へ移転を行うことができる。	投資家：寛大さもしくは互恵性期待。受託者：互恵性。罰金の見込みが投資家の寛大さに与える効果。
独裁者	一人のプレイヤーが一方的にある額を第二の（受動的な）プレイヤーへと移転する（これは厳密に言えば、ゲームではない）。	無条件の寛大さ。
第三者懲罰	独裁者の移転を観察し、その後に独裁者の利得を引き下げるために支払いを行うかもしれない、そういった第三者つき独裁者ゲーム。	第三者：他者の取り扱いにおける公正の侵害を罰するために進んで支払おうとする意思。第一者：期待される懲罰の効果。
最後通牒	提案者は暫定的に初期資産の一部分を応答者へと配分するが、応答者は受け入れるか、拒否するかする。拒否する場合には、両方のプレイヤーとも何も受け取らない。	提案者：無条件の寛大さもしくは応答者の公正な心性に対する信念。応答者：公正、互恵性。
公共財	二人を超えるプレイヤーから成る囚人のジレンマ。平均利得は、すべてのプレイヤーが最大額を拠出する場合、最大となる。しかし、利己的なプレイヤーの拠出額はより小さいものとなる（あるいは、大半のケースにおいて、ゼロとなる）。	利他主義。他者の過去の行動を条件とした互恵性。
懲罰つき公共財	他のプレイヤーそれぞれの拠出水準の情報が与えられた後、それぞれのプレイヤーが、他のプレイヤーが誰であれ、そのプレイヤーの利得を引き下げるよう支払いを行うかもしれない。	拠出者：無条件の寛大さ、もしくは社会規範を侵害した場合、躊躇なく不公正、恥を罰しようとする他者の意思に対する信念。懲罰者：公正、互恵性。

表3・1　実験ゲームにおいて間接的に測定される価値

註：第三列に示された価値は、実験での行動が、ゲームの利得を最大化しようとする個人（また、他者も同一の行動をとると信じる個人）から期待される行動と異なる場合、そうした実験上の行動の許容可能な説明である。補遺2でこうしたゲームの構造についてより詳細に説明している。

競争者（ruthless competitors）は、どのようなタイプの関係にあるのかにかかわらず、相手に先んじることを好む」（強調は原文どおり）［★12］。彼らの被験者のうち、二二パーセントが聖人、三九パーセントが忠実な人、二九パーセントが冷酷な競争者であった。残りの一〇パーセントはこれらのカテゴリーに適合しなかった。

トルストイの幸せな家庭［『アンナ・カレーニナ』「幸福な家庭はどれも似たものだが、不幸な家庭はいずれもそれぞれに不幸なものである」］のように、いろいろなゲームにおいて――レーベンシュタインの冷酷な競争者と同様――利己的であることが唯一の方法であるように見えるが、しかし、標準的な経済モデルから逸脱する多くの方法が存在する。無条件に利他的な者、つまり単純に他者が受け取る便益を高く評価する者もいる。条件つきの利他主義の形態を示す者もいる。彼らは、便益の受け取りをまったく期待できない場合でも、善き行いで互恵的に応える。この他に、明らかに正義へのコミットメントから不平等を嫌う者もいる。ホモ・エコノミクスは経済学の舞台では登場人物に入るが、実験が示すように、ホモ・エコノミクスが数のうえで完全に劣勢となることもよくある。

私は次のような動機を示すために「社会的選好」という用語を用いる。すなわち、利他主義、互恵性、他者を助けることから感じる内在的な喜び、不平等の回避、倫理的なコミットメント、この他に自分自身の富や物質的利得の最大化に忠実であるよりも、他者を助けるように人々に働きかけるような動機である。したがって社会的選好は、行為者が他者の受け取る利得に何らかの価値を割り当てるようなケースには限定されない。私はより広い定義を採用する。というのも、他者の利得や福利に対する関心とは無関係な道徳的、内在的な理由等が、たとえ他者を助けることや社会規範に忠実であることがコストを要する場合でも、そのように行動するように人々を動機づけることがよくあるからである。たとえば、人は社会規範に従うかもしれないが、それは、その違反が他人に与える損害を考えてのことではなく、そうした人になりたいと願う種類の人間だからである。ホームレスへの援助は、貧しい人々を心配に思うということよりもむしろ、ジェームズ・アンドレオーニが贈与の「暖かな光」と呼ぶものによって動機づけられているのかもしれない［★13］。正直であることは、嘘が他者に与える損害によって動機づけられる必要はない。それ自体が目的であるかもしれないのだ。

インセンティブはこうした社会的選好の複数の次元を損なうかもしれない。こうしたことを知ることは立法者にとって警告となるが、しかし、指針としては十分ではない。クラウディングアウトが発生する場合、インセンティブやその他の政策をどのように設計するのか。インセンティブを利用するかどうかを決定するために、また利用する場合にはどのような種類のインセンティブを利用すべきかを決定するために、立法者はインセンティブが存在しない場合の市民の行動、また設定されるインセンティブに対する市民の反応を知る必要がある。こうした理由から、インセンティブがどのように働き、なぜインセンティブがときおり失敗するのかを理解しなければならない。

クラウディングアウト（クラウディングイン）

初めに、立法者が考えるのは、政策立案者が直面する典型的な問題である。すなわち、ある公共財への拠出が市民にとってコストを要するとき、どのようにして市民に、公共財に拠出させることができるのか。これは公共財ゲームとして表現される。個人はある公共財を拡大させる行動――たとえば、環境に優しいゴミ処理――をとるためにコストを負担することを選択するかもしれない。その個人自体は、すべての市民と同様に、公共財から便益を受け取るであろう。しかし、拠出にあたり、その市民のコストは個人的に受け取る便益よりも大きいと仮定しよう。したがって、最善の結果はすべての人が拠出することである（つまり、公共財の総便益の最大化）。だが、個々の市民にとっては、他の市民がどのような選択をとろうとも、まったく拠出しないということが個人的な利得最大化の選択である。拠出しないということが、ちょうど囚人のジレンマと同じように、利得最大化行動をとる者にとって支配戦略となる。拠出は利他主義の形態である、すなわち、自分自身にコストがかかるとしても他者を援助するということである。

したがって公共財ゲームは、プレイヤーが二人を超えた囚人のジレンマゲームである。この他にしばしば公共財問題の形態をとる問題は、自主納税、個人の二酸化炭素排出量の制限、社会規範の維持、公衆の自由利用が可能な新知識の生産、公共の安全の維持、自身の集団の良い評判を維持する行動である。

市民は、補助金やその他の経済的インセンティブによって公共財に拠出するように促されるかもしれない。以下では、私は、行動と結びついた、予想される物質的な費用と便益に影響を与える介入を意味するため、(明示的な、経済的な、金銭的なといった形容詞をつけずに)「インセンティブ」という用語を利用する。標準的な経済モデルでは、ストーリーはここで終わる。つまり補助金が公共財への拠出の純コストを引き下げ、その結果、拠出する市民が増える、もしくは拠出額が増加する。

しかし、市民の中には社会的選好をもつ者もおり、そうした選好は、自分自身にコストがかかるとしても、他者に便益をもたらす行動を動機づけるかもしれない。こうした選好が、市民の自己考慮的な物質的動機づけに比べ、どれほど際立って重要となるかは、拠出の意思決定が下される状況に依存するであろう。たとえば、ショッピングと投票は別々の状況であるが、大半の人々にとって、ショッピングでの利己心の追求が倫理的な問題だと受け止められることはほとんどない。これに比べ、投票ではそのように受け止められる可能性が高い。公共財の場合、どの動機が際立って重要となるのかは、拠出する人々にインセンティブが与えられるのかどうかも含め、拠出がどのような枠組みで行われるのかに依存する。インセンティブは状況の一部である。私は、こうした拠出をしようとする近接した動機を市民の「経験に基づく価値」と呼ぶ。

立法者に突きつけられた挑戦は、インセンティブによって与えられるフレーミングが個人の社会的選好の重要性に影響を与え、結果として経験に基づく価値の水準が、インセンティブが与えられなかったときの水準と異なったものになってしまうかもしれないということだ。こうしたことが発生するとき、社会的選好とインセンティブとは分離不可能であり、経験に基づく価値はインセンティブの利用によって（正もしくは負の）影響を受けるかもしれない。

どのように影響を受けるのかを理解するため、どの特定の個人にとっても拠出の大きさが単一の数値によって表現されるとしよう。また、同じことが明示的なインセンティブと価値の両方に妥当するとしよう。分離不可能性は、インセンティブの有無もしくはその大きさが個人の経験に基づく価値に影響を与えるときに発生する。

これは、分離可能性を描いた図3・1のパネルAにおいて描かれている。インセンティブから拠出への上のルート――「インセンティブ控除後の拠出コスト」を経由する経路――は利己心パラダイムによって強調されるルートである。このコストは拠出を抑える（コストから拠出への矢印にマイナス符号をつけることによって示されている）。この因果ルートの上では、インセンティブは公共心に基づく行動の純コストを低下させ、したがって公共財を供給しようとする行為者の動機を高める。

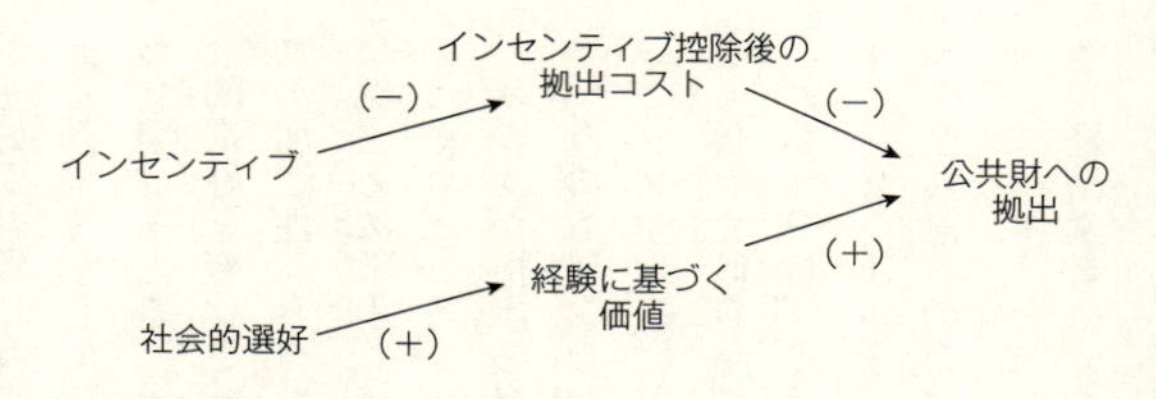

A. 分離可能性：インセンティブは価値に影響を与えない

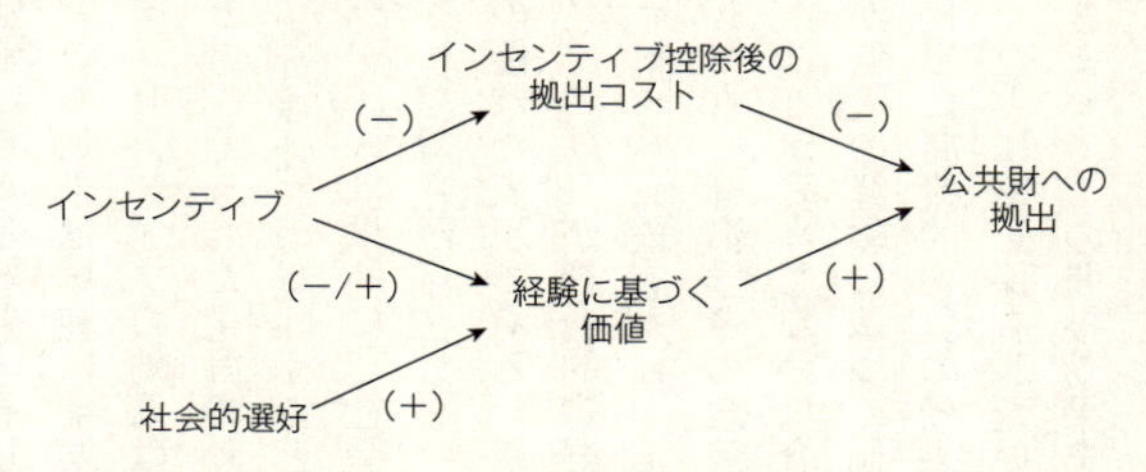

B. 分離不可能性：インセンティブは価値に影響を与える

図3・1　インセンティブ、経験に基づく価値および公共財への拠出：分離不可能性の問題とクラウディングアウト　矢印は正もしくは負の因果関係を示す。パネルBで、「インセンティブ」から「経験に基づく価値」への効果が負（−）である場合、クラウディングアウトが発生する。

パネルAの下の部分の矢印――「経験に基づく価値」を通過する矢印――は市民の社会的選好が経験に基づく価値に与える効果、そして経験に基づく価値が公共財への拠出に与える効果を示している。この効果は単純に補助金の効果に加えられる。インセンティブを変化させるとき、そのインセンティブの効果は社会的選好水準に依存しない。同様に、社会的選好を変化させるとき、そうした選好の効果はインセンティブ水準に依存しない。これが加法性（あるいは分離可能性）の意味するところである。

もちろん、利己心パラダイムは単純に、社会的選好の役割を無視しているのかもしれない。それどころか、そうした選好が存在しないと仮定しているのかもしれない。しかし、パネルAが拠出の過程の優れた表現であるかぎり、そこには何の問題も発生しない。それというのもインセンティブの効果が社会的選好の水準から独立だからである。ホモ・エコノミクスが市民にとって誤った名称であり、ホモ・ソキアリス〔社会的人間〕と呼ぶのがより優れた呼び名だとしても、経済学者の政策は期待どおりに働くであろう。

パネルBは、こうしたことが妥当しない場合に発生する、分離不可能性の問題を描いている。インセンティブが個人の経験に基づく価値に負の効果を与えるからであり、したがって公共財への市民の拠出に間接的に負の効果を与えるからである。ジョン・スチュアート・ミルに従って「ただたんに富を保有したいと望む存在」として市民に焦点を当てるとき、経済学者はいつもきまってこの間接効果を無視する。それは、経済学者がそうした効果が存在しないと考えるためか、あるいは経済学の一部ではないと考えるためか、そのいずれかの理由からである。しかし、そうした間接効果は間違いなく存在するのであり、そしてそれがインセンティブの作用に影響を与える以上、間接効果は経済学の一部でなければならない。

インセンティブが経験に基づく価値に与える効果のために、インセンティブの総効果——直接効果と間接効果——は、インセンティブがその対象者の行動の費用・便益に与える効果だけに注目した場合に期待される水準には及ばないかもしれない。こうした場合、われわれは、インセンティブが社会的選好をクラウディングアウトすると言う。そのさい、インセンティブと社会的選好とは代替的である。すなわち、目標とされる活動に与えるそれぞれの効果が、他方の効果の水準が上昇するにつれて低下するのである。社会的選好に与える効果が正である場合、立法者の求める相乗効果が発生する。すなわち、クラウディングインが発生し、社会的選好とインセンティブとは補完的となり、それぞれが他方の効果を高める。

インセンティブの導入が個人の公共財への拠出に与える総効果は、補助金の直接効果（正でなければならない）、価値に与える補助金の効果を経由して作用する補助金の間接効果（正・負いずれの符号も可能である）、行動に与える価値の効果（正だと仮定する）——こうした三者の総和である。社会的選好が存在しないか、「経験に基づく価値」において表現されるような行動の重要な点にインセンティブが影響を与えないか、このいずれかの理由によって間接効果がまったく存在しない場合、分離可能性が発生する。こうしたことは、インセンティブがアメリカ人のフロントガラス設置作業者やチュニジア人農民の働きぶりに与える効果、およびその他本章冒頭で触れた「教科書」のケースに妥当する。

間接効果が負である場合、つまり総効果が直接効果よりも低い場合、インセンティブと社会的選好とは代替的である(もしくは「劣加法的」である、あるいは「負の相乗効果」もしくは「クラウディングアウト」を示していると表現される)。これは、冒頭で述べた学習に対する報奨金の効果が驚くほど小さいか、それどころかまったく発生しないということに妥当するかもしれない。

間接効果が負であり、インセンティブの直接効果を打ち消すほど大きい場合、インセンティブが逆効果となる、すなわち、インセンティブがその意図した効果とは反対となるような目を引くケースが発生する。私はこうしたケースを「強いクラウディングアウト」と呼ぶことにする。インセンティブに対するボストンの消防士とハイファの親たちの反応がその例である。

間接効果が正である場合、クラウディングインが発生する。すなわち二つの効果の間に相乗効果が生まれる。そのさいインセンティブと社会的選好とは代替的ではなく、補完的であり、「優加法的」と呼ばれることもある(こうした四つのケース――分離可能性、クラウディングアウト、クラウディンググインおよび強いクラウディングアウトは、補遺1において数学的に特徴づけられている)。

どのようにして実験においてクラウディング現象が見つけられるのか。インセンティブが公共財に対する拠出を引き上げるのではなく、実際に低下させるのであれば、クラウディングアウトの証拠は確かであろう。しかし、この種の強いクラウディングアウトは問題の極端な表現にすぎない。したがって、単純に、インセンティブが正の効果をもつことが観察されたからといって、クラウディングアウトが存在しないことの証拠にはならない。クラウディングアウトは存在するものの、強くはない場合、インセンティブの効果は意図された方向に作用する。しかし、インセンティブの効果は、社会的選好とインセンティブが単純に加法的であるときほどには大きくはない。仮説的な、分離可能性のケースにおいては、インセンティブの効果は、まさしく完全に非道徳的で自己考慮的な人間の行動がもたらすものとなるであろう。したがって、社会的選好の有無、性格および大きさ、およびそのクラウディングアウト(もしくはイン)をテストするために、われわれは、ホモ・エコノミクスという典型についてインセンティブの効果を予測し、その予測された効果をベンチマークとして利用する。ベンチマークから逸脱した行動が社会的選好の証拠であり、社会的選好の物質的インセンティブからの分離不可能性に関する証拠である。

ここに補助金が「作用した」例がある。しかしそれは、インセンティブが存在しなかったとき非利己的に行動していた人々の間に、ほぼ完全な利己的行動を誘発した補助金の例である。フアン・カミロ・カルデナスたちは、共同利用資源ゲームと呼ばれる「負の公共財」ゲームの実験を行った。これは、被験者――コロンビア農村部の共有資源の利用者――が直面する現実世界のコモンズ問題に構造上よく似たものである[★14]。

この実験においてカルデナスは、仮説的な「森林」(共同利用資源)の伐採に何カ「月」費やすかを村人自身に選択させた。すべての村人が実践した場合、グループにとって総利得を最大化するような伐採水準がある(一年につき一月)。しかし、カルデナスが行った実験では、それぞれの個人の厚生は、この社会的最適よりももっと長く資源を利用することで改善する。村人はすぐに、仮説的な森林の実験ゲームと、現実の森林から生活の糧を得る自分たちの日常的な仕事とが似ていることを理解した。実験における彼らの利得については仮説的な点は何もない。どうにかして協力することができれば、農民はかなりの金額を稼ぐことになる。

こうした設定は、過剰な資源利用が「負の公共財」だという点を除けば、公共財ゲームに類似している。それぞれの被験者は、他の被験者がどのように行動するかにかかわらず、「森林」を過剰に伐採することでより大きな利得を得る。しかし、集団としては、各自が自分の伐採水準を制限した場合、被験者の厚生は最善となる。村人は簡単に、自身の行動と他の村人の行動の組み合わせのすべてについて取得する利得を決定できる。それぞれの村人は一四のグループのうちの一つのグループにランダムに割り当てられ、そこで多期間にわたり実験をプレイする。

カルデナスたちは行動経済学における二つの一般的な手法に従った。第一に、利得は現実のものとされた。被験者の中にはかなりの金額を携えて帰宅するものも出た。第二に、参加者のプレイは匿名で行われた。プレイヤー間のコミュニケーションを認める実験方法の場合でも、それぞれのプレイヤーがどれだけ森林を伐採したかは実験者とそのプレイヤー自身以外には知ることができなかった。

八期間続けた実験の第一ステージでは、インセンティブも与えられなかったし、村人間でいかなるコミュニケーションもとられなかった。実験の「資源」からの村人の伐採水準は、個人的な利得を最大化する大きさに比べ、平均で四四パーセント低かった。それからカルデナスたちは、巧みに、次のような統計値――すなわち、「森林」からの村人の伐採水準と、他のすべての村人の行動を所与とした場合、自分に最大の物質的利得をもたらす伐採水準との差――を利用し、各個人の社会的選好の尺度をはかった。彼らはこの統計値をこのように解釈するのだが、その理由は、村人が自分自身の物質的利益を最大化しない理由に関して社会的選好が許容可能な簡潔な説明を提供する、という点にある。そのうえで、実験の第一ステージからの証拠は、社会的選好が村人の間でまったく一般的だということを示した。

しかし、これは、注目すべきものの、カルデナスが求めた問いに対する答えではなかった。彼が知ろうとしたことは、物質的インセンティブもしくは被験者間のコミュニケーションのいずれかがどのようにして伐採水準に影響を与えるのか、したがって、村人の社会的選好に影響を与える条件について推察できることは何かということであった。ここではその問いにカルデナスがどのように答えたかを示そう。

ゲームの第二ステージでは九期間プレイが続けられるが、このステージでは、カルデナスは二つの新しい実験法を導入した。九つのグループにおいて、村人は匿名でプレイする前に相互に簡単にコミュニケーションをとることが認められた。そうしたグループの伐採水準は、コミュニケーションがとられなかったステージに比べ、コミュニケーション実験法のもとではわずかに低いものとなった。したがって自分自身の利得だけを考える人間の行動からさらに逸脱した。村人間のコミュニケーションは行動における社会的選好の重要性をいくぶんか高めたようだ。

実験者は、残る五つのグループのメンバーに次のように説明した。全メンバーが同一の行動をとった場合、グループにとって利得最大となる大きさが実現されるであろうが、それを超えた資源開発が発覚した場合、（実験者によって科される）少額の罰金を支払わなければならない、と。グループにとっての利得最大化の大きさを「社会的最適」伐採水準と呼ぼう。こうした意味でメンバーが過剰な伐採を行ったかどうかを判定するため、彼らはモニターされる（モニターは、村人に既知の確率で行われる）。

期待されたように、最初のうち、こうしたグループの村人の伐採水準は、罰金を科されない村人に比べ、はるかに低いものであった。ペナルティが意図された効果を発揮したことを示している。しかし、実験の第二ステージが進行するにつれて、罰金下のグループの村人は自己の伐採水準を引き上げた。罰金を科される見込みは、完全に利己的な人間であれば行う伐採水準を低下させた。しかし、カルデナスが知ろうとしていたのは、インセンティブが村人の社会的選好に与える効果であった。すなわち、村人が完全に利己的な人間の行動からどれだけ逸脱したのか、そうした逸脱の大きさに与えるインセンティブの効果であった。

結果は衝撃的であった。第二ステージの終わりまでに、村人の伐採水準は、完全に利己的な人間の伐採水準をかろうじて下回るものであった（またその違いは統計的には有意ではなかった）。思いだしてほしい。この村人は、第一ステージにおいて、インセンティブが存在しない場合、自分の個人的利益を最大化する伐採水準の半分をわずかに超える伐採水準を示していた、その村人とまったく同一の人たちであった。

図3・2は、二つの実験ステージ、および実験の第二ステージにおける二つの実験法（コミュニケーション、罰金）について、村人の伐採水準が自己の個人的利益を最大化する水準をどれだけ下回っているのか、その大きさを示している。したがってそれぞれの点の

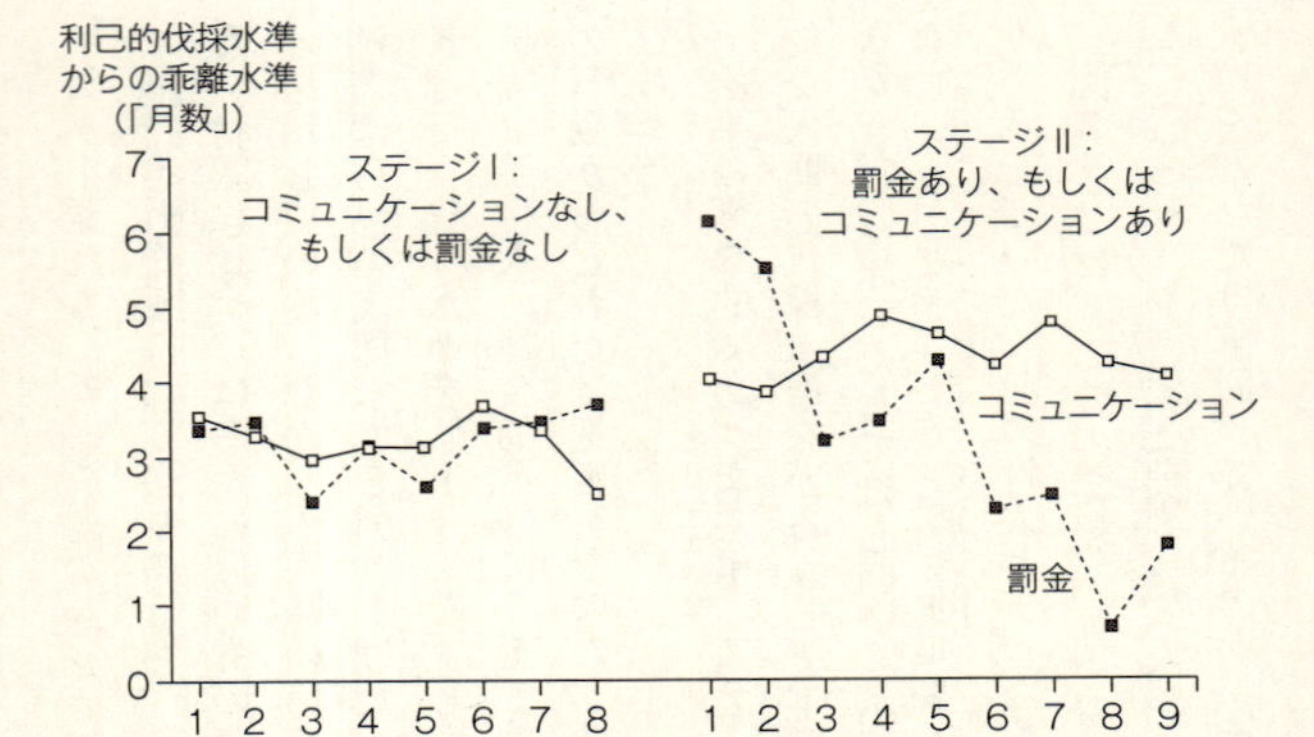

図3・2 コミュニケーションと経済的インセンティブが社会的選好の強さに与える効果 ステージⅠにおいては、両グループとも同一の実験方法(罰金なし、コミュニケーションなし)のもとに置かれている。ステージⅡでは、被験者のうちの1グループ(「コミュニケーション」)はゲームおよびどう振る舞うべきかについて話し合うことが許されている(プレイは依然として匿名である)。他方、他のグループ(「罰金」)のメンバーはモニターされ、過剰な伐採に対して罰金を科される(コミュニケーションなし)。(データの出所は Cardenas, Stranlund, and Willis 2000)

高さは村人の社会的選好の大きさを示している。インセンティブが機能しているのは明らかだ。しかし村人は、インセンティブが存在しないとき、グループの便益のために自分の伐採水準を制限することで個人的利益を大幅に抑制するように誘発されていたが、そうした抑制を誘発する動機が何であれ、インセンティブはそうした動機をほぼ完全に脇に追いやってしまった。言い換えれば、罰金は「森林」を守る追加的な理由ではなく、むしろ村人が事前に有していた社会的選好に代替するものとして機能したのであった。

村人が完全に利己的だとしても(つまり、村人の社会的選好は度外視する)、罰金が十分に大きく、モニタリングも十分に効率的であり、これにより村人に正確に社会的に最適な量で森林を伐採させることができるとすれば、どのようなことが起こるのであろうか。こうした問題は、当面、保留にしておこう。ここでの要点はインセンティブが働くが、おそらく、それに伴い文化的なダメージが発生するということである。第6章において、なぜそのようなダメージを心配すべきなのか、その理由を考察する。

クラウディングアウト——立法者のための分類

罰金を告げられたとき、村人に環境意識を失わせたのは何だったのか。ハイファの親たちのように、村人は、以前には社会規範であったものを破った代価が罰金だと受け止めたようだ。また村人は、「森林」の過剰伐採の利益が罰金のリスクを正当化できるほど十分に大きな利益であることに気づいたようだ。しかし、われわれは実際には、村人の環境意識を喪失させたものが何であるかを知らない。それというのも、実験が測定したのは、村人が行ったことであり、村人が「森林」伐採・保全をどのように考え、感じているかということではないからだ。

しかし、罰金の導入がなぜ村人の社会的選好を脇に押しやるのか。この理由を理解せずに、この問題がどのように回避されるのかを理解することは難しい。したがってクラウディングアウト過程をより深く知ることが、立法者にとっての次の課題となる。最終的には、村人が意思決定を行うとき、彼らがどのように考え、感じているのか、この点に与えるインセンティブの影響を理解しなければならないことを立法者は承知している。しかし、今のところ立法者が考えているのは、クラウディング効果の分類によって、カルデナスたちのような実験からさらに情報を引き出すことができるということだ。

コロンビアの村人の反応の仕方をふまえると、寄付が税額を引き下げるとき、喜んで慈善団体に寄付していた人が寄付をしぶるようになるのでは、と考えることができるかもしれない。だが、こうした変化を引き起こすきっかけは何であろうか。贈与の意味を変化させるのは、(その額に関わりなく)たんなる税控除の存在だろうか。それとも補助金の大きさだろうか。

(インセンティブの大きさではなく)その有無が個人の経験に基づく価値に影響を与えるも

のであるとき、われわれはこれを「カテゴリー的クラウディングアウト」と呼ぶ。インセンティブの大きさが重要であるとき、われわれは「限界的クラウディングアウト」が発生したと言う。クラウディングインも発生するかもしれない――すなわち、インセンティブが個人の経験に基づく価値を高めるとき――、そしてこれもまたカテゴリー的かもしくは限界的かのいずれかのクラウディングインに分類できるということが理解されるであろう。

限界的クラウディングアウトとカテゴリー的クラウディングアウトとを区別していたならば、ボストン消防本部長はクリスマスの病欠連絡が原因の混乱を回避できていたかもしれない。振り返って考えてみれば、わずかばかりのペナルティが反発を招いたとしても、彼はおそらく、病欠連絡に対するペナルティが十分に大きいものであったならば、自分が望んだ効果を得ていたはずだということに後で気づいたはずである。彼の直面したクラウディングアウト問題が限界的ではなく、むしろカテゴリー的（たんにペナルティの存在が問題）だったとすれば、わずかなペナルティでも適切であったであろう。

こうした諸概念を明確にするため、図3・3は、クラウディングアウトがカテゴリー的であるかもしくは限界的である場合、クラウディングが発生しない、つまり分離可能性のもとにある場合――こうしたそれぞれの場合について補助金が個人の公共財への拠出に与える、ありうる効果を示している。（横軸上で測られる）補助金のそれぞれの水準について、直線の高さは自己の効用（インセンティブと自己の価値の両方からの効用）を最大化する拠

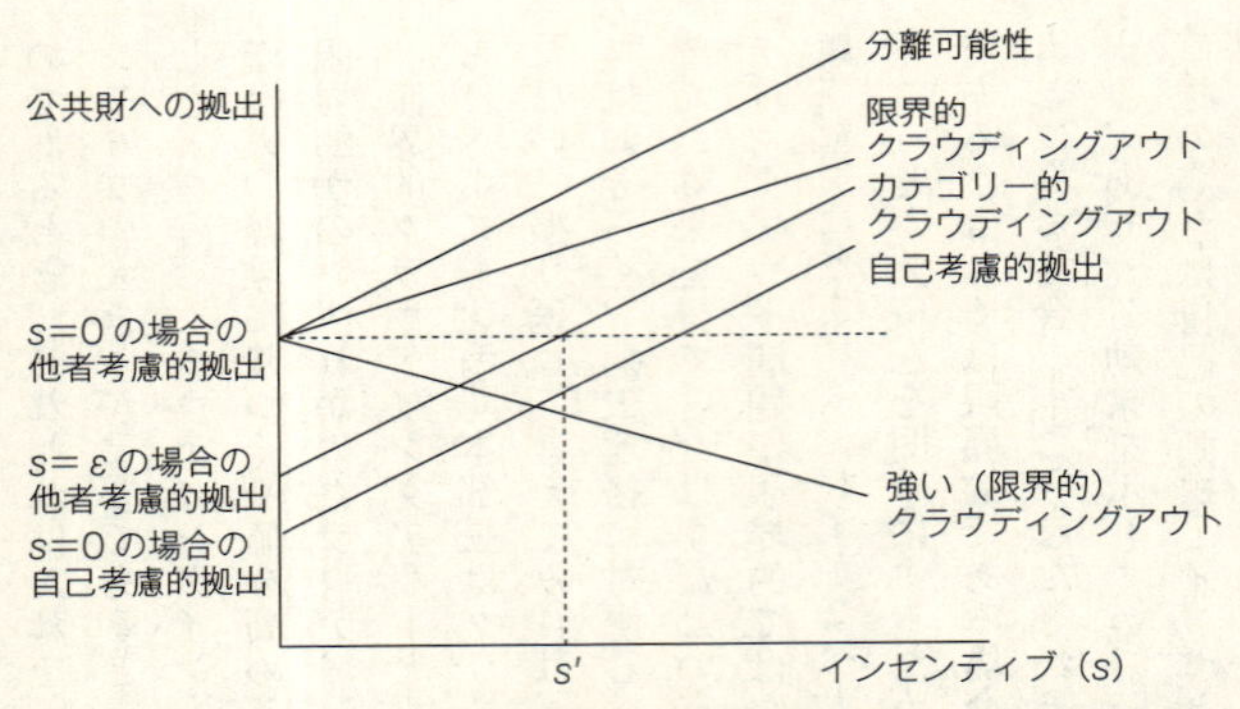

図3・3　インセンティブと価値の分離不可能性のもとにおける公共財への市民の拠出水準　分離可能性（一番上の直線）のもとでは、経験に基づく価値とインセンティブは加法的である。カテゴリー的クラウディングアウトはこの直線を下方にシフトさせる（$s=\varepsilon$ は、補助金が提供されるが、それは想像しうるかぎり小さな額だということを意味する。ε は任意の小さな数値を表現する)。強いクラウディングアウトのもとでは、インセンティブの利用は反生産的である。こうしたことは、強い（限界的）クラウディングアウト——下向きの直線によって描かれている——のもとでは、すべての補助金水準について成立する。カテゴリー的クラウディングアウトのもとでは、s' より小さいインセンティブも反生産的である。つまり、インセンティブとともに増加する拠出水準が、インセンティブが存在しない場合よりも低水準だという意味において反生産的である。

出水準——所与の補助金に対する個人の最適反応と呼ばれる——を与える。たとえば、「自己考慮的拠出」と表示された直線は、ある仮説的な自己考慮的個人（クラウディングアウトされる社会的選好をもたない）の最適反応を示す。彼は単純に利己心に基づきごくわずかな額しか拠出しないが、それから補助金に反応して拠出額を増やしていく。こうした直線は「最適反応関数」と呼ばれる。その傾きは補助金が拠出水準に与える効果である（線は直線で描かれているが、それは単純化のためである）。

一番上の直線（「分離可能性」と表示された直線）を参照基準としよう。これは、図3・1のパネルAにおいてモデル化された個人に類似した、仮説的な個人のもう一つの表現である。個人の社会的選好とそこから生まれる経験に基づく価値によって、補助金がゼロの場合でも（一番上の直線の切片）、個人は公共財に対してかなりの額を拠出するように誘発される。一番上の直線の傾きは、限界的クラウディングアウトが発生しない場合に見られる補助金の効果である（分離可能性がクラウディングアウトの発生を阻止する）。「限界的クラウディングアウト」と表示された直線の傾きは分離可能性の直線のそれより小さい。これは、限界的クラウディングアウトが、拠出額を変化させるにあたって、補助金の変動の効果を低下させたことを示す。強い限界的クラウディングアウトが発生するとき（下向きの直線）、その効果は負である（補助金が増加すればするほど、ますます公共財への拠出額の低下が誘発される）。限界的クラウディングインは、分離可能性の直線の傾きよりも大きな傾きによって示されるであろう（この直線は描かれていない）。最適反応関数の切片は、補助金がゼロの場合に市民が拠出する大きさを示す（補助金がゼロの場合、他者考慮的市民は自己考慮的市民以上に拠出する）。「$s=\varepsilon$の場合の他者考慮的拠出」と表示された切片は、補助金は提供されるが、その額がきわめて小さい場合の拠出を示す（εは望むだけゼロに近い数値を意味するが、ゼロではない）。補助金の存在それだけで社会的選好は低下するが、この低下幅は分離可能性の切片とカテゴリー的クラウディングアウトの切片との差によって示される。

立法者が補助金選択の責任を負う場合、図3・3はまさにその立法者が必要とする情報を提供する。同図は、それぞれの補助金水準について、クラウディングアウトの性格と大きさに応じて期待される公共財への拠出水準を示している。市民が他者考慮的だということ、補助金が強いクラウディングアウトを生み出すこと——こうしたことを最適反応関数の推定が示す場合には、立法者はインセンティブの利用を停止するであろう。インセンティブによる社会的選好のクラウディングアウトがカテゴリー的だということを立法者が知る場合、図中のs'以上の補助金を実行するか、あるいはまったく補助金を出さないかのいずれかであろう。0とs'の間のどのような補助金水準も——立法者は図3・3から理解するであろうが——結果的に公共財への拠出を低下させてしまう。

立法者は喜んで自分の道具箱に図3・3の最適反応関数を追加する。この図を見ながら立法者は素朴な立法者の苦境を思い浮かべるであろう。それというのも、素朴な立法者はクラウディングアウト問題に気づかず、したがって一番上の直線（「分離可能性」）が適切な政策選択肢だと信じ込んでしまっているからである。クラウディングイン（図には描かれていない）が発生しない場合、分離可能性に基づいた最適反応を誤って利用することで、結果（市民の拠出水準）が自分の予測した水準に達しなくなり、素朴な立法者は落胆することもある。

カテゴリー的および限界的クラウディングアウトを測る

これはたんなる思考実験ではない。注目すべき研究が、インセンティブの効果が実証的に推定できること、カテゴリー的および限界的クラウディングアウトの両方が間違いなく発生することを示している。ベルント・アーレンブッシュとガブリエル・ルチャラは公共財実験を行ったが、その実験では一九二人のドイツ人学生が次の三つの条件に直面した。すなわち、拠出を促すインセンティブがゼロ、最も高い拠出額の個人に与えるボーナスが高い水準、もしくは低い水準の三つである［★15］。利得は、インセンティブがゼロの場合でも個人が25単位拠出することによって自己の利得を最大化するように設定されている。授受された単位数は後で同額のユーロと引き換えられる。したがってコロンビアの村人の実験と同様に、ゲームは現実の貨幣で行われ、ゲームが終了した時点で学生はその貨幣を保有することになる。

図3・4において理解されるように、インセンティブがゼロの場合、拠出は平均で37単位であった。言い換えれば、参加者への動機づけが物質的報酬だけであった場合に彼らが提供する25単位を四八パーセント上回った。コロンビアの村人と同様に、実験におけるドイツ人学生は強い社会的選好を示した。

低水準のボーナスのケースでの拠出は、インセンティブがゼロの場合に比べ、わずかばかり高かったが、しかし、有意な相違ではなかった。高水準のボーナスのケースでは有意により高い拠出が観察されるが、拠出額（53単位）は利己的被験者について予測された額（50単位）をかろうじて超えたにすぎない（有意ではない）。再び、ドイツ人学生はコロンビアの村人にきわめて似ている。すなわち、インセンティブは働いたものの、それに付随した文化的なダメージも発生したのであった。ボーナスは以前から存在していた社会的選好を取り除いてしまったようだ。

われわれは文化的ダメージを分析し、なぜそれが発生するのかを理解できるであろうか。サンドラ・ポラニア＝レイエスと私はそのための方法を考案した［★16］。われわれは限界的クラウディングアウトが一定の所与の大きさだけ市民の最適反応関数の傾きに影響を与えると仮定した（すなわち、図3・3の直線のように、関数は依然として線形だということである）。それから高いボーナスと低いボーナスのケースにおいて観察された行動を利用し、

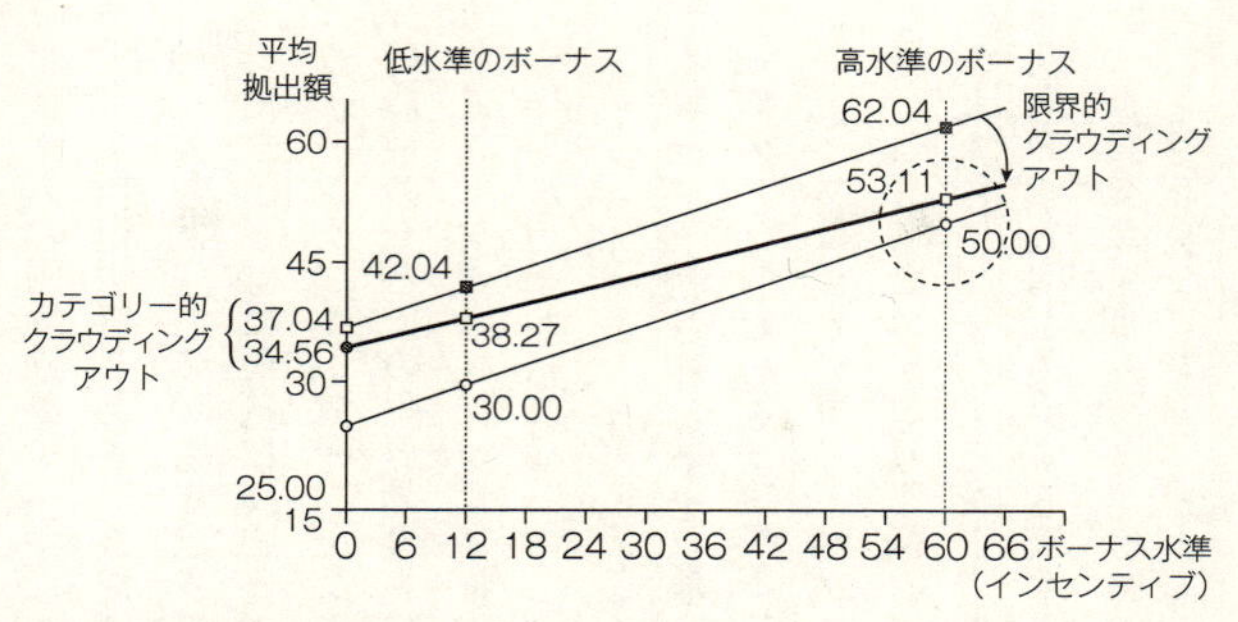

-□- 3つの実験法（高水準のボーナス、低水準のボーナス、ボーナスなし）のもとで観察された拠出額

-●- 被験者プールで観察された社会的選好をもつ被験者に対して、任意の少額の補助金を与えた場合の予測拠出額

-■- 被験者プールで観察された社会的選好水準をもつ被験者について、分離可能性のもとで予測される拠出額

-○- 自己考慮的被験者について予測される拠出額

図3・4　カテゴリー的クラウディングアウトと限界的クラウディングアウト
実験の設計は公共財ゲームである。このゲームによってインセンティブ・ゼロのケースが、チームベースの二つの報酬スキーム――すなわち、チームにおいて最も高い拠出額の個人に対する低水準のボーナスもしくは高水準のボーナス――と比較される。最大の拠出水準は120である。（データの出所は Irlenbusch and Ruchala 2008；本文で説明された計算に基づく）

ボーナスの限界効果――すなわち、インセンティブがどれだけ直線の傾きを低下させたか――を推定することができた。われわれは、ボーナスの1単位の上昇が0・31の拠出額の上昇と関連していることを発見した。これは、社会的選好をもたない被験者が単純にインセンティブに最適に反応したときの限界効果0・42と対照的である。したがってクラウディングアウトはインセンティブの限界効果を0・11だけ低下させた。つまり、分離可能性のもとでの限界効果を二六パーセント低下させたのであった。

インセンティブに対する推定された反応は、カテゴリー的クラウディングアウトの水準も与える。すなわち、インセンティブがいっさい存在しない場合に観察される拠出水準(37・04)と、任意のわずかなインセンティブ(「εインセンティブ」)の効果が発生する場合に予測される拠出水準(34・56)を示す黒い点との差がカテゴリー的クラウディングアウトである(観察された二つの点を通る図3・4の直線の切片)。したがってインセンティブは、カテゴリー的クラウディングアウトを引き起こし、拠出を2・48低下させた。こうしたカテゴリー的クラウディングアウトによる拠出の低下は被験者の社会的選好の大きさの二一パーセントである。社会的選好は、インセンティブがゼロの場合に完全に利己的な人間が拠出する水準を超える、観察された拠出の超過部分によって測られる。

直接効果も間接効果も含めた補助金の総効果は、図3・1のパネルBの因果関係を使って説明できる(こうした計算の詳細とわずかなボーナスに対する類似した計算は補遺3において示されている）。ここでは、ゼロ・ボーナスと比較した、高水準のボーナスのケースが説明される。高水準のボーナスの直接効果（図3・1における一番上の矢印）は予測された拠出25の上昇である（補助金ゼロの場合に被験者が拠出する37・04から、分離可能性が妥当する場合に被験者が拠出する62・04へと上昇）。間接効果は二つである。すなわち、一つは限界効果であり、もう一つはカテゴリー効果である。われわれが見たように、カテゴリー効果は拠出を2・48単位低下させた。限界的クラウディングアウトは拠出を6・6低下させた（すなわち、補助金60に、最適反応関数の傾きの低下0・11を乗じた）。総効果——直接効果（25）マイナス間接効果（9・08）——は15・92であった。したがって限界的クラウディングアウト効果が、負の間接効果の最も大きな部分を占めた。対照的に、低水準のボーナスの場合、カテゴリー的クラウディングアウトが間接効果の大半を占め、したがってクラウディングアウトの主要な源泉となる。

図3・4を見ることで立法者は自分に利用可能な政策と成果を確認できる。素朴な立法者が——ヒュームの原則に従って——自分の市民は悪党だと考えるのであれば、その政策効果は白抜きの丸を通る一番下の直線によって表現される。立法者がそれほど素朴ではなく、市民が社会的選好をもつこと（ヒュームは間違いなく認識していた）、しかし、社会的選好と補助金によって与えられるインセンティブとが分離可能だということ（ヒュームもそう考えていたようだ）を認識しているとすれば、政策・効果曲線は（黒の四角を通過する）

一番上の曲線となる。アリストテレスの立法者であれば、社会的選好が行動に影響を与え、またインセンティブがそうした選好をクラウディングアウトするかもしれないということを認識し、中間の直線が自分の真の選択肢だということを知るであろう。

カテゴリー的クラウディングアウトは他の実験で理解できる。ある実験ではソファを小型トラックに積み込む見ず知らずの人を進んで手伝おうとする意思が報告されているが、そうした意思は、インセンティブがまったく与えられない場合に比べ、少額のインセンティブが与えられた場合にははるかに低い水準になった。だが、適度なインセンティブは手伝おうとする意思を高めた[★17]。こうしたことは、カテゴリー的クラウディングアウトが作用していることを示している。アーレンブッシュとルチャラの研究においてポラニア＝レイエスと私が行ったように、そうしたデータを利用して、われわれは、手伝おうとする意思が、インセンティブが存在するだけで——インセンティブがゼロの場合と比較して——二七パーセント低下したと推定した。

もう一つのカルデナスの実験によってカテゴリー的クラウディングと限界的なそれとを識別できるが、ここではカテゴリー的クラウディングインを観察する[★18]。これは、インセンティブと社会的選好とが相互代替的ではなく、むしろ相互に補完しうることもあるということを示す、われわれの最初の証拠である。これがアリストテレスの立法者の目的である以上、その結果は詳細な検討に値する。

初期の研究と同じように、カルデナスは共同利用資源（負の公共財）ゲーム実験を行っている。それはコロンビア農村部の被験者の直面する現実世界の保全問題に類似している。カルデナスの他の実験と同じように、明示的なインセンティブがいっさい与えられない場合、実験の「資源」に対する村人の利用水準は平均で、個人的利得を最大化する水準よりも低い。これは、資源を保全し、グループの利得を引き上げるためには、迷わず個人的利益を犠牲にしようとする意思が有意だという証拠である。モニタリングによって村人の資源の過剰利用が発覚した場合、村人は少額の罰金を支払わなければならないとしよう。そのとき彼らの利用水準は、罰金なしの場合に比べ、さらに低い水準になった。こうした結果は罰金が意図された効果を発揮したことを示している。

しかし、それはここで目を引く結果ではない。村人の利用水準は完全に利己的な個人の利用水準を二五パーセント下回ったが、この低下幅は、インセンティブが与えられない場合を上回る大きさであった。こうした事実が示すのは、罰金が村人の社会的選好の重要性を高め、その結果、資源の過剰利用の抑制に、より大きな、経験に基づく価値をおくことになった、ということである。少額の罰金は社会的選好をクラウディングインしたのだ。インセンティブはそれに付随した文化的便益を生み出したのであった。

実を言うと、当初の少額の罰金を高くしていっても、罰金は実際何の効果も生まなかった。したがって罰金はインセンティブとしては働かなかったようである（もしインセンティブとして機能していたのであれば、より高額の罰金は、少額の罰金に比べ、より大きな効果を発揮していたはずである)。カルデナスの理解では、罰金の存在そのもの(それが高額か少額かは問題ではない)がシグナルとなり、相互作用の公共的性格と資源保全の重要性とに被験者の注意を向けさせたのであった。主要な効果は罰金がどのようにして状況を形づくっているのかということに起因しており、森林利用の物質的な費用と便益の変化に起因するものではなかった。カルデナスの見解では、金銭的動機づけよりもむしろ道徳的メッセージがその効果を説明する。

なぜ、カルデナスの第二の実験においては少額の罰金が社会的選好をクラウディングインしたのに、第一の実験においてはその反対の効果が生まれたのか。立法者であれば、その理由を知りたいと思うであろう。もちろん、村人は違う人であったし、罰金のフレームは異なっていたかもしれない。われわれはメッセージとしての罰金の他の例を示す——ここで示した実験のように、正の効果を示す例もあれば、より一般的なクラウディングアウト効果を示す例もある。こうしたケースは、なぜインセンティブが反生産的となることがあるのか、また適切に設計された政策のもとでインセンティブがどのようにして社会的選好をクラウディングインしうるのか、こうした点について重要な教訓を提供する。

立法者が承知しているように、私的な経済的相互作用を構造化する価格が社会の資源の効率的利用を促すインセンティブを提供できないとき、立法者の役割は、発生した市場の失敗を修正したり緩和したりする最適な税、罰金もしくは補助金を設計することである。もちろん、どの政策が最適であるかは市民の選好に依存する。しかし、たった今提示された証拠はもう一つ新しい考えをつけ加える。すなわち、立法者のインセンティブに対する市民の反応を決定づける選好が、インセンティブそれ自体に依存するということだ。その結果、最適なインセンティブは、こうした過程（罰金を科したり、補助金を提供したりする過程）から生まれる市民の選好の性格に依存する。それというのも、そうした選好がインセンティブの効果を決定づけるからである。

選好はインセンティブに依存するかもしれない。この事実は立法者の役割を複雑なものにする。最適な税、補助金およびその他のインセンティブを設計するとき、経済学者が通常行うように、単純に市民の選好を所与と受け止めることはできないからである。しかし、こうした難しさが複雑さの中に刻まれているものの、それは何か解決できない鶏と卵問題というわけではない。

検討されるどの政策についても、クラウディングアウトをふまえて、インセンティブの構築にはまさにこうした間接効果を考慮に入れることが求められる。したがって立法者は単純に、たとえば税率を選択するだけではない。むしろ、税率に加えてこのインセンティブのカテゴリー的効果と限界的効果によって変化させられるであろう集団の選好分布も選択することになる。こうしたペア——税率とその税率から発生する選好——の複合効果こそ、賢明な立法者が自己の政策を選択するときに考慮する効果である。

賢明な立法者は、インセンティブやその他の政策が選好を変化させるかもしれないという知識を身につけ、また図3・3と3・4によって描かれた概念装置を使うことで、最適インセンティブの問題を見直すことができる。彼の直感では、クラウディングアウトがインセンティブの効果を低下させるため、インセンティブ利用は素朴な立法者の利用水準より低くすべきだ、ということになる。それというのも素朴な立法者は負のインセンティブ効果に気づいていないからである。

クラウディングアウトが「強力である」場合、つまりインセンティブがその意図したところと反対の効果をもたらす場合、立法者はもちろんそうしたインセンティブの利用を放棄するであろう。したがって、この場合、彼の直感は正しい。しかし、クラウディングアウトが弱まり、インセンティブの効果を逆転させない場合、最適なインセンティブ利用が素朴な立法者のインセンティブ利用よりも大きくなるか小さくなるかは立法者にはまったくわからなくなるかもしれない。直感とは反対に、立法者は、クラウディングアウトが発生する場合、インセンティブ利用を低下させるよりもむしろ拡大する、ということに気づくかもしれない。

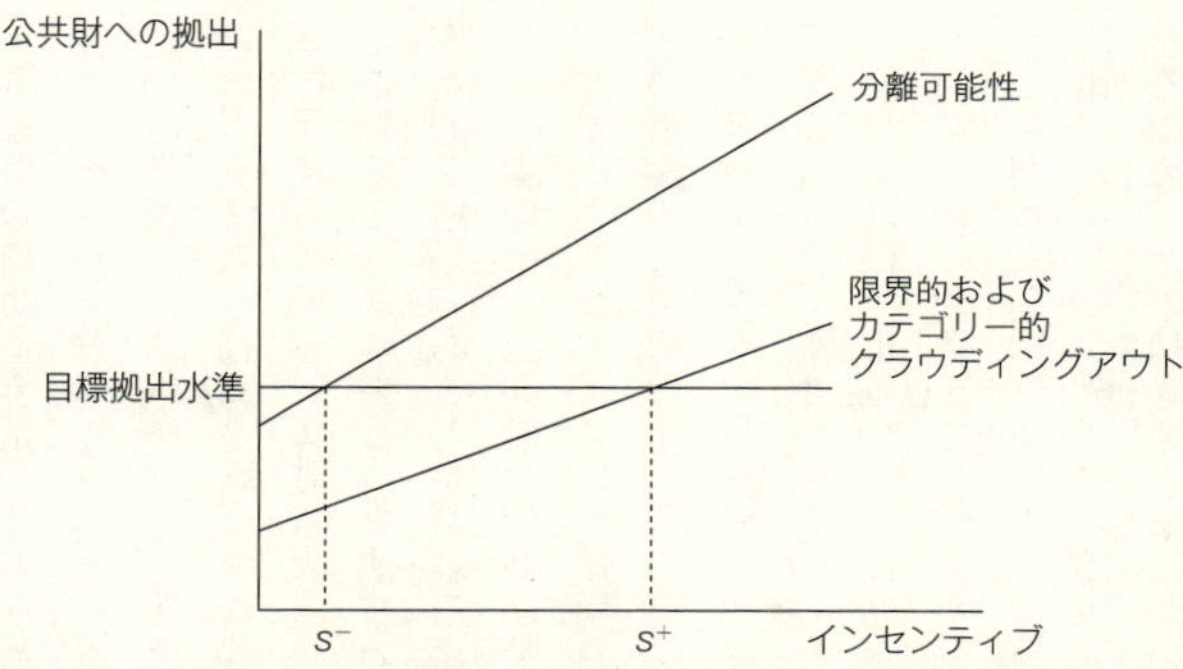

図3・5　素朴な立法者によるインセンティブの過小利用　素朴な立法者はインセンティブと社会的選好とが分離不可能だということに気づいていないために、彼は補助金 s^- を選択するが、賢明な立法者であれば、クラウディングアウト問題に気づいており、その水準より大きい補助金 s^+ を選択する。

この理由を理解するために、立法者が特定の拠出水準やその他の公共心に基づく行動——たとえば、全市民が少なくとも四時間の応急処置訓練を行う——を実現したいとするケースを考えてみよう。立法者は、四時間を超える訓練は追加的な便益を提供しないし、そして訓練が四時間を下回った場合でも、まったく訓練を受けていない市民と比べて、緊急時に他人を救助する市民の能力にさほどの違いはない、と考えている。これは収穫逓減の極端なバージョンである。すなわち、四時間を超える追加的訓練時間の便益がまったく発生しないということである。

こうして図3・5において描かれた状況が発生する。目標（上の例では四時間）は水平な線であり、そして補助金が政策履行の費用であるため、政策立案者は、市民が目標に達する最小の補助金を見つけようとする。前述の二つの図から採用された二つの上向きの直線それぞれが、賢明な立法者が直面する真の政策選択肢（下の直線）と素朴な立法者が想定する選択肢（上の直線）である。この図から明らかなように、この目標を達成するためには、立法者が補助金s^+、すなわち、クラウディング問題に気づいていない素朴な立法者が採用する補助金s^-よりも大きい補助金s^+を採用する必要がある。

この驚くべき結果は、立法者のために特殊な「目標に達する」種類の対象を選択した、作為的な結果であると思われるかもしれない。しかし、そうではない。この目標設定のケースの論理は、公共財の便益がその供給量の増加とともに持続的に、しかし逓減的な率で上昇するようなケースにも適用される。ここではより一般的なケースにおいて賢明な立法者の議論の方法を示す［★19］。

クラウディングアウトが発生する場合、立法者は、補助金の真の効果が素朴な立法者の考える効果よりも小さいということを知っている。単純に政策履行の便益（効果）と費用を比較すれば、より少ない補助金利用が推奨されるように思われる。これは正しい。しかし、第二の、おそらく相殺的な効果が発生する。

この目標設定のケースとちょうど同じように、クラウディングアウトが発生しない場合に比べ、インセンティブの効果（カテゴリー的効果もしくは限界的効果のいずれか）が小さくなるため、どの補助金水準についても、公共財の過少供給幅が拡大してしまうであろう。

クラウディングアウトが存在するもとで履行される補助金のどの水準についても、市民の真の最適反応関数は素朴な立法者の想定する最適反応関数よりつねに下に位置することになる（おそらく $s=0$ の場合は例外である。このとき、カテゴリー的クラウディングアウトが発生しない場合、二つの直線は一致する）。その結果、賢明な立法者の予測する公共財の過少供給の程度は、素朴な立法者の予測するそれよりも大きくなる。

公共財の供給水準に対する収益が逓減的だという結果は、公共財の供給の上昇が、その過少供給幅が大きい場合、特に便益をもたらすということである。賢明な立法者はこの点を認識している。こうしたケースでは、市民の貢献を拡大していった場合、その拡大の便益はしたがって、素朴な立法者よりも賢明な立法者の目には大きく映る。それというのも、賢明な立法者は、どの補助金水準についても、公共財の供給が拡大すると考えているからである。こうして賢明な立法者は、素朴な立法者が採用する補助金よりも大きな補助金を採用する理由をもつ。これが、分離不可能性を考慮した場合の第二の効果であり、第一の効果を超えるかもしれない。第一の効果は、補助金の効果が低下することから発生し、第二の効果が発生しない場合には補助金を縮小させるよう立法者に働きかける。賢明な立法者は、市民の行動を変化させる便益の拡大（第二の効果）が補助金の限界効果の低下（第一の効果）を相殺する以上であれば、補助金の拡大を選択するであろう［★20］。

賢明な立法者はクラウディングアウト問題を認識することで補助金の利用を減らすので

はなく、むしろ拡大する。こうしたことは奇妙に思えるかもしれないが、そうではない。治療の効果が思ったほど芳しくないことに気づく医師を考えてみよう。彼は処方薬を減らすだろうか。そうとはかぎらない。患者の治療負担に気を配るとしても、この医師はより強い薬を選択するかもしれない。そうでなければ代替的な治療を選択し、従来の治療を放棄するかもしれない。この医師のように、立法者も、まさに補助金の効果が低いが**ゆえに**、補助金の利用水準を引き上げるかもしれない。

しかし、治療の効果が低い場合、医師や立法者は同じ目的を達成するために他の方法も追求するかもしれない。応急処置コースへの参加は人々の社会的選好に直接訴えることによって促進されるかもしれない。たとえば、ほとんどの人々が応急処置法の知識をもつことが自然災害時にいかに重要であるかを市民に理解させることによって、促進されるかもしれない。立法者が他の選択肢をもつ場合、クラウディングアウトの知識によって立法者は補助金を完全に廃止するかもしれないし、あるいは補助金を市民の社会的選好への直接的な訴えかけと結びつけることができるかもしれない。

実験室とストリート

クラウディングアウトに関する実験の証拠とそれが立法者に与える指針は、実験室の結果が実験室外の行動を予測するものでなければ、関心を引くことはほとんどない。分離可能性よりもはるかに単純な現象であっても、実験から直接的に一般化することはどの実証研究でも心配されることであり、根拠を欠くこともたびたびある［★21］。

たとえば、独裁者ゲームを考えてみよう。このゲームではある一人の被験者が暫定的に一定額を与えられ、任意の金額（全額、ゼロ、あるいはその一部分を含む）を第二のプレイヤーに配分するよう求められる。第二のプレイヤーの唯一の役割はたんなる受け手である。独裁者と受け手が誰かということはお互いに知らない。典型的には、独裁者の六〇パーセント以上が受け手に正の金額を割り当てており、受け手に与えた金額の平均は実験者が最初に独裁者に与えた総額のおよそ五分の一である。

しかし、もしわれわれがこうした実験から、人々の六〇パーセントが自発的に見ず知らずの通行人に資金を移転する、もしくは同じ被験者が施しを請うホームレスに財布のお金の五分の一を与えると推論するとすれば、残念ながらそれは間違いであろう。もう一つの例。慈善事業に過去一度も寄付したことがないと報告していた被験者が、実験室では、自分の初期資産の六五パーセントを模擬慈善事業に寄付した［★22］。そして断言できることだが、被験者が次のホームレスに出会ったとき、そのホームレスのために自分のポケットを空にすることはない。

実験での行動と現実世界の行動との食い違いに対する説明として考えうるのは、ほとんどの人々が、行動している状況の手がかり（cue）から強い影響を受けるという説明である。

したがって、実験時の人々の反応が何か異なっていると考える理由は何もない。贈与に関する実験は贈与を促すかもしれないのだ。

人間行動の実験は外的妥当性に関して四つの問題を提起する。そうした問題は、適切に設計された大半の自然科学の実験では発生しないものである。第一に、自分が研究者の顕微鏡のもとに置かれていることを被験者が知っているのが一般的であり、したがって被験者の行動は、――おそらく、社会行動の研究にはより重要であるが――完全な匿名下、もしくは隣人、家族または同僚に注視されたもとでの行動とは異なるかもしれない。第二に、経済学者や政策立案者が関心をもつ多くの社会的な相互作用と異なり、実験では他の被験者との相互作用は匿名的であり、持続的で対面的なコミュニケーションの機会を欠くのが典型的である。第三に、被験者プール――これまでのところ圧倒的に学生――は、年齢効果、採用と自主参加の手続きのため、他の人間集団とはまったく異なっているかもしれない。

最後に、大半の実験で研究された社会的相互作用は、社会的ジレンマ――囚人のジレンマゲームや公共財ゲームのバリエーション――である。もしくは最後通牒ゲームや独裁者ゲームのように、他者との分配を含む問題である。こうした設定――社会的選好が重要となる可能性の高い設定――においては、クラウディングアウトされるものが存在する。実験の証拠に基づき、インセンティブが献血や社会奉仕プロジェクトへの参加をクラウディングアウトするかもしれないと結論づけることは正しいであろう。だが、ショッピングやホテルの客室清掃となると、インセンティブがわれわれの行動に与える効果について、献血等の場合と同じように実験の証拠が説明できるかどうかは疑わしい。われわれがすでに知っていることだが、チュニジア人の分益小作農やアメリカ人のフロントガラス設置作業者の熱心な働きぶりを促すインセンティブの効果が、クラウディングアウトによって低下させられると考えるのは間違いであろう。

こうした行動実験の四つの点が結果に偏りをもたらし、分離可能性の問題に関連してくるのかどうかを知ることは不可能である。たとえば、ほとんどの場合、被験者は実験に参加するように「参加」料を支払われる。こうした手続きが、より物質志向の人々——こうした被験者はクラウディングアウトのもとでも社会的選好によってはそれほど動機づけられないかもしれない——を引きつけるのではなかろうか。これとは反対に、実験者は一般的に自己の研究の被験者とコミュニケーションをとることはないが、実験が協力に関するものだということを被験者候補が知った場合、実験への登録者は変則的に公共心をもつ人々となるかもしれない。

こうした問題については推測だけでは終わらない。実験ゲームにおいて強い互恵的行動をとったシカゴ大学のビジネス専攻学生が、卒業後により多くの寄付を行い、同大学の優れた教育に互恵的に応えたかどうか。ニコル・バランたちが理解したいと考えたのは、こうした問題であった。

バランが行った信頼ゲームでは、「投資家」役の被験者が暫定的に一定の金額を与えられ、そこからもう一人の被験者――「受託者」と呼ばれる――に一定額を移転することになる。それから実験者がその移転額を三倍にする。続いて受託者は、投資家の選択を知った後、三倍にされた金額のいくらか（あるいは全額もしくはゼロ）を「移転し返す」、すなわち便益を投資家に戻す。受託者として、投資家からの大きな移転額に最も寛大に互恵的に応えた人であれば、シカゴ大学同窓会基金に寄付する可能性もより高いだろうか。バランが問題にしたのはこの点であったが、彼らは実際そのような行動をとった［★23］。

同様に、ジェフリー・カーペンターと関絵里香は日本のエビ漁師を研究している。そうした漁師の間では公共財実験でより多く拠出した人々は、通常の民間漁船の取り決めのもとで漁を行うよりも、漁業協同組合員――彼らは多くの漁船間で費用と漁獲高を分け合った――となる可能性が高かった［★24］。似たパタンはブラジル北東部の漁師の間でも見られた。そこでは大勢の乗組員で沖合の漁に出るものがいるが、そうした漁の成功は協力と協調に依存する。しかし、内水で漁を行う漁師は単独で漁を行う。公共財、最後通牒および独裁者ゲームにおいて有意に寛大だったのは内水の漁師よりも外洋の漁師であった［★25］。

実験の外的妥当性のテストがより優れたものであれば、そうしたテストは、沖合漁あるいは共同の漁のような協力に敏感な生産過程に被験者が参加するかどうかを記述するだけにとどまらない。それは個人の協力性を行動ベースで測定することも含む。ブラジル人漁師はまさにそのようなテストを提供する。エビは大きなプラスチック・バケツのような仕掛けで捕獲される。漁師は罠の底に穴を空け、成長前の小エビが逃げ出すことができるようにし、そうすることで将来の漁獲ストックを保護する。

こうして漁師は現実世界の社会的ジレンマに直面する。それぞれの漁師の期待所得は、自分の罠の穴をより小さくし（自分自身の漁獲量を引き上げる）、他方で他の漁師が罠の穴をより大きくすれば（将来のストックを保護する）、最大となるであろう。囚人のジレンマの用語を用いれば、小さな罠の穴は、他者がどのように行動するかにかかわらず、個人の物質的利得を最大化する裏切りの形態である（これは支配戦略である）。しかし、他の漁師に対して公共心を抱くのであれば、また同時に、より小さな穴の罠を利用した場合すべての漁師が失う将来の機会を評価できるほど十分忍耐強ければ、エビ漁師は裏切りの誘惑に抵抗できるかもしれない。

エルンスト・フェールとアンドレアス・レイブラントは、公共財ゲームを行うとともに、実験においてエビ漁師の非忍耐度を測った。彼らの発見によれば、実験ゲームにおいてより大きな忍耐とより大きな協力の両方を示したエビ漁師は自分の罠にかなり大きな穴を空け、そうすることでコミュニティ全体のための将来ストックを保護した［★26］。こうした効果は、穴の大きさに影響を与える他の多くのありうる要因をコントロールしても、かなりの大きさであった。実験で測定された忍耐と協力度が平均を一標準偏差超えたエビ漁師は、平均より標準偏差の半分だけ大きい穴を罠に空けると予測された。

もう一つの外的妥当性の証拠はエチオピアのバレ・オロモの羊飼い——彼らは森林の共同管理に携わっていた——からなる四九のグループに関する一連の実験とフィールド調査からのものである。デベッシュ・ルスタージたちは総計六七九人の羊飼いに公共財実験を行い、羊飼いたちの共同的な森林プロジェクトの成功を研究した。

彼らの実験において最も一般的な行動タイプは、ちょうど被験者の三分の一を超えるが、他者の高水準の拠出に対し、公共財により多く拠出することで応える「条件つきの協力者」であった。森林プロジェクトの成功に影響を与える他の多くの要因をコントロールした後、著者たちは、条件つき協力者を多く抱えるグループであれば、その数が少ないグループよりも成功した——つまり、より多くの新しい木を植えた——ということを発見した。この理由は、部分的にはより多くの条件つき協力者を抱えるグループのメンバーが、他のメンバーの森林利用をモニターすることに有意に多くの時間を費やすということにある。

ブラジルのエビ漁師の場合と同様に、グループに占める条件つき協力者の比率の相違は、植林量や他者のモニタリングに費やす時間のかなりの上昇と関連していた[★27]。

多くの実験に基づく証拠が示すことだが、実験に自発的に参加する学生が他の学生以上に親社会的だというわけでもないし、また学生ではない人と比べて親社会的だというわけでもない。実際のところ学生はそれほど親社会的ではないようだ。ボゴタのカルデナスの勤務する大学の学生は、彼の共同利用資源ゲームの結果によれば、前述の実験の村人よりも利己的であった。カンザスシティの倉庫係は、贈与実験（独裁者ゲーム）において、カンザスシティ・コミュニティカレッジの学生以上に寛大さを示した。オランダの学生は、実験行動において、学生ではないオランダ市民ほどには不平等回避的行動を示さなかった［★28］。

エルンスト・フェールとジョン・リストがコスタリカ企業の最高経営責任者（CEO）と学生に対して信頼ゲームを実施したとき、投資家役のビジネスマンが学生よりも高い信頼を示し（受託者により多くの金額を移転した）、そして投資家の信頼にはるかに互恵的に応える、ということを発見した。こうした結果は図3・6において理解することができる［★29］。

こうした社会的選好実験に関する実験の妥当性テストは有望な結果ではあるものの、そのテストのどれも、実験において分離可能な選好をもつかのように行動する人々が実験室外でも同一の行動をとるかどうかを直接テストするものではない。自然な設定において分離可能性をテストすることは難しいため、実際問題として、その手のテストがどのように行われるかはわからない。

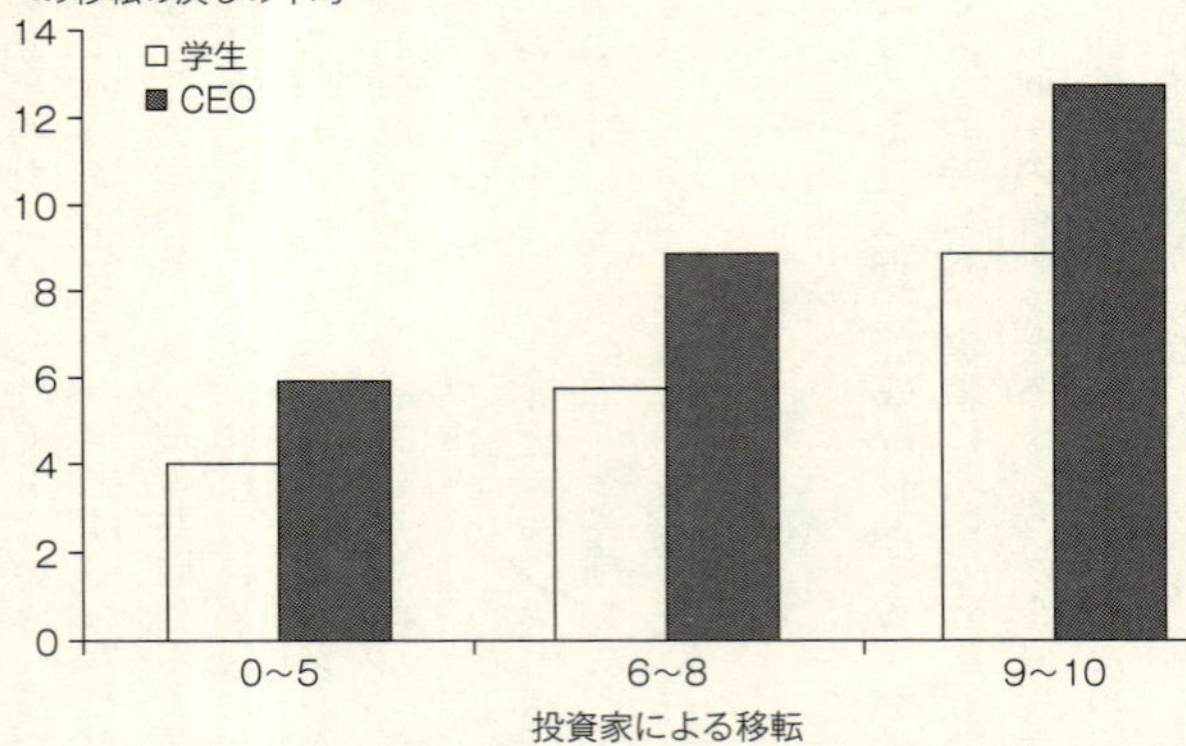

図3・6　信頼しうる提案に対する互恵的行動——コスタリカの学生とCEOの信頼ゲーム　投資家による一定水準の移転に対し、CEO受託者は学生受託者よりもより多くの金額を戻した。（データの出所はFehr and List 2004）

道徳感情と物質的利害との相乗作用

政治経済学の主題は「富を保有したいと望む存在にすぎないものとして」の個人の研究だとし、その主題を狭めたとき、J・S・ミルは政治経済学の領域を間違った方向に導いたようだ。ミルが倫理的・他者考慮的動機を除外したことは驚くべきことだが、そうした動機が存在しないのであれば（ミルが考えていたことではない）、もしくはインセンティブの効果が除外した動機の効果に単純に加算することができるのであれば（これがミルが考えたにちがいないことだ）、そうした動機の除外は罪のない単純化であったということになるだろう。しかし、われわれが見たように、そうした正当化のいずれも容認できるものではない。

互恵性、寛大さおよび信頼といった動機は一般的なものであり、そうした選好はあからさまなインセンティブの利用によってクラウディングアウトされるかもしれない。われわれは、クラウディングアウトの性格（カテゴリー的か、限界的か、強力か）とその大きさに関する情報が、賢明な立法者がインセンティブ水準を選択するさい、どのようにして彼の指針となるのかを見てきた。

自分の道具箱に新しいツール――市民の最適反応関数、およびインセンティブの直接効果と間接効果に関するそうした関数の説明――がつけ加わったことに満足するとしても、立法者は間違いなく、適切な政策を設計したり、クラウディングアウト問題を所与として受け止めたりするだけで終わることはない。立法者は、コロンビアでのカルデナスの第二の実験のように、インセンティブが倫理的・他者考慮的動機づけをクラウディングアウトするのではなく、クラウディングインするようにインセンティブやその他の政策を作成しようとするであろう。

こうした考えは立法者の道具箱にもう一つのツールを与える。すなわち、クラウディングイン最適反応関数である。図3・5から、クラウディングインを示すとすれば、市民の真の最適反応関数（描かれていない）が素朴な立法者が思い描く分離可能性直線よりも上に位置するということに注意されたい。クラウディングイン最適反応関数は、分離可能性直線の切片の上に位置する切片（カルデナスの実験において示されたカテゴリー的クラウディングイン）、より大きな傾き（限界的クラウディングイン、これはより大きな補助金効果を示す）、もしくはこの両方を有するであろう。しかし、こうした新しいツールを使うためには、クラウディング問題をひっくり返し、社会的選好とインセンティブとの相乗作用を創造し、素朴な立法者が期待する以上に補助金を効果的にすることが求められる。

立法者がインセンティブと社会的選好の分離不可能性を災いから祝福へと転換しうる、何らかの方法は存在するのだろうか。このために賢明な立法者に必要なのは、ここで紹介された単純な分類（限界的クラウディングアウトとクラウディングイン、およびこれらに対するカテゴリー的なそれ）以上のものであろう。彼は、これまでクラウディングアウトの原因を曖昧にしてきたブラック・ボックスの中に踏み入らなければならない。物質的利害と道徳感情との分離不可能性を説明する認知過程を発見しなければならない。

第4章　情報としてのインセンティブ

マキャベリが設計しようとした政策は、利己的個人に、自分があたかも「善人」であるかのように行動させる政策であった。ヒュームは公益のために市民・悪党の「飽くなき強欲」を押さえ込みたいと考えていた。これは依然として卓越した思想である。

しかし、悪党のための立法は悪党を生み出すかもしれないし、その立法のために善人が「悪人」のように行動するようになるかもしれない。こうしたことはデヴィッド・パッカードのような成功したビジネスマンには目新しいことではない。

一九三〇年代末、当時私はゼネラル・エレクトリック社で働いていたのだが……同社はプラントの防犯をめぐって大騒ぎしていた……従業員による窃盗行為を確実に防止するために工具や部品置き場には警備がついた。……多くの従業員がこのあからさまな不信が正しいことを示そうと、できるときにはいつでも工具や部品を持ち去った。

彼がヒューレット・パッカード(HP)社を設立したとき、後に次のように記している。

私は、部品置き場や倉庫室のドアをつねに開けたままにしておくことに決めた。……これは二つの重要な点でHPに利益をもたらした。……部品と工具に簡単にアクセスできるようになったが、このことは、自宅で、あるいは週末に新しいアイデアを実現したいと考えている製品設計者たちの役に立った。……そしてオープンな部品置き場と倉庫室は信頼のシンボルとなった。つまりHPの経営方法にとって中心となる信頼である[★1]。

アリストテレスの立法者は、パッカードのように、善意が秩序だった企業や国家にとって重要だということを承知している。また、信頼感情や相互の思いやりが存在しない世界もしくはそれが重要でない世界のために、良く考えられたかに見える政策が、善意を浸食するかもしれないということも承知している。おそらく、立法者にとって最大の挑戦は、社会的選好が経済的利己心に訴えるインセンティブと相乗作用をもつ、つまり、それぞれが他方の正の効果を低下させるのではなく高める、そうした政策を展開することである。立法者がより穏当な「害にならない」信条を採用したいと望み、社会的選好に対して単純に加法的であるインセンティブを設計しようとするにしても、立法者は、なぜクラウディングアウトが発生するのか、その理由を知らなければならないであろう。

実験から選好について学ぶ

二〇一一年、サンドラ・ポラニア＝レイエスと私は、社会的選好とインセンティブとが分離可能だとする仮定に関係する、すべての証拠を実験経済学から集めようと考えた。われわれは五一の研究を見つけた。これらの研究は、一〇〇を超える被験者プールを利用し、合計で二万六〇〇〇人以上の被験者を使い、三六カ国で実施された［★2］。データセットの中の被験者が行ったゲームは独裁者ゲーム、信頼ゲーム、最後通牒ゲーム、公共財ゲーム、第三者懲罰ゲーム、共有資源ゲーム、贈与交換ゲーム、さらに、依頼人・代理人ゲームであった。こうしたゲームすべてが、一方の行動が他方の利得に影響を与える状況であり、したがって社会的選好が被験者の実験行動に影響を及ぼすかもしれない。一つのゲームを除いて、こうしたゲームすべてにおいて、被験者間の関係は戦略的である。つまり、それぞれのプレイヤーの利得は他の一プレイヤーもしくは複数のプレイヤーがどのように行動するかに依存し、それぞれのプレイヤーがそのことを知っているということである。例外は独裁者ゲームであり、そこでは一人のプレイヤーが、単純に、受動的な受け手プレイヤーに一定額を配分するだけである（これらのゲームは表3・1において簡単に示され、補遺2においてより詳細に説明されていることを思いだしてほしい）。

しかし、ほとんど例外なく、実験はインセンティブが選好に与える効果をテストしたり、そうした効果がなぜ発生するかを決定したりするようには設計されていなかった。代わりに、非利己的な選好の性格と大きさを評価するように設計されていた。しかし、前章のカテゴリー的および限界的クラウディングアウトの分析が示すように、われわれは、インセンティブが社会的選好に与える効果に関する仮説をテストする方法を見出した。

終始同一の方法を用いる以上、ここでいったん、その論理を考えてみることは重要である。ポラニア＝レイエスと私が直面した問題は、実験が直接選好を測らないということだ。代わりに何を測るかと言えば、物質的報酬の期待と制約とのさまざまな組み合わせのもとで被験者がとる行動である。このとき課題は、被験者の行動にリバースエンジニアリングを適用し、何がありうるゲームの結果に対する被験者の評価を生み出したのかを明らかにすることである。つまり実験において被験者は特定の方法で行動するが、そうした行動をとるように被験者を誘発する選好を明らかにすることである。この方法は経済学では「顕示選好」と呼ばれる。

ジェームズ・アンドレオーニとジョン・ミラーはこの方法を使って、「GARPに応じた贈与」（GARPとは「顕示選好の一般化公理」の頭字語である）というタイトルの研究において、実験データにリバースエンジニアリングを適用し、利他的効用関数を見出した［★3］。彼らの論文の重要なメッセージは、利他的選好とそれが社会的行動に与える影響が、たとえば、個人のショッピング習慣やアイスクリームへの嗜好を研究するために開発された分析ツールと同じツールを使うことで研究できる、ということだ。こうした理由で私は、人々が（実験や自然な状況において）どのように行動するのかを説明するさい、人々の行動は――その人々に開かれた選択肢を所与とした場合――ある望ましい目的を生み出そうとする試みだと解釈する。この方法は経済学においては一般的なものであるが、その内容はそうではない。というのも、そうした方法を社会的選好に適用することで、この方法はまったく新しい方向へと向けられることになるからである。最も重要なことは、われわれがすでに見たように（図3・1）、個人の望ましい目標は固定された何かあるものではなく、インセンティブの利用によって影響を受けるものかもしれないということだ。

実験データから社会的選好を推測することは難しい。それというのも、戦略的相互作用においては一般的に妥当することだが、被験者の行動が自分の選好だけではなく、他者がどのように行動するかに関する自分の信念にも依存するからである。選好とは――誤解のないように言うと――自分の行動がもたらす結果に対する個人の評価である。信念とは、自分の実行しうる行動をその期待される結果に翻訳する、因果関係の理解である。信念が働くようになるのは、前記の実験（独裁者ゲームを除く）で被験者が受け取る利得が、自分の振る舞いだけではなく、他者の振る舞いにも依存するからである。

こうしたことが、選択された行動から選好を推論する問題をいかに複雑にするのか。この点を理解するために前章の信頼ゲームを振り返るとしよう。投資家が自分の初期資産のかなりの割合を受託者に移転するとき（この移転額は実験者によって三倍にされ、その結果受託者は投資家が送ったものの三倍を得ることになる）、われわれは投資家が寛大だとする結論に飛びつくことはできない。というのも、投資家の大きな移転額を動機づけていたのが、受託者が少なくとも受領額の半分を戻すはずだという信念と結びついた、利己心であったかもしれないからだ。この場合、投資家は移転したすべての1ドルにつき少なくとも1・5ドル受け取る、つまり、自分の「投資」に対して五〇パーセントの収益率である。したがって、かならずしも利他主義が働く必要はない。

おそらく、控えめに、投資家が受託者を信頼したと推論することはできるであろう。しかし、これも妥当しない。それというのも、投資家のかなりの移転額は、受託者がとても貧しく少しのお金でも貯めようとするだろうという信念に完全に基づいており、このことが――投資家の寛大な選好と結びつき――大きな移転額を（投資家にとっての）ゲームの最適な結果とするからだ。

信念も選好も実験上の行動を説明するが、その両者のもつれた関係を解消することは難しい。だが、適切に設計された実験によって、われわれは、働いたであろう動機の種類を絞り込むことができる。たとえば、一回かぎりの（繰り返されない）信頼ゲームにおいて、受託者が投資家にかなりの額を戻す場合、そうした行動は明らかに利己心を除外する。この場合のように、実験上の行動を説明する理由が少なく、その理由に基づき社会的選好を個人に帰することができる場合、私はそうする。そのさい、「被験者は利己心と異なる動機をもつように見える」といったかたちで表現する。「見える」は実験が直接選好をテストしないということを思いだささせる。しかし、観察された行動から選好を復元できることがある。こうした考えが許容可能だとすれば、私は――その意味が誤解を招く恐れがないとすれば――「見える」を省略することもある。加えて、図3・4で見たように、完全に利己的な個人、もしくは社会的選好とインセンティブとが分離可能である（すなわち、単純に加法的である）個人がとる行動を予測できることはよくある。

実験結果から選好を復元するために、われわれは、アーレンブッシュとルチャラの実験において限界的およびカテゴリー的クラウディングアウトを研究するために利用された同一の戦略に従った。われわれはインセンティブが、被験者によってとられた行動に与える総効果を観察し、それからその結果が予測された直接効果（図3・1の両方のパネルの一番上の矢印）と異なるかどうかに注目した。総効果が直接的な（物質的な費用と便益）効果と異なるのであれば、インセンティブは何らかのかたちで被験者の（観察されない）経験に基づく価値を変化させ、それによって（図3・1の一番下の矢印を通じて）被験者の行動に影響を与えたと推論できる［★4］。

これがポラニア＝レイエスと私が発見したことである。そしてほとんどのケースにおいて、インセンティブが経験に基づく価値に与える効果は負であった。実験が示すように、市民や従業員が完全に利己的だとする信念を前提に政策を作成すると、しばしば人々はまさにそのように行動するように促される。ここでの挑戦はそうした理由を理解することである。

インセンティブの意味

クラウディングアウトの原因を理解するために、価格はメッセージだということを経済学者に教えた、フリードリヒ・ハイエクに従う［★5］。たとえば、パンの価格がアメリカ中西部の干ばつのために上昇するとき、それは次のようなメッセージを伝える。「パンは今やますます希少となっており、節約すべきだ。今夜の食卓にはポテトや米をのせるべきだ」。ハイエクが指摘するように、経済を組織するシステムとしての市場の独創性は、メッセージが、注目すべき動機づけそれ自身とともに出現するということである。すなわち、パンを食べるよりもむしろポテトを食べることがお金を節約することだと。

インセンティブは一種の価格である。かりにハイファの市当局が立法者に相談したとすれば、託児所への子供のお迎えの遅刻に科される罰金のメッセージは次のようになることがわかる――「あなたの遅刻はわれわれの職員に費用を負担させている、だから時間に間に合うようにもう少し努力すべきだ」。しかし、パンの価格は、少なくとも近似的にではあるが、しばしば正しい情報を伝える。だが、ハイファの親たちに対する遅刻の価格は、親たちに遅刻を「節約する」よう働きかけるメッセージとはまったく異なったメッセージを送ったにちがいない。

前章で紹介したカテゴリー的クラウディングと限界的なそれとの区別に加え、クラウディング(アウトもしくはイン)をもたらす二つの因果メカニズムを区別できる。第一に、インセンティブは次の理由で選好に影響を与えるかもしれない。インセンティブが、個人の位置する状況の性格に手がかり(cue)を付与し、したがって適切な行動へと導く指針として働き、そうした結果、個人が異なった選好一式を利用するかもしれない(「ショッピング中であれば、完全に利己的でも問題はない。だが、家族と一緒であれば、それは問題である」)。この場合、われわれは選好が状況依存的だと言う、また、インセンティブの存在と性格が状況の一部だと言う[★6]。

人は生涯にわたり選好を身につけていくが、インセンティブはそうした過程を変化させるかもしれない。第二のタイプのクラウディングアウトが発生するのはこのためである。この場合、われわれは選好が内生的だと言う。実験の証拠はインセンティブがこの過程に与える効果を明らかにするかもしれない。しかし、ほとんどの実験が短すぎて(たかだか数時間続くだけだ)、選好を内生化するような社会学習や社会化――典型的には幼児期や青年期に行われる――を捉えることはできない。内生的選好は次章で考察し、ここでは実験の証拠を利用し、選好が状況依存的であるケースを考察する。

状況依存性が発生するのは、行動が悪意、利得最大化、寛大といった異質な選好のレパートリーによって動機づけられ、そのうちのどれが重要な選好となるかは意思決定状況の性格に依存するからである。われわれの選好は、傲慢な管理者と関わるとき、買い物をするとき、あるいは近所の人と交流するときに応じて異なる。上司は悪意を生み出すかもしれないが、隣人は寛大さを呼び起こすかもしれない。

こうしたことがどのように働くかを理解するために、贈り物を考えてみよう［★7］。経済学者はお金が申し分のない贈り物だということを知っている――お金を受け取り、贈られた人が自分で完全な贈り物を購入するとき、お金は、贈り手の不十分な情報に基づくプレゼントの選択に代わり、贈られた人自身の選択となる。しかし、休暇中に、友人、家族あるいは同僚にお金を贈る経済学者はほとんどいない。われわれは、思いやり、ロマンチックな興味、気遣い、物好き、あるいは贈り物が表現するその他のメッセージのどれも、お金では伝えることができないことを知っているからだ。贈り物は資源の移転以上のものである。それは贈り手の受取人に対する関係に関するシグナルである。お金はこのシグナルを変えてしまう。

同じことがインセンティブについても言えるであろうか。そうだと考えるのが心理学においておいて一般的である。マーク・レパーたちはその理由を説明している。「有形の報酬を利用する場合、それは多くの社会的意味をもつことになるが、そうした社会的意味は、われわれが日常生活で賄賂とボーナス、報奨金と給与とを区別していることに反映されている。……そうした有形の報酬は、たとえば、次の点に関連して異なった含意を伝える。[ⅰ]報酬の報酬が提供されるありうる状況、[ⅱ]報酬を管理する人の想定される動機、[ⅲ]報酬の受け手と代理人との関係」[★8]。インセンティブが伝える三つの情報すべて──「ありうる状況」「想定される動機」および「関係」──が、インセンティブの対象者の社会的選好に影響を与えるかもしれない。ニュースは、ときおり、良くないものである。

悪いニュース

インセンティブは目的をもつ。そしてその目的がしばしばインセンティブの対象者には明らかであるため、その対象者は、インセンティブの設計者の情報、自分(対象者)に関する設計者の信念、および実行すべき課題の性格に関する情報を推論できるかもしれない[★9]。マーク・レパーたちが言うように、インセンティブは経済学者によく知られた理由で選好に影響を与えるかもしれない。つまり、インセンティブが「報酬を管理する人の想定される動機」を示しているという理由である。インセンティブを履行することで、自分の意図(たとえば、利得最大化か公正心か)に関する情報、同様に、対象者に関する信念(たとえば、熱心に働くかどうか)、および目標とされた行動に関する信念(たとえば、その行動がどれほど厄介か）が開示されることになる。こうした情報はそのさい、仕事を引き受ける対象者の動機に影響を与える。

ボストンの消防本部長は通算で一五回を超えて病欠をとる消防士の給与を減らすと脅したが、こうした脅しは、消防士が、とりわけ月曜と金曜に、何とかして出勤しようとしているにもかかわらず、そうした努力を信じないという情報を伝えるものであった。消防士にとって、この新しい状況——自分を信頼しない上司のために働くこと——は彼らの動機を変えてしまったようだ。もちろんわれわれは、何が病欠連絡の急増の原因であったかを正確に知ることはできない。きわめて悪性のインフルエンザが大流行したのかもしれない。こうした理由でわれわれは自然観察に加えて実験の情報を利用し、なぜクラウディングアウトが発生するのかを理解しようと思う。

「悪いニュース」効果は、一般に、依頼人と代理人との関係において発生する。依頼人はインセンティブ（賃金率、予約サービスの遅配に対するペナルティの一覧等）を設計し、代理人は自分の利害に従って行動するよりも依頼人の利害に沿って行動するように誘発される。このため依頼人は、さまざまなインセンティブを配置できるが、そうしたインセンティブのそれぞれに対して代理人がどのように反応するのかを知る（もしくは推測する）必要がある。もちろん、代理人はこのことを承知している。したがって、通常、代理人は、依頼人が自分の行動に影響を与えうる実行可能な方法の中から一つの特定のインセンティブを選択したとき、依頼人が何を考えていたのかを理解できる。

実際には、こうしたことがうまくいかないこともある。ここではその例を示そう。この実験においては、コスタリカ人のCEOと学生とが行った信頼ゲームのように、「投資家」役のドイツ人学生――依頼人――が「受託者」と呼ばれる代理人に、ある額を移転する機会を与えられた。信頼ゲームでは一般的なことだが、それから実験者はその移転額を三倍にした。受託者は、投資家の選択を知った後、引き続いてこの三倍にされた金額の一部（あるいは全額かゼロ）を反対に移転する、すなわち便益を投資家に戻す、ということを思いだそう［★10］。

しかし、この標準的な信頼ゲームのバージョンには、ひと工夫加えられている。投資家が受託者にお金を移転したとき、投資家は反対移転額について望ましい水準を指定するよう求められた。加えて、実験者は次のようなインセンティブ条件を与えた。すなわち、実験セッションのいくつかにおいて、受託者からの反対移転額が望ましい額を下回った場合、罰金を科すと宣言する選択肢を投資家に与えた。この「罰金の実験法」においては、投資家はさらにもう一つの選択肢――すなわち罰金を科すことを放棄する選択肢も有した。また、この選択（約束を履行しなかった受託者に罰金を科す機会を放棄すること）は受託者に既知であり、受託者が反対移転額について意思決定を行う前に実行された。また、上述の二つのインセンティブのいずれも投資家には利用できないという標準的な「信頼」条件も与えられた。図4・1はこうした結果を要約している。

信頼条件（黒の棒、罰金なし）のもとでは、受託者は投資家の寛大な、最初の移転額に対して、より大きな反対移転額で互恵的に応えた。しかし、不従順な受託者には罰金を科すつもりだと述べると（グレーの棒）、投資家の所与の移転額に対する反対移転額は、実際に低下した。罰金の利用は投資家に対する受託者の互恵感情を低下させたようだ。さらに興味深いことに、罰金が利用可能であるときに罰金の利用を放棄すると（白の棒）、反対移転額が（再び、投資家による所与の移転額に対して）上昇した。

罰金が利用可能であるとき、罰金を放棄したのは投資家のわずか三分の一にすぎなかった。そうした投資家の利得は罰金を利用した投資家の利得よりも五〇パーセント大きかった。フェールとロッケンバックが示した悪いニュースの解釈によれば、信頼条件においても、投資家が罰金を放棄した場合にも、最初の大きな額の移転は、投資家が受託者を信頼しているというシグナルになった。しかし、罰金の威嚇は異なったメッセージを伝え、受託者の互恵性を引き下げた［★11］。罰金の選択肢と罰金利用の放棄を公表する機会は、受託者に彼らを信頼しているとのメッセージを送る機会を投資家に与えたのであった。

ここで制度と組織の設計について教訓が引き出される。クラウディングアウトが悪いニュース・メカニズムの結果として発生するものだとすれば、それは、依頼人・代理人の枠組みでは、いたるところで発生するかもしれない。しかし、依頼人が代理人への信頼や公

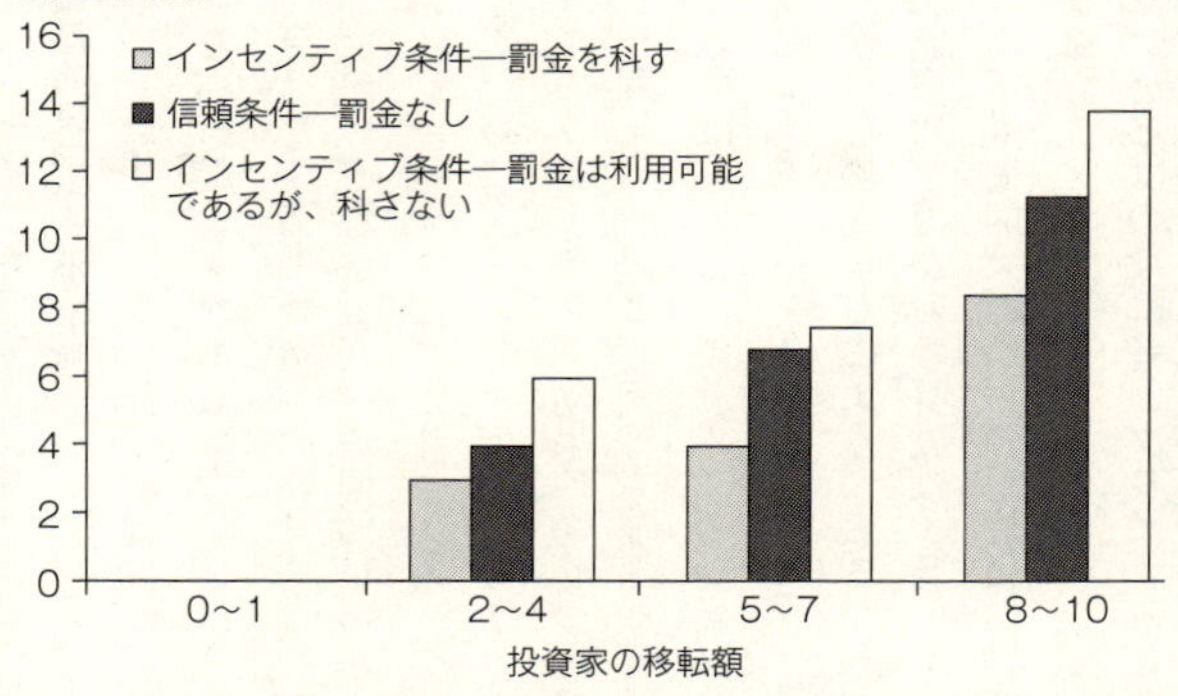

図4・1　インセンティブの利用を放棄したことが、信頼ゲームにおける互恵性をクラウディングインした　互恵性は、罰金が投資家に利用可能であるにもかかわらず、その利用が放棄されたとき、最大であった。(データの出所は Fehr and Rockenbach 2003)

正を示すシグナルを送る手段をもつ場合、クラウディングアウトを回避することができる。

ポラニア＝レイエスと私は、どの被験者が罰金の威嚇に逆に反応するのかを知りたいと考えた。実験の証拠に関するわれわれの調査は、クラウディングアウトが内発的に動機づけられた個人もしくは公正心をもつ個人に影響を与えるということを発見した。利得最大化被験者については、クラウディングアウトされるものが何も存在しないようだ。こうした事実は驚くにあたらないが、この事実は、投資家が罰金の利用を放棄した場合に発生する正の効果と同様に、アリストテレスの立法者には教訓となる。

道徳的束縛からの解放

インセンティブは、経済学者にはそれほど知られていない別の理由でクラウディングアウトを引き起こすかもしれない。ほとんどの状況において人々は適切な行動のきっかけとなる手がかりを探すが、インセンティブはそうした手がかりとなる。親市場的なインセンティブが、心理学者が「道徳的束縛からの解放」——「人々が自己の倫理性のスイッチをオンにしたりオフにしたりできる」[★12]ことから発生する過程——と呼ぶものの引き金となるために、インセンティブのフレーミング効果が発生する。こうした説明はインセンティブのフレーミング効果のいくつかについて妥当と思われる。

この場合、インセンティブの負の間接効果は依頼人に関する情報を伝えることによって働くのではないし、また、この効果は非戦略的枠組みでも働くかもしれない。インセンティブは（レパーたちが説明するように）「報酬が提供されるありうる条件」に関する情報、したがって個人がどのように振る舞うべきかに関する情報を提供する。実験からの証拠では、道徳的束縛からの解放は、悪いニュースを原因としたクラウディングアウトとは区別される。道徳的束縛からの解放においては、インセンティブはゲームの中のプレイヤーである依頼人によって与えられる。だが、悪いニュースでは、インセンティブの対象者がインセンティブの設計者とプレイすることはない。代わりに、インセンティブを導入するのは（コロンビアの農村部でのカルデナスの実験のように）実験者であり、あるいはおそらくゲームの中の仲間の場合もありうる。

状況からもたらされる手がかりはとてもわかりづらいものかもしれないし、そうした手がかりに対するわれわれの反応は気づかれないかもしれない。被験者がテストでカンニングし、そうすることでより大きな金銭的報酬を得る機会をもつとしよう。部屋が明るく照らされていたときカンニングは被験者の四分の一を下回っていたが、部屋の明かりが不十分だったときにはカンニングは被験者の半数以上にのぼった（明るさの程度は、被験者のカンニングが見つけられるかどうかにはまったく影響を与えなかった）。別の実験では、サングラスをかけた被験者は、透明な眼鏡をかけた被験者に比べ、独裁者ゲームのパートナーに対して寛大ではなかった［★13］。サングラスと暗い部屋は――研究者の考えでは――被験者に匿名性の感情を与えた。しかし、それはまったくの錯覚である。サングラスをかけることで自分が見えづらくなる――被験者が本当にそう考えたとは思えない。とりわけ、実験は小さく区切られた閉じた部屋でコンピュータ端末に向かって行われたのだから、そう考えるには無理がある。卑劣なやつも暗いときにはより多く盗みを働くが、その理由はおそらく道徳的束縛からの解放ではない［★14］。

サングラスはまさに匿名性への手がかりであり、実際に匿名であるかのように行動することが受け入れられるサインであった。これがなぜ重要であるかを理解するために、二つの異なった質問形式で個人的な楽しみを調査するアンケートを考えてみよう。第一の形式、「とても楽しかった経験を教えてください」。第二の形式、「とても楽しかった経験を教えてください。回答内容から個人が特定されることは決してありません。回答にあたっては、この点にご留意ください」。サングラスは、第二の質問形式のように、ある種の違反を誘発するであろう。

私たちの実際の匿名性の程度は、家族、職場、市場および他の社会的相互作用の領域の間を移動するにつれて、劇的に変化する。アラン・ペイジ・フィスクは、異なった種類の社会関係に対応した四つの心理学モデルを分類している。権威主義型、共同型、平等主義型および市場型モデルがそれであり、それぞれが文化的に規定された適切な行動パタンをもつ［★15］。それらが伝える情報に応じて、インセンティブは、状況がそうした四つのタイプのうちの一つに対応していることを伝えるシグナルとなるかもしれない。そして部分的には匿名性の程度が異なるため、インセンティブは異なった反応を引き起こすかもしれない。市場ではインセンティブが一般的であり、また市場が匿名性、もしくは少なくとも他者との適度な距離をもった非人格的な取引と結びつくため、インセンティブは想像上の匿名性を始動させる手がかりとなるかもしれない。

ここに一つの例がある。それは、市場的相互作用の道徳的束縛からの解放効果が、文字通り受け止められるようなたんなる匿名性の問題でないことを示す例である。アルミン・

ファルクとノーラ・ゼックは、ボン大学の学生一人ひとりにとてもかわいい一匹のネズミの写真を示しながら、学生に「彼らの」健康な若いネズミの世話を任せた［★16］。それから彼らは、学生がガスを使ったネズミの殺処分を容認した場合、学生にお金を支払うことを提案した。被験者は、意思決定を行う前に、ガスによるネズミの殺処分という大きく動揺を誘うビデオを見せられた。

彼らは、こうした「個人型実験法」に加え、被験者がネズミを他の学生に販売し、それからその被験者が殺処分を許可する「市場型実験法」も行った。彼らは次のような仮説を立てた。単純に個人的選択だからネズミを引き渡すのをためらうというのであれば、そうした学生は、市場型実験法のもとでは、他の学生への販売がネズミの殺処分という行為から自分を遠ざけるため、躊躇なく殺処分を認めるかもしれない、と。

個人型（非市場型）実験法では、被験者の四六パーセントが一〇ユーロ以下で喜んでネズミを引き渡した。しかし、ネズミの世話を任された学生が購買者にネズミを販売できたときには、被験者の七二パーセントがその価格以下で躊躇なく殺処分を受け入れた。

ファルクとゼックは被験者に、最低支払額つまりその額との引き換えであれば進んでネズミを放棄する金額を尋ねた。この情報を使うことで彼らは、個人型実験法においてネズミを放棄する被験者が七二パーセント——市場型実験法において躊躇なくネズミを放棄した被験者の割合に同じ——に達するには、平均でどれだけの金額を被験者に提案しなければばならないのか、そうした金額を計算することができた。

彼らの発見は驚くべきものであった。個人型実験法で被験者の七二パーセントにネズミの殺処分を認めさせるには、被験者に四七・五〇ユーロを提案する必要があった。思いだしてほしいのだが、市場型実験法では、同じ割合の被験者に殺処分を認めさせるにはわずか一〇ユーロの報酬で十分であった。実験における市場型実験法と個人型実験法のほぼ五倍に及ぶ差は、市場の枠組みによって創造された、道徳的束縛からの解放の尺度だと考えることができるかもしれない。

注意してほしいのだが、市場型実験法で学生がネズミの殺処分を容認する価格を低下させたのは、インセンティブそのものではない。個人型設定でも市場型設定でも金銭的インセンティブは存在する。何が違うのかと言えば、市場型設定のもとであれば被験者が道徳的束縛から解放されるということだ。

個人のネズミが他の被験者によって略奪され、確実に死を迎える運命にある。しかし、そのネズミを買い戻すことで救出できるとしよう。こうした実験法において、被験者にとってネズミの救出がどれだけの価値があるかを知ることは興味深いことである。その結果が他の市場型実験法の結果と類似しているのであれば、次のように結論づけることができる。市場型実験法ではネズミの救出のために進んで支払おうとする意思が急激に低下するが、これを説明するのは市場型設定の適度な距離をもった性格であり、市場そのものではない、と。

同様の発見はエリザベス・ホフマンたちにも見られる。彼女らは最後通牒ゲームにおいて名前のフレーミング力を示している[★17]。このゲーム――行動経済学において頻繁に利用されるもう一つのゲーム――では、提案者と呼ばれる一人のプレイヤーが実験者によって一定額を与えられ、その金額を応答者と呼ばれる他のプレイヤーに配分するように求められる。応答者は、提案者が初めにどれだけの金額を与えられたかを知ったうえで、提案を受け入れるか、拒否するかする（ゲームのタイトルとなっているが、提案は最後通牒である）。応答者が最後通牒を受け入れる場合、ゲームは終わり、両方のプレイヤーは提案者の分割によって決定された金額をもって家に帰る。しかし、応答者が最後通牒を拒否する場合でも、ゲームはやはり終了するが、両プレイヤーとも手ぶらで帰宅することになる。

このゲームは何百という被験者プールによって世界中で実施された。次章で、私が経済学者と人類学者のチームの一員として実施した、いくつかの文化横断的な実験を紹介する。結果は文化ごとで異なるものの、応答者は共通して低水準の提案額を拒否している。応答者は不公平なパイの分割から提案者が利益を取得することを認めるよりも、まったく何も受け取らないことを選好した。その理由として、ゲーム終了後の感想では、提案者の不公平に対する怒りを挙げる者もいた。

パイのかなりの割合を応答者に提案する提案者の動機はより複雑である。たとえば、半々の分け方が提案された場合、それは公正心や寛大さによって動機づけられているかもしれないが、しかし、そうした提案は、完全に利己的な提案者が、応答者が公正な人であり、したがって低水準の提案額を拒否すると信じるときにも、発生するであろう。

ホフマンたちの発見によれば、提案者の低水準の提案額も、それに対する応答者の拒否も、単純にゲームの名前を「交換」ゲームに変更し、提案者と応答者を「販売者」と「購買者」と呼び方を変えるだけで低下した。名前の変更はゲームにおけるインセンティブの働きを少しも変えなかった。その代わり、インセンティブとは独立に、被験者の適切な行動理解に影響を与えた。こうした結果に基づくと、名前の変更は、どのような額が公正な提案額であるのかに関する応答者の基準を低下させたか、あるいは応答者の心の中における公正の重要性を引き下げたようである。提案者については、寛大さが低下したか、あるいは応答者が低水準の提案額を拒否するのではないかという不安が後退したか、そのいずれかのようだ。

これ以降、名前のパワーは（すべてではないが）多くの実験において確認されている。ホフマンたちの実験において示されてきたように、フレーミング効果が被験者自身の選好ではなく、むしろ、他者の行動に関する被験者の信念を変えてしまったケースもあるようだ［★18］。

ゲームに名前をつけることは、フレーミング効果が発生するための必要条件だというわけではない。インセンティブだけでも強力なフレームを創造する。アメリカ初のリアリティTVショー放映の前年、アンドリュー・ショッターたちは、より巧みに修正された最後通牒ゲームにおいて、市場に似た被験者間の「サバイバル」競争が被験者の公正に対する関心を低下させることを発見した。被験者は、他のゲームの実施方法と少しも違うことのない標準的なゲームをプレイした。つまり、提案者のかなりの提案額は受け入れられ、低い提案額は拒否された。しかし、続く実験法において、実験者が、取得額の低い順にゲームの第二ラウンドから被験者を締め出すと彼らに告げたとき、提案者の提案額は一段と寛大さを失う水準となり、応答者が受け入れる提案額もより低い水準となった。著者たちの解釈によれば、「市場に固有の競争が……その行動だけを見れば正当だとは認められないような行動に正当性を提供したのであった」[★19]。

こうした説明はもっともらしいが、この実験は、これまでに調査された他の実験と同様に、道徳的束縛からの解放に関する直接的な証拠を提供することはできなかった。しかし、ときには、どのようにしてインセンティブが原因で倫理的根拠が人々の心の中で後退するのか、この点を直接測ることができることもある。

大規模な人類学者と経済学者のチームは一五の社会において独裁者ゲームと第三者懲罰ゲームの両方を実施した。そうした社会には、アマゾン、北極圏およびアフリカの狩猟採集民、ガーナのアクラ市の製造業労働者およびアメリカの学部学生が含まれる[★20]。独裁者ゲームにおいては被験者が一定の金額を割り与えられ、受動的な受け手にその金額の一部、全額もしくはゼロを配分するように求められることを思いだしてほしい。第三者懲罰ゲームは能動的な傍観者（第三者）が加わった独裁者ゲームである。

第二者への独裁者の配分を観察した後、第三者は独裁者に罰金を科すことができる。ほとんどの第三者がケチな独裁者を罰しがちである。そして独裁者はそうしたことを予測する。第三者が存在する場合、したがって罰金が科されることを見越した場合、独裁者は、単純な独裁者ゲーム――このゲームではケチな提案が罰せられる可能性はまったくない――の配分に比べ、自己の配分額を上方に修正するであろう、と期待される。

しかし、こうしたことは起こらなかった。

驚くべきことに、独裁者の提案額が独裁者ゲームよりも第三者懲罰ゲームにおいて有意に高かったのは研究対象の一五の集団のうちわずか二つであり、四つの集団においては独裁者の提案額は有意により低い水準であった。アクラ市においては、独裁者の配分の四一パーセントが結果的に第三者による懲罰を招いたが、第三者懲罰ゲームの配分額は独裁者ゲームのそれよりも三〇パーセント低かった。罰金によって与えられたインセンティブは、より高水準の配分を誘発しなかった。それは反対の効果をもたらしたのであった。

倫理的動機はクラウディングアウトされたのか。クラウディングアウトが起こったことを示す、いくつかの証拠がある。標準的なゲームにおいては、世界の主要な宗教のうちのいずれか（すなわち、被験者プールについては、イスラム教もしくはロシア正教を含めたキリスト教）を信仰する独裁者は、世界宗教のいずれも信仰していない独裁者に比べ、独裁者ゲームにおいて二三パーセントも高い配分を行った。しかし、第三者懲罰ゲームにおいては、この「宗教効果」は事実上消滅した。世界宗教の信者の振る舞いは無信仰者のそれと異なるところは少しもなかった。金銭的インセンティブの存在によって、状況は宗教の道徳的教え——価値としての寛大さを含む——が関係のない状況として定義されたようだ。

もう一つの証拠は、第三者からの罰金の見込みによって与えられるインセンティブが経済的関心の重要性を高める、ということを示している。標準的な独裁者ゲームにおいては、独裁者の提案額は（現実世界における）独裁者の経済的ニーズと相関していなかった。しかし、第三者懲罰ゲームにおいては、独裁者の経済状況は独裁者の提案額を強力に（有意に）予測した。第三者懲罰ゲームに暗黙裡に含まれるインセンティブは、宗教的もしくは道徳的関心に代えて、経済的動機づけを利用するようであった。こうした実験の結果は、インセンティブがすでに社会的選好をもつ人々に与える効果を通してクラウディングアウトが働く、という期待と整合的であった。インセンティブはクラウディングアウトされる道徳性をもたない人々にはまったく何の効果も与えない。

道徳的束縛からの解放に関する証拠は、アリストテレスの立法者に取り組むべき多くの課題を与える。それというのも、立法者は——レパーたちが言うように——有形の報酬が

「賄賂とボーナス、報奨金と給与」として、さらにつけ加えれば、「賞金、罰金および懲罰」として構成されることを知っているからである。立法者はまた、社会的相互作用のための道徳的枠組みは、構築するのも、あるいは抑制するのも難しくはないということを承知している。

コントロール――インセンティブは自律性を損なう

インセンティブが社会的選好をクラウディングアウトしうる第三の理由は、人々がインセンティブの政治的性格――それは往々にして明白なことであるが、対象者をコントロールしようとする試みである――とは逆に反応するかもしれないということである[★21]。心理学者はインセンティブ（もしくは制約）がいかにして被験者の自律性感情を損なうのかを追究し、そうした感情への危害が、インセンティブの対象者が課題を引き受けようとする内発的動機をいかにして低下させるのかを説明している[★22]。心理学的メカニズムが働いているが、それは、内発的に動機づけられた行動から生まれる「有能感と自己決定の感情」を求める欲求のようだ[★23]。

インセンティブは、依頼人（たとえば雇用者）が代理人（その被雇用者）をコントロールしたいというメッセージをどのようにして伝えるのか。この点を理解することは簡単だ。しかし、このメカニズムに関する大半の実験の証拠は非戦略的設定（つまり、依頼人ではなく実験者がインセンティブを与える）からのものである。したがってこの自己決定メカニズムは、それが自律性そのものを求めるインセンティブ対象者の欲求から発生する以上、既述の二つのメカニズム――依頼人に関する悪いニュースと道徳的束縛からの解放――とは異なる。代理人をコントロールしようとする依頼人の欲求を推し量るインセンティブ対象者の推測、依頼人に関するその他の否定的な情報もしくは適切な行動に関するヒント、自己決定メカニズムはこのどれにも依存しない。

なぜ、「人は本来的に望ましい活動を、ある隠れた目的へと至る手段として受け止めるように誘発され、そうした活動を目的そのものと見なくなるのか」。レパーたちは別の論文でこの理由を説明している。インセンティブは――彼らの説明によれば――自分自身の動機に関する個人の認識に影響を与えるのかもしれない。「自分の行動をコントロールする外的な強化随伴性［刺激・環境への働きかけ・報酬が随伴していることの学習］の重要性が際立ち、曖昧さもなく、自分の行動を説明するのに十分であるかぎり、個人は自分の行動がそうしたコントロール環境に起因すると考える。しかし、外的な随伴性が認識されない場合……個人は自己の行動を自分自身の性向、関心および欲求に帰する」［★24］。こうした見方では、個人は絶えずアイデンティティを構築または肯定し続ける、そして自分は自律的だと自分自身にシグナルを送るために行動し続ける。インセンティブが存在することにより、このシグナルの説得力は低下する。なぜならば、インセンティブは自分の行動について競合する説明を提供するからである。

人々が他に報酬がない中で行動そのものから喜びを引き出すケースにおいて——心理学者の説明によれば——インセンティブを導入することが活動を「過正当化」し、個人の自律性の感情を低下させるのかもしれない。一例が第1章で触れた実験である。大人を手伝い、手の届かない物を集めたとき、褒美におもちゃをもらう幼児は、おもちゃをもらえなかった幼児よりも、手伝わなくなる。この研究の著者たちは次のように結論づけている。「おそらく、報酬が与えられたとき、子供は、以前には自己充足的であった活動が、もっと何か価値ある目的へと至るたんなる手段にすぎないものだと認識するようになる」[★25]、と。こうした効果は手伝いたいという子供の内発的動機を低下させることになる。したがって報酬だけでは不十分である場合、子供は単純に手伝うことを止めてしまうのかもしれない。

象徴的な過正当化実験において、子供たちは、以前には無報酬で夢中で追い求めていた活動に参加することで報酬を約束された。実験のために、以前からお絵描きに興味をもっていたかどうかを基準に子供が選ばれた。それから子供たちは、次の三つの条件のもとで、フェルトペンで絵を描きたいかどうかを尋ねられた[★26]。「予想されない報酬条件」のもとでは、子供たちは、一定時間絵を描いた後、「グッドプレイヤー賞」カード——赤いリボン、金色の星、その子の名前がカードにはつく——を与えられた。第二の「予想報酬条件」では、実験者が子供に賞品カードを示し、「グッドプレイヤー賞のうちの一つが欲しいかどうか」を尋ねる。この点で予想されない報酬条件と異なっている。すべての子供が同意し、お絵描きセッションの終了後に賞が与えられた。第三の条件においては、（予想されたものであれ、予想されないものであれ）報酬は与えられなかった。

一、二週間後、実験者は日常の学校の状況において被験者のプレイ選択を観察した。お絵描きを選択することで報酬を予想した被験者の絵を描く回数は、報酬を予想しなかった被験者に比べ、わずか半分にすぎなかった。さらに、報酬を約束された被験者は、実験前に比べ、絵を描かなくなった。そして実験それ自体の期間中、報酬を受け取った子供の描いた絵は、対照群の生徒たちの絵よりも、かなり低い水準だと評価された（芸術的質の評価者は、子供たちがどのグループに属しているのか知らない）。

負のインパクトが発生したのは、活動に報酬が与えられたことによるのか、それとも被験者が活動に報酬が与えられることを知り、その活動を選択したことによるのか。こうした点を区別するために研究者たちは実験を設計した。報酬そのものではなく、報酬の予測が、子供たちのその後の行動に影響を与えた――こうした事実は、負の効果が報酬そのものの受け取りではなく、自律性の浸食と関連している、ということを示している。

こうした解釈は、締切りや監督がなければ楽しい活動に、恣意的な締切りを設定したり、厳しい監督を導入したりすることが金銭的な報酬等とほとんど同じ負の効果をもつという観察と整合的である。レパーたちの指摘によれば、「度を越した大人の監督や不要な締切りの押しつけは負の効果をもたらすが、このことは、そうした負の効果が……子供の行動への過剰な制約の結果であり、有形の報酬利用の特殊な働きではない、ということを強く示す」［★27］。したがって、クラウディングアウトの原因となるのは物質的報酬そのものではないかもしれない。立法者は、こうした理解が――正しいとすれば――公共政策の設計に重要な含意をもつ、ということを知る。われわれは後にこの点に立ち返る。

心理学者の過正当化実験――そこではインセンティブが実験者によって与えられるのが典型的である――とは対照的に、経済学者が研究したのは、インセンティブがゲームの中のプレイヤーによって与えられる戦略的相互作用である。ここでその例を示そう。アルミン・ファルクとミヒャエル・コスフェルトは成人の被験者を使って依頼人・代理人ゲームを実行し、次のような考えを検討した。すなわち、自己決定に動機づけられたコントロール回避であれば、インセンティブがときどきパフォーマンスを低下させる理由を説明できるという理解である［★28］。被雇用者に類似した役割を担う実験上の代理人は、その供給にあたっては自分にはコストがかかるが、依頼人（雇用者）には便益をもたらす「生産」水準を選択した。代理人の選択は、事実上、両者の間の利益の分配を決定した。また、代理人がまったく何も生産しない場合には、代理人の利得が最大化する。

依頼人は、代理人（被雇用者）が意思決定を下す前に、生産水準を完全に代理人の裁量に委ねるか、あるいは代わりに代理人の生産に下限を課すか、そのいずれかを選択できる（そうした下限によって被雇用者に要求される生産水準は、実験全体にわたり実験者ごとに異なる。依頼人の選択は単純に下限を課すかどうかであった）。依頼人は、代理人が利己的であれば、下限水準で生産を行い、下限が設定されていなければまったく生産しないと推測できる。したがって下限が課された場合、依頼人の利得が最大化する。

しかし、実験においては、依頼人が下限を課したとき、代理人の生産水準は低下した。こうした負の反応を予測してのことと見られるが、中程度の下限の実験法と低水準の下限の実験法においては、下限を課すことを選択した依頼人は三分の一にも満たなかった。代理人を「信頼しない」、この少数派の依頼人が得た利潤は、低水準の下限の実験法では、平均で、代理人の選択をコントロールしようとはしなかった依頼人のそれの半分であった。中間的な下限条件の場合には、三分の一以下であった。高水準の下限の場合でも――有意ではなかったものの――依頼人の利潤を低下させた。

こうした結果は、心理学実験において観察された、他者によるコントロールに対する負の反応と整合的である。しかし、そうした結果を生み出したのは、コントロール回避そのものか、それとも依頼人に関する「悪いニュース」――これは代理人に制限を課すことによって伝えられる――か、そのいずれかである。こうしたコントロールに対する二つの反応を識別するために、ガブリエル・バーディン、サイモン・ハリデイ、ファビオ・ランデイーニは巧みに実験を設計した［★29］。彼らは最初に同一の実験方法を使ってファルクとコスフェルトのクラウディングアウトの結果を確認した。それから彼らは第三者を導入したのだが、それは「被雇用者」に下限を課すが、しかし、被雇用者の「熱心な働きぶり」――これは以前と同じく、依頼人の利得に寄与する――からは少しも利益を受け取らない、そういった第三者である。ファルクとコスフェルトの実験で観察された、下限に対する負の反応が（依頼人に関する悪いニュースではなく）コントロール回避そのものに起因するのであれば、バーディンたちの第三者コントロール実験は同様の負の反応を示すはずである。しかし、そうした反応は示されなかった。バーディンたちの解釈は、ファルクとコスフェルトの実験のクラウディングアウトがコントロール回避そのものではなく、おもにインセンティブが依頼人について送ったメッセージに起因する、というものであった。

インセンティブがときおり意図せずメッセージとなるという理解と整合的に、ファルクとコスフェルトの実験では、下限を課したことが、被雇用者に関する雇用者の信念について驚くべきほど正確な情報を被雇用者に伝えたのであった。プレイ後のインタビューでは、ほとんどの代理人が、下限の設定が不信のシグナルだという説明に同意した。実際、下限を課した依頼人は、かなり低水準の代理人の期待に直面した。代理人を信頼しない依頼人は代理人の選択をコントロールしようと試みるのだが、そうした依頼人の試みによって、三つのすべての実験法において、半数以上の代理人が許される最低水準で生産するよう誘発されてしまった。これによって依頼人の悲観主義は確実なこととなった。

これはアリストテレスの立法者にとってはまったく新しい意外な展開である。社会全体について考えるために、コントロール回避実験の詳細から見ると、立法者は当惑してしまう。現実の経済では、ほとんどの雇用者が――立法者が懸念することだが――自分の労働者の低水準の期待に直面するのであれば、実験での下限の設定のように、労働者から最低限のパフォーマンスを引き出す報酬と監督政策を採用するであろう。その結果、仕事中に労働者の怠慢が発生し、雇用者の憂鬱な予測が追認されることになる。

立法者の考えでは、こうした実験の被験者に類似した選好をもつ集団は、代理人に関する依頼人の事前の信念の分布に応じて、代理人を信頼したきわめて生産的な成果を支持するか、もしくは代理人を信頼しない成果――すなわち、生産が命令によって引き出される最低限をかろうじて超える成果――を支持するか、そのいずれかである。いずれのケースでも、事前の信念は永続的であり、したがって、いずれかの成果が無限に持続するであろう。

立法者は自分自身を安心させようとして、こう考える。こうしたことは雇用者の利害のほとんどが制限を課すことによって十分保証されるような経済であれば、それほど深刻な問題ではないかもしれない、と。最初に立法者の念頭に浮かぶ例は、残念なことだが、さとうきびの収穫等の奴隷の作業である。奴隷の作業ペースは厳しい懲罰に訴える監督者によって簡単に観察され、維持される。次に、立法者は組立ラインを思いつき、安堵する。というのも、そうしたラインのペースが被雇用者の作業努力を規制する一種の機械的規制装置だからである。ペースに遅れる被雇用者は簡単に選別される。しかし、立法者は、現代経済――すなわち、かなりの程度サービス産業に基づいた、知識集約的な、個人相互間のケアが集約的な経済――から何か例を引き出すのには苦労する。それというのも、こうした経済では、高水準の生産は、下限を課さなければ進んで働こうとしない生産者に下限を課すことによって強制履行されるからである。

幸いなことに、立法者の念頭には次のような一回かぎりの介入が浮かぶ。すなわち、作業投入量に下限を課さないように雇用者を誘発する介入であり、この介入によって労働者が、適切な条件下ではより高い信頼に基づく処遇との引き換えに、かなりの作業投入量を進んで提供しようとするようになる。一回かぎりの介入はこうしたことを雇用者に明らかにするかもしれない。この新しい知識があれば、雇用者は、下限の放棄を促した当初の介入が取り消された後でも、自分の労働者に対し新しい、より信頼に基づいた処遇を採用するであろう。したがって一回かぎりの介入は悪循環を好循環に転換できる。この場合、政策が機能するのは、労働者もしくは雇用者の選好を変化させることによってではない。そうではなく、この政策によって雇用者は自分に関する労働者の信念を変更させるように行動しなければならず、その結果、引き続いて労働者も、自分の労働習慣に関して異なった信念を採用するように雇用者に働きかけるように行動するからである。

下限が課される場合でも、要求水準以上に大きな労働投入量を提供することによって自分に対する雇用者の低い期待に挑戦するように、何らかの方法で労働者を誘発する介入があるとすれば、そうした介入についても同じことが妥当する。経済学者はこの種の慣習の切り替えを描くために「均衡選択」という用語を利用している。立法者はこれを自分の道具箱に加える。

情動、意識的思考およびクラウディングアウト

アリストテレスの立法者は「メッセージとしてのインセンティブ」アプローチの洞察を超えて、クラウディングアウトに近接した神経基盤を追求できるであろうか。立法者は、インセンティブがどのようにして意識的に思考された神経活動と感情的な神経活動に対する刺激として働くのかを描けるであろうか。そしてこの情報を利用し、協力的で寛大な行動と結びついた神経経路を停止させるのではなく、それを活性化させるような政策を設計できるであろうか。

たとえば、後で見るように、神経画像等の証拠に基づき、インセンティブが意識的に思考された非感情的な認知過程を活性化させる、また意識的思考が利己的行動を生み出す傾向にある、このように結論づけたいと思うかもしれない。われわれは、計算された反応で

はなく、情動的で感情的な反応を刺激する補助金や罰金を形成することによって、社会的選好と相乗効果をもつインセンティブを生み出すことができるであろうか。

私が懐疑的だということは理解されるであろう。しかし、そうした考えは、それほど信じがたいことだというわけでもない。初めに、インセンティブと社会的報酬が脳の別々の領域を活性化させる証拠をいくつか示そう。ジアン・リーたちは、フェールとロッケンバックの信頼ゲームにおけるクラウディングアウト行動の近接した原因を確認するため、投資家の威嚇——不十分な反対移転額に罰金を科すという脅し——に受託者が直面したときに発生する、脳の異なった領域の活性化を調べた。彼らはそうした結果を、制裁の脅しを受けない受託者の神経活動と比較した［★30］。フェールとロッケンバックの実験のように、威嚇は、投資家の所与の移転水準に対する受託者の反対移転を引き上げるのではなく、むしろ低下させる傾向にあった。

脳をスキャンすることによって、制裁の威嚇が腹内側前頭前野（この実験において、その活性化がより高い反対移転額と相関した脳の領域）を、同様に、社会的報酬の処理に関連した他の領域を、不活性化することが示された。威嚇が活性化させたのは頭頂葉皮質、すなわち、費用・便益分析やその他の利己的最適化と結びついていると考えられる領域であった。リーたちは、制裁がより計算高い、利己的反応を促進する「認識のシフト」を誘発した、と結論づけている。

信頼ゲームにおける投資家の罰金の威嚇のようなインセンティブが、計算高い利己心と関連した脳の領域を活性化させることが確認できるとしよう。そうだとすれば、おそらく、そうした効果を生み出さないインセンティブも設計できるはずだ。被験者の「認識のシフト」は、刺激に対するまったく異なった二つの反応方法の間で発生する。すなわち情動的な（つまり直感的な、もしくは情緒的な）反応と意識的に思考された（もしくは認知的な）反応である。哲学者・神経科学者ジョシュア・グリーンはこうした二つの過程を次のように説明している。「人間の脳はオートモードとマニュアルモードを備えたデュアルモードカメラのようなものである」［★31］。マニュアルモードは適切な設定を選び出すさい意識的な選択を必要とする。オートモード設定のオプションは意識的思考を回避する。グリーンの言葉では、意識的思考過程もしくは認知的過程はマニュアルモードであり、直感的で感情的な反応方法——これが情動的過程を構成する——はオートモードである。心理学者はこうした考えを「二重過程論」と呼んでいる［★32］。

『モラル・トライブズ——共存の道徳哲学へ』において、グリーンはインセンティブと道徳を考察するための枠組みを提供している。第一に、意識的思考過程は結果に基づくものであり（哲学用語では、「帰結主義的」）、功利主義的である。他方、情動的過程は非帰結主義的判断（「義務論的」と呼ばれる）を支える。たとえば、義務であり、一連のルールに対する行動の同調性である。第二に、こうした行動様式は異なった脳の領域の活性化と関連している。それぞれ、（意識的な）前頭前野と（情動的な）辺縁系である。そのさい神経科学の証拠が示唆することは、経済的インセンティブが帰結主義的な推論を誘発し（前頭前野の活性化）、暗黙裡に義務論的判断の重要性を低下させる（辺縁系の不活性化）、ということである。こうした見方が正しいとすれば、多くの行動実験で観察されたクラウディングアウトは、義務論的判断に比べ帰結主義的推論が（つねにではないが）往々にして親社会的ではない、ということを示唆している。

こうした二重過程アプローチが信頼ゲームだけではなく、他の実験においても行動の近因を確認できるとする、いくつかの証拠がある。アラン・サンフェイたちは、自分たちのグループによって実施された以前の研究を次のように解釈していた。

最後通牒ゲームを検討した神経画像研究は、参加者が不正な提案額に直面したとき、特に活性化する二つの脳の領域を発見した。前頭と背外側前頭前皮質（ｄｌＰＦＣ）である。そうした領域の活性化はそれぞれ情動的処理および意識的思考処理と相関することが示されている。また、前頭の活性化がｄｌＰＦＣのそれより大きい場合、参加者が提案額を拒否する傾向にあり、他方、ｄｌＰＦＣの活性化のほうがより大きい場合、提案額を受け入れる傾向にあるということが見出された。これは、この課題における意思決定に対する二つのシステムに基づく説明に神経科学的証拠を提供するものである。［★

33］前頭——恐れや嫌悪といった負の感情と結びついた領域であり、そのうえ最後通牒ゲームにおいて（おそらく低水準の）提案額の拒否と結びついた領域——が活性化したことを受けて、コリン・カメラーたちは、「前頭が不平等と不正な扱いに対する嫌悪を司る神経領域だとの推測は否定しがたい」［★34］とコメントしている。

　情動的過程と意識的過程を同時に活性化させたとき、なぜその効果は両効果の合計よりも小さいのか。二重過程論はこの理由も説明できるかもしれない。デボラ・スモール、ジョージ・レーベンシュタイン、ポール・スロヴィックが発見したことだが、困窮にあえぐ少女の写真は貧困の統計データよりも多くの寄付を呼び込んだ。また統計と写真の両方を示した場合、寄付は写真だけの場合よりも減少した［★35］。彼らは次のように結論づけている。「人々は、意識的に思考するとき、顔の見える犠牲者に対する共感を割り引くが、統計上の犠牲者には共感することができない」と。ここでは情動システムが寛大さを促進すると思われた。しかし、統計データを示され、意識的思考過程が刺激されたとき、情動システムは意識的思考システムによって無効にされた。この場合、統計データを示したことで、ちょうどリーの信頼ゲームでの罰金の威嚇と同じように、前頭前皮質と意識的思考過程が活性化されたのかもしれない。そしてそのことが、より情動的な神経過程の活性化と競合し、その過程をクラウディングアウトしたのかもしれない。

しかし、人間の善良さが主として爬虫類脳——すなわち、すぐれて人間に特殊的な前頭前皮質と比較して、人間が他の動物からそれほど区別されない辺縁系等の脳の領域——から生まれるとは考えがたい。帰結主義的な推論が利己心を誘発する可能性が高く、そして義務論的ロジックが倫理的・他者考慮的行動を促進する可能性が高いとする理解は少しも明らかにされていない。貧しい人々を助けることにも、アイスクリームを食べることにも喜びを感じるが、しかし当面両方を同時に行うことができないとしよう。この場合、意識的思考過程を活性化させると、私の情動的な反応は貧しい人を助けることになるであろうと告げているときに、どうして私はアイスクリームを選ぶようになるのか。この理由はまったく明らかになっていない。

なぜインセンティブは情動ではなく意識的思考を刺激するのか。なぜ意識的思考は共感のような正の社会的情動を無効にするのか。第一の問題は簡単である。インセンティブによってわれわれは、目標とされた行動の動機づけにインセンティブが十分かどうかを決定するため、費用・便益計算を行うよう働きかけられるからである。こうした計算は、共感、痛みの回避もしくは恐れのような情動に対するわれわれの反応とは質的に異なる。手に痛みを伴う灼熱感を感じる場合、火から離れることが自分の便益になるかどうかを意識的に考えたりしないであろう。それが一般的である。しかし、どうして意識的思考が親社会的行動の後退を招いてしまうのであろうか。これは依然として未解決の問題である。

実際、意識的思考が寛大さに対立するものだと考えることは誤りであろう。リンダ・スキツカたちの研究は、(保守派と比較して)アメリカのリベラル派の人々の間では、意識的思考過程がHIV-AIDS感染者に対してより寛大であり、その感染の「責任」を考慮しても影響を受けないということを示した[★36]。

情動的過程と意識的思考過程とのバランスを研究するため、スキツカたちは、高水準の、心理学者が「認知的負荷」と呼ぶものを誘発することによって、被験者の意識的思考能力に過重な負荷をかけた。たとえば被験者は、一つの二桁の数字ではなく、二つの七桁の数字(高水準の負荷)を覚えるよう求められる。二重過程の観点から見れば、高水準の負荷は意識的思考過程を低下させるために設計されている。ここでは、レーベンシュタインとオドナヒューが結果をどのように解釈したかを示す。「この研究の発見によれば、被験者が治療費助成を支持する可能性は、高水準の(認知的)負荷条件のもとでは低下する。われわれはこうした発見を、AIDS犠牲者に対しては情動的反応よりも意識的に思考された反応が関係している証拠だと解釈する。より興味深いことに、高負荷条件のもとでは、リベラル派も保守派も、(感染の責任を負わないと見られた人々と比較して)責任を負うべきだと目された人々への治療費助成には消極的であった。これに対し、低水準の負荷のもとでは、リベラル派は両グループを平等に扱ったが、保守派は相変わらずHIV-AIDS

感染に責任を負わないと受け止められたグループを優遇した」[★37]。彼らは続けて実験が次のことを示していると指摘している。「保守派では情動的反応と意識的思考反応とが対立するものではなかった――したがって認知負荷は何の効果ももたなかった。だが、リベラル派では対立的であった」。

私は、意識的思考と利己心との結びつきが実際には働かないのではないかと考えている。つまり意識的思考過程は、倫理的・他者考慮的判断や行動を生み出すことができる。黄金律を真剣に受け止めることが一例である。

同様に、情動的過程を寛大な倫理的動機づけと結びつけることも疑わしい。利己的行動は、われわれの非意識的思考過程においても確固たる基礎をもたなければならない。すべての動物と同じように、人間の直感的な、無意識的反応は自然淘汰に影響されながら進化してきた。自然淘汰は人々の間に、自分自身にコストがかかるとしても他者を助けたいと望む、遺伝的に受け継がれた直感的もしくは情動的な性向を生み出したかもしれない。この点は説得的である[★38]。しかし、そのような「自動的な」反応が利己的行動――たとえば、苦痛の回避、性的欲望の充足および危険からの逃避――も誘発しなかったとすれば、それは驚くべきことだ。したがって利己的行動は、意識的思考とは言うまでもなく、情動とも関連した神経経路とつながっていると期待できる。

この点が正しいとすれば、自己考慮的行動と他者考慮的行動との相違が整然としたかたちで、認知処理の意識的思考と情動との区別の上に、もしくは神経科学の前頭前皮質と辺縁系との区別の上に位置づけられることはないであろう。神経科学者ジョナサン・コーエンは、意識的思考に関係する前頭前皮質が「ホモ・エコノミクスにとって決定的な基質であるかもしれない」［★39］と述べている。コーエンの考えは経済人の計算高い側面については正しい。しかし、ホモ・エコノミクスに帰される利己心には、前頭前皮質だけではなく感情的な辺縁系も同程度に関係しているのかもしれない。

社会的選好の二重理論に関する神経科学は、依然として、初期段階にある萌芽領域である。だが、こうした初期段階で決定的に言えることがあるとすれば、それはレーベンシュタインとオドナヒューの次のような説明である。「意識的思考システムが持続的に関心を抱く他者は、人はどのように振る舞うべきかということについて道徳的倫理的原理によってつき動かされる他者である。対照的に、情動システムは、引き金となる共感の程度に応じて、純粋な利己心と極端な利他主義との間のどこかに向けてつき動かされる」［★40］。インセンティブは間違いなく意識的思考過程をより重要な、際立ったものとするようだ。しかし、意識的思考からより寛大な行動（ＡＩＤＳのケースにおけるリベラル派のように）が生まれるのか、それとも不寛容（貧困に関する統計データと貧しい少女の写真の場合のように）が発生するのか——このいずれが発生するかは、意識的思考から寛大さが発生するのに不可欠な条件（たとえば、ベンサム流の功利主義的計算）が、感情的過程の、寛大さ誘発

選好のタイプ	認知的＝処理スタイル	
	情動的	意識的思考
倫理的、他者考慮的	危害を被った人への共感。加害者への怒り。「道徳的嫌悪」もしくは「罪深い」行為への恐れ	ある人の行動が他者に与える影響を考慮すること。「道徳的教え」に基づいて解釈し、行動すること
自己考慮的	飢餓、その他の欲求。個人的な危険への恐れ	自分自身の期待利益、適応度もしくは厚生を最大化すること

表4・1　二重過程論と社会的選好
註：この表に基づくと、認知的–処理スタイルと選好タイプとの間には単純な対応関係は存在しないと考えられる。

情動（たとえば、共感）よりも強いかどうかに依存する。こうしたさまざまなケースの分類――これは、単純に、意識的思考・情動の区別と社会的選好とを結びつけることはできないということを示している――が表4・1において示されている。

難題

なぜインセンティブが社会的選好をクラウディングアウトするのか。その三つの理由――悪いニュース、道徳的束縛からの解放、コントロール回避――から、アリストテレスの立法者は、社会規範を支え、同胞の市民に対して寛大に行動したいという欲求に取って代わるのではなく、むしろ、それを補完するような、そういったインセンティブ設計に必要な情報の一端を引き出すことができる。それぞれのケースにおいて政策は、クラウディングアウト問題を最小化するために、そしてそれにとどまらず、おそらくクラウディングインを誘発するように設計される。最後の二つの章で立法者の政策選択肢を考察するさい、私は効果的なインセンティブの例を示すが、それは次のようなインセンティブである。すなわち、個人的には何の利益も得ない仲間によって設定される（悪いニュースの回避）、明瞭に伝えられる相互利益的な目的を含み（道徳的束縛からの解放の回避）、そして内発的動機づけを浸食するのではなく補完する（コントロール回避の回避）、そういったインセンティブである。

しかし、われわれはまだこの点に立ち入ることはできない。

社会的選好は一般的であり、相互利益的な交換やその他の社会生活の基礎を保証するが、あからさまな経済的インセンティブによってクラウディングアウトされることがよくある。こうしたことを示す証拠はわれわれに難題――未解決のままにしておいた場合、これまでの私の説明に影を落とすような難題――を突きつける。寛大さ、互恵性、労働倫理等の動機は制度が正常に機能するために不可欠であるが、そうした動機にインセンティブが負の効果を与えるとすれば、それは、あからさまな経済的インセンティブが広範囲に利用されるどの社会にとっても、不安定性と機能不全を予兆するように思われる。

市場等のインセンティブ主導型制度は、自らが拠って立つ文化的基礎を浸食する。こうして倫理的・他者考慮的選好がますます失われていくが、そうした損失を埋め合わせるために、さらにインセンティブ利用が拡大されることになる。社会はこうした悪循環を何らかの方法で回避してきたのであろうか［★41］。

ボストンの消防士が完全に市民的義務感を放棄し、機会主義――ボストン消防本部長は当初からこれが消防士の性質だと見ていたのだが――を選好するようになって、消防本部長と消防士たちは一種の底辺への経済的・文化的軍拡競争――つまり、消防本部長はこれまでになく厳しい賃金削減を課すことで要求水準をつり上げ、他方、消防士は一段と利己的に行動することで対応する――を繰り広げることになったが、それはなぜであろうか。そして、どうしてこうしたダイナミクスが、どの市場ベースの経済でも、出現しないのであろうか。結局、ヒュームが提唱した悪党を律する立法のおかげであろうか。しかし、ヒュームの説明とは対照的に、それは悪党の市民も生み出してしまうのではないか。

これまでに議論された実験、加えて因果観察も同様に、こうしたことがわれわれの今日の状態ではないということを示している。二つの説明が可能である。第一の説明は私がクラウディングアウト問題を誤解し、おそらくその問題を誇張しすぎだということである。第二の説明は、市場とインセンティブとが社会的選好に与える腐食効果はたしかに存在するが、しかし多くの社会においては、そうした腐食効果が堅固な市民文化の存続、それどころか、その繁栄を可能にする他の社会過程によって相殺されてきた、というのがそれである。

第5章　リベラルな市民文化

　もし、インセンティブが、ときとしてわれわれの倫理的な理由づけや他者を助けようとする欲求や内発的な動機づけを押しのけるならば、そして、もし指導的思想家が、市場を倫理から自由な領域であると賞賛するならば、それは、まさに次のような資本主義文化に対するカール・マルクスの包括的な非難への口火を切ることになるように思われる。「最終的に、人間が譲渡されざるものと考えるすべてのものが交換の、すなわち交易の対象となり、譲渡されるべきものとなる時がやってきた。これは、それまでコミュニケーションの対象ではあったが、決して交換されることがなく、与えられるが決して販売されることはなく、取得されるが決して購買されることはないもの、すなわち、徳、愛、信念、知識、良心、それらすべてが、商業の対象となる時である。これは、まさに全般的な腐敗と普遍的な金銭第一主義の時代である」［★1］。

　しかし、一世紀半後に、「普遍的な金銭第一主義」という言葉は、資本主義が生まれた北部ヨーロッパ、あるいは北部アメリカの人々や他のそれらの人々の子孫の文化を描写するのに失敗することになる。あるいは少なくとも、ニューヨーク警察部の駐車場使用監視部門においても、それが妥当するように思われるにちがいない。

ニューヨーク市において交通違反に対する訴追から外交官が免除されることは、マルクスの予言を検証するための自然実験を提供している［★2］。どこに駐車するのか、それに料金を支払うのか否かを決定するのに、一四六カ国の外交官の間で、どれだけ頻繁に法律違反が行われるか、駐車券を支払うことなく、非合法的に駐車することによって他人に迷惑をかけるかは明確に異なっている。

二〇〇二年一一月以前の五年間で、外交官一人当たり法律違反の平均件数は一九で、最も頻繁な違反者はエジプトからの外交官であり（外交官一人当たり一四〇の法律違反）、それにブルガリア（一一七）、アルバニア（八四）、パキスタン（六九）と続いている。同じ時期にわたって、資本主義発祥の地であるイギリスの外交官は、法律違反がゼロであり、資本主義の第二の生誕地であるスウェーデン、ノルウェー、カナダ、オランダの外交官も同様であった。この時期において、その他の早い時期に資本主義になった国々の外交官についても、比較的低い数の違反であり、ドイツは一人当たり一件、ベルギーは二・七件であった。いくつかの後発資本主義国も駐車違反について同様で、日本の四七人の外交官はまったく駐車違反をしておらず、韓国の外交官も平均でたった〇・四の違反であった。

これ以上の確認は不要であろう。それは、理想的な実験とは大きくかけ離れたものであった。そして、これから見るように、アダム・スミスが言うように、商人とは異なり、外交官は信頼できない。したがって、たぶん外交官許可書を持った人々は、彼らの文化を代表してはいないのである。

しかし、明示的な経済的報酬と懲罰が、われわれの社会的選好をときおり駆逐するという実験的証拠から見ると、この難題は現実的に重要なものである。これから、われわれは世界の外交官の駐車違反より、もっと信用にたるデータ、すなわち文化横断的データに基づく証拠を扱うことにしたい。これらの証拠が示しているのは、最も古くから存在する資本主義諸社会は、協力的で寛大な社会的選好によって性格づけられる活気ある市民文化を維持してきたということである。

もしこのことが教訓だったなら、この場で人々は飛び起きて、私に次のように質問するだろう。「あなたはどんな惑星にいるのか」と。そして、ヘッジファンドの経営者の反倫理的行動からアメリカ人が一人でボウリングをする［パットナム『孤独なボウリング』への言及］という事実まで、とても多くの反証をもって、さらに続いて言うだろう。私は、最も古い資本主義諸社会の文化的徳を誇張しようとは思わないが、それらの社会と市場の諸制度の範囲が最近のものでいっそう制限的なものである他の多くの諸社会との間に存在するいくらかの明確な差異について指摘しようとするだけである。

もし、実験において観察される行動の結果が一時的なものであるか、特定の領域に限定されるならば、もし、たとえば特定の仕事のために提供されたインセンティブが、家庭生活や市民生活のような他の領域に波及せずに人々が道徳に束縛されないといったことに限定されるならば、この難題は容易に解決されるだろう。しかし、よかれ悪しかれ、経済は偉大な教師であり、その授業は、つかの間のものでもなければ、経済という境界の中に閉じ込められているものでもない。

また私は、なぜ強いインセンティブをもった経済に住むことが、メッセージとしてのインセンティブに結びついた否定的な状況把握に手がかりを与えることから生じる効果を超えて、文化的進化の過程に長期的な悪い効果を与えるのか、その理由を示すことにしたい。結果は、インセンティブの拡大的使用は、長期的な市民的選好の進化に対して悪影響を与えるかもしれないのである。前章の用語を用いれば、「内生的選好」は「状況依存的」選好に対してインセンティブが時として悪い効果を与えることと類似のものなのである。

それゆえ、その難題について考えることは、ただそのミステリーを深めるだけである。しかしたぶん、最も長期的に存続している資本主義経済の多くで受け入れられている市民文化は、市場やインセンティブそれ自身の拡張的な役割というよりも、それらの経済が埋め込まれているリベラルな社会秩序に大きく負っているのである。これが、私が提案するその難題の解決である。

「リベラルな社会」という言葉で、私は、経済的な財やサービスの配分を広範囲に市場に任せること、政治的権利の形式的平等、法の支配、公共的な寛大さ、職業上の、そして地理的な移動性に関する人種、宗教、あるいは他の生来の偶然的なものに基づく障壁の低さによって性格づけられる社会を意味する。私が紹介しようとする実験研究におけるリベラルな社会のいくつかの例は、スイス、デンマーク、オーストラリア、アメリカ合衆国、イギリスである。私がリベラルという言葉を用いない社会の例（上記の属性の少なくとも一つが欠如している）は、サウジアラビア、ロシア、ウクライナ、オマーンであり、狩猟採集民、牧畜民、低技術の農民の小規模社会もそうである。

経済は人々を生産する

どのように人々が、市場や他の経済的諸制度において相互作用を行うのか、すなわち、誰が誰に会い、何をして、どのような報酬を受け取るのか、このことが継続的に社会規範を形づくり、そしてこれらが非経済的な生活領域にまで一般化される。これは、久しく認められてきたことである。マルクスだけがこの考えをもっていたわけではない。

王制支持者のエドマンド・バークは、フランス革命は、「ソフィストと経済学者の時代」を導いたと言っている。「われわれの中に愛情、尊敬、賞賛、愛着を生み出すように、……コモンウェルス自体への親愛の情を抱くものは何も残されていない。人生のすべての立派な布地は、乱暴に引き裂かれてしまっている」［★3］。

他の者は、市場の文化的帰結について、より好意的な考えをもっている。モンテスキュー男爵は、「商業があるところでは、人々の立ち振る舞いは、礼儀正しい」と書いた［★4］。経済が財やサービスだけでなく、人々を生産するという考えは、疑問の余地のないものである。

マルクス、バーク、モンテスキューやその他の人々が言及した選好への長期的効果は、われわれが前章で見たインセンティブ効果とは、まったく異なったものである。前章で見た効果は、課徴金と補助金は選好に影響を与えるというものである。なぜなら、人はある選好の重要性が増大し、他の選好の重要性が減少することを知るからである。もし、われわれが、インセンティブは人々が新しい嗜好、習慣、倫理的関与、その他の動機を獲得する過程をも変えうることを認めるならば、マルクスやバークやモンテスキューが意味あるものとなるのは、容易にみてとれる。

われわれが特定の選好をもつようになる仕方は、われわれが特定のアクセントをもつようになる仕方ととても類似している。その過程はわれわれの人生の早い時期に始まり、その大部分が他の人々との相互作用の中で気づかないうちに獲得されるのである。人生の真ん中で、（新しいアクセントを獲得するように）選好の変化が生じるかもしれないが、その学習過程は、青春期の後には強い衰退を示すのである。

インセンティブの効果に関して言えば、内生的選好と状況依存的（あるいはフレーミング感応的）選好との決定的相違は、前者ではインセンティブが長期的学習過程に影響を与え、その結果は何十年にもわたり、そして人生全体にわたってさえも持続するということである。対照的に、選好が状況依存的ならば、たとえばあるインセンティブの除去といった新しい状況は、選好のレパートリーの中でどの選好が行動を動機づけるかを変化させる。状況依存的選好と内生的選好のどちらの場合においても、インセンティブは選好に影響を与えるが、しかしその効果は異なるのである。前者においては、インセンティブは、それを与える者や状況に関する可逆的なシグナルである。後者においては、インセンティブは、長期的な選好の学習過程を変化させ、それは簡単に逆転させることができない。

新しい選好を学習するさいの発展過程は、典型的には、長期にわたる非常に多くの他者との相互作用がもたらす結果を含んでいる。それらは、学校への通学、宗教的な指導、実験では捉えられない他の社会化の形態において生じる過程などである。広く実践されている行動に対する同調主義（そしてそれを動機づける選好の採用）が、そこには典型的に含まれている。したがって、われわれが状況に関するメッセージとしてのインセンティブの効果を学んだときに可能であった選好の進化に関する実験結果といったものを望むことはできない。しかし、歴史的・社会的調査や、民族誌学のデータは、直接的にはインセンティブの使用に関連しているわけではないが、異なったインセンティブをもった経済構造は、異なった選好をもった人々を生産する傾向にあるということときわめて整合的なものである[★5]。ここにその証拠のいくつかがある。

四〇年間にわたって、社会心理学者のメルヴィン・コーンたちは、一方で、職場の権威構造における人の位置関係を——命令を受けるのではなく与え、インセンティブの対象となるのではなくインセンティブを設計するといったこと——、他方で、子供の自立と独立の評価、また知的柔軟性と自発性の間の関係を研究してきた[★6]。彼らは、「職業上の自立は、人の価値、志向性、認知の機能の仕方に深い影響を与える」ことを発見した[★7]。それらの研究は、逆の因果性——すなわち、個性が最終的に職業上の状況を決定するのであって、その逆ではないという可能性——を考慮しても、彼らは、職務から選好への方向の因果性があるという確証ある証拠を提出している。

日本、アメリカ合衆国、ポーランドに関するコーンの共同研究は、諸文化にわたる首尾一貫した発見を生み出した。すなわち、職務において自立している人々は、彼らの人生の他の領域（子育てやレジャー活動を含む）においても、自立を重んじ、運命論、不信感、自己卑下をあまり示すことはないのである[★8]。コーンたちは、次のような理由を挙げている。「社会構造は、主として人々自身の人生の諸条件に影響を与えることによって、個々人の心理学的な機能の仕方に影響を与える」。そして、彼らは結論において次のように記述している。「職務が人の個性に与える影響について、知られている事実上すべてのことについての簡単な説明は、その過程は直接的なものであり、職務を通して学習し、その教訓を職場外の現実へと拡張することなのである」[★9]。

文化人類学者ハーバート・バリー、マーガレット・チャイルド、アーヴィン・ベーコンによる研究によって、さらに追加的な証拠が提出されている。彼らは、七九の文字を持たない社会を、生活の糧を獲得する仕方の普及している形態（畜産、農業、狩猟、漁撈）によって分類している。また彼らは、食料が容易に貯蔵できるか否か――それは農業や牧畜経済では共通に見られる行為であるが、採食民の間では行われない――ということ、さらに他の形態の富の蓄積があるかということを測定した。他の形態の富の蓄積は、社会の階層化といった社会構造の次元と主として関わるものである［★10］。

また、バリーたちは、従順の訓練、自己信頼、独立心、責任感を含む子育ての諸形態に関する証拠を集めた。彼らは、子育ての実践に関する大きな相違を発見した。それらは、一夫多妻制、そこで支配的な生存のための活動に女性がどのような水準で参加しているか、人口集団の単位はどのような規模か、といった社会構造の尺度をコントロールしても、経済構造に伴って有意な多様性を示している。

食料の貯蔵が顕著なところでは、それが存在しないところと比べて、両親は子供が自立性をもっていることではなく、従順であることにいっそう重きをおく。バリーたちは、次のように結論づけている。「経済に関する知識だけもってしても、その社会における社会化の圧力が、第一に遵守に向かうのか、主張に向かうのかということを、十分な正確さをもって予測することが可能となるだろう」[★11]。因果関係の方向が、子育てから経済のタイプに向かうことはありそうもない。なぜならば、後者は狩猟採集、牧畜、農耕のどのような組み合わせが問題となっている地理的領域における生計を最もよく提供するかということによって、第一に規定されるからである。

このような社会レベルでの研究によって、われわれはインセンティブそれ自身の効果を単独で扱うことができないことがわかる。文化横断的な民族誌学の研究が与える最も重要なことは、選好が経済構造とともに変化するということの証拠を提供していることである。しかし、なぜ経済構造の相違と特定のインセンティブの積極的な使用が選好の進化に影響を与えるのか説明するのは、難しいことではない[★12]。

インセンティブと選好の進化

インセンティブと経済組織の他の側面は、選好の進化に影響する。なぜならば、それは、どのようなタイプの人々と遭遇するかということ、そして人々が企てる仕事の種類を所与とすると、実行可能で報酬が得られる行動はどのようなものか、ということに影響を与えるからである[★13]。インセンティブの積極的な使用――たとえば、公共財の生産に貢献した者に対する補助金――は、社会重視の選好の学習を阻害するかもしれない。それは、文化の進化過程に関する次のような二つの非伝統的な側面が存在するためである。第一に、人々は彼らが共通なものと考える行動様式（それらを動機づける選好を含む）を、それら行動の物的な期待利得とは独立に、採用する傾向をもつ。第二に、インセンティブの存在によって、寛大で他者考慮的な行為が、そうではなくて補助金によって誘発された利己心を表すものであると解釈するようになるだろう。

文化的伝達における同調主義的要素（大部分の他者が行っている行動を採用すること）は、部分的には、社会的学習に対して他者と接することがもつ強力な効果の結果である。このことは、心理学者のロバート・ザイアンスとそれに続く著者たちによって記述された［★14］。たとえば、アメリカの学生たちは、低い頻度および高い頻度で、一二の意味のない英語の「単語」のリスト（たとえば、kadirga や zabulon）を見て、また同様の数の創作された漢字を見る。そして、それらに良い－悪いという尺度で点数づけするように依頼する。すると被験者が特定の単語や漢字を見る頻度がより多くなればなるほど、それらが何か良いものを参照しているように考えるようになるのである。この接触効果が、文化的伝達が同調主義的要素をもつことを説明する多くの理由の一つである。すなわち、数が多いことが少ないことより好まれ、それはそこに含まれた行動と関連する経済的成功とは独立なのである。

この説明の第二の要素は、このような公共的プロジェクトへ貢献する（あるいは、他者に利益を与える同様の活動に従事する）インセンティブの存在とその強さは、その行動（貢献）をその個人の寛大さのためであると確証を与えるシグナルとはならないものとする。すなわち、観察者はある寛大な行為をたんなる利己心によるものと解釈することを結果するのである。なぜそうなるのか見るために、心理学者レパーたちの説明に戻ろう。「個人が他者がある活動に携わっているのを観察するとき、他者の行動に対してその原因とされる顕著で、曖昧さのない十分に外因的な諸条件を想定しないかぎりでは、彼はその他者が本来的に動機づけられていると考えるのである」［★15］。しかしながら、インセンティブが存在することによって、観察者はおそらく一見寛大な行為でも、他者を助けることに本来的な喜びを感じているためではなく、インセンティブに対する手段的な対応のためであると考えるようになるだろう。

インセンティブが存在するもとでは、人々は寛大な行為、自らの損失があっても他者を助けるという行為を利己心による行為と誤ってみなしてしまうようになる二つの理由がある。第一は、インセンティブは、「彼はお金のためにそれを行った」という、寛大な行為に対する競合的な説明を与えることになることである。第二は、インセンティブは、しばしば諸個人を倫理的な思考枠組みから利得最大化の思考枠組みにシフトさせることである（われわれが見てきたように、神経活動を脳の別の領域に移すことでさえもある）。このことを知れば、個人に他者を助けることを促すインセンティブの存在は、その行為が利己心に基づくものであると観察者に示唆することになるだろう［★16］。

以上まとめて考えれば、これらの二つの事実、すなわちインセンティブが人々の中で想定される寛大さの水準を低下させ、人々が共通の行動を採用するようになる（そして、その選好が彼らを動機づける）ということは、重要な含意をもっている。諸個人が寛大な選好から行為すると想定される頻度を低下させることによって、インセンティブの拡張的使用は、われわれが新しい行動を学習する仕方に対する同調主義的効果によって、文化が継続し進化する選択過程においては利己的な性質と比べて寛大な性質が不利なものとなるだろう。

インセンティブによってもたらされうる内生的選好の悪い効果を説明する二つの因果的メカニズム、すなわち同調主義と「彼はお金のためにそれを行った」という説明は、実証的に説得的なものである。しかし、私は歴史的データをもってこの説明を検証する実際的な方法を知らない。なぜならば、それを行うことは、ほとんど確実に存在しないものを見つけることを必要とするからである。それは、社会規範に関する何世代にもわたるデータと結びつけて、計測可能な異なったインセンティブ構造をもったその他の点で類似の社会のサンプルである。しかし驚くべきことに、長期的学習効果を把握することが不可能であるということを鑑みれば、実験によって、われわれはインセンティブそれ自体の短期的学習効果と思われるものを独立に扱うことができるのである。

インセンティブの持続的効果

インセンティブの逆効果が、そのインセンティブを取り去った後でさえ、ときとして存続しうることをわれわれは知っている。その例としては、ハイファの託児所における両親の継続的な遅刻、芸術作業に対して報酬をそれまで約束されたかなり後でも、子供の芸術家が絵画を描くことを再開しようとしないことが挙げられる。これは、選好に対するインセンティブの効果が、状況の手がかり以上のものであって、それは、選好が長期にわたって修正される学習環境の一部を構成する、という考えと整合的である。これは、他の実験においても、成り立つものである。

アリストテレスの立法者の帽子をかぶりながら、ジョセフ・ファルキンガーたちは、被験者に公共財に拠出するように促すようなインセンティブ・システムを設計した[★17]。公共財ゲームが、囚人のジレンマの多人数版であることを思いだそう。物質的な利己心によってのみ動機づけられている者にとっての支配戦略は、すべての者が同じことをしていたならばすべての者に対して最大利得をもたらす量よりも少なく拠出することである。

ファルキンガーのインセンティブ・システムは有効に機能した。図5・1で見ることができるように、それは、その実験においてその物的利得を最大化することのみに気を配っている者にとって予想されるほとんどまさにその量を拠出するように誘導するのである。パネルAにおいては、30を示す水平線が、そのインセンティブ・システムのもとで自らの

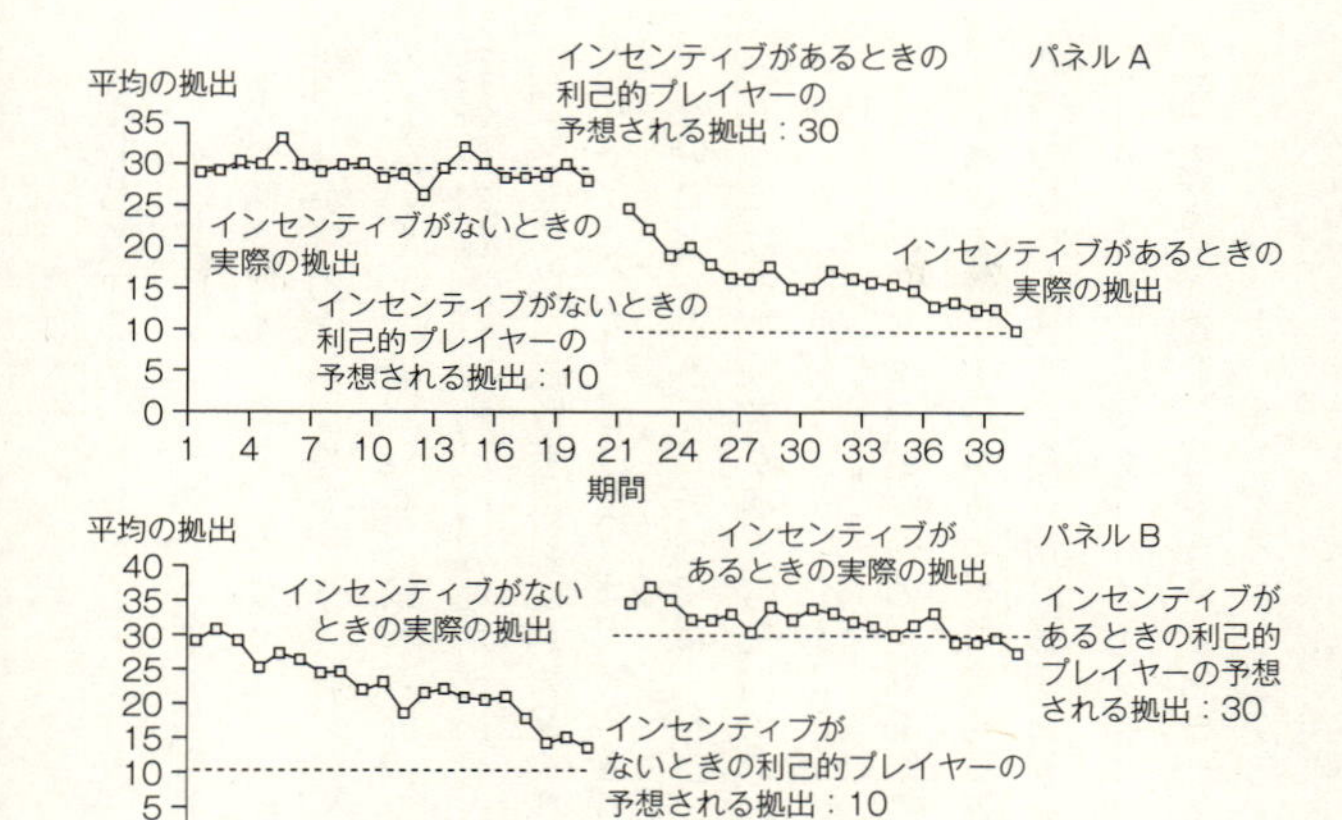

図5・1　効果的なインセンティブは、その後の期間において社会的選好のクラウディングアウトを起こすだろう　(Falkinger et al. 2000 によるデータ)

利得を最大化する個人の予想される拠出の水準である。点線は、各期における実際の拠出の平均を指示しているが、それは、被験者が、利己心の仮定が予想するのとほとんど同じように行為することを示している。これは予想されなかったことではない。われわれは、このことを第3章で見てきた。アーレンブッシュとルチャラが公共財への拠出に対して高いインセンティブを提案したとき、被験者は、経済学の教科書がホモ・エコノミクスに対し予想するのとほとんど同じ量を拠出した（図3・4）。カルデナスたちは、「森」の過度の伐採に対する罰金を科すという扱いのその後の期間において同様の結果を確認している。

この点において（図の残りを見ないと）、被験者は実際に物的利得を最大化する主体であると結論づけたくなる。しかし、この結論は誤りだろう。ファルキンガーの実験における期間21から40まで（パネルA）において、何が生じるか見てみよう。インセンティブが存在しないもとでは、最初、被験者は10よりも有意に多くを拠出していた。10という量は、利得最大化を行う利己的主体が拠出しようとする量である。このようなことは、たとえば期間40までは、被験者は自己利得最大化する主体が支出するまさにその量を拠出するとしてもそうである。このことは、第3章の実験の議論をふまえれば、今では驚くべきことではないことがわかる。そこでは、第二の二〇期間にわたって、インセンティブが存在しないもとでは、被験者が寛大に拠出するように促す動機は、最初の二〇期間においてインセンティブが提供されたときには、まったく存在しなかったのである。

インセンティブの選好への長期的影響という観点から、よりいっそう興味深いことは、インセンティブを取り去った後でも、どのようにインセンティブ・システムに関する前の時期の経験が被験者の行動に影響を与えるかということである。もし、インセンティブの効果が、たんに状況の手がかりを提供するだけのものならば、インセンティブが存在しないもとでの行動は、インセンティブ・システムに関する被験者の以前の経験に依存するものではないはずである。しかしながら、ファルキンガーの実験においては、このことは妥当しなかった。インセンティブ・システムの存在しないもとでは、以前の時期（パネルAの21～40期間）にインセンティブ・システムを経験した被験者は、インセンティブ・システムを経験しなかった被験者（パネルBの1～20期間）より二六パーセント少なく拠出していたのである。このことは、インセンティブのフレーミング効果が十分長期的に存続し、その後のプレイに影響を与えたか、あるいはインセンティブが、実際に何らかの持続的な仕方で個人の選好を変化させたかのいずれかであろう。実験が短期的な持続期間しかもっていないために、われわれはこれらの二つの可能性を区別することはできない。

インセンティブの経験の持続的な負の効果は、サイモン・ゲヒターたちによって行われた実験的贈与交換ゲームにおいてもまた、発生した[★18]。ゲームの標準的な形式（罰金やボーナスを導入する前の）では、依頼人としての「雇用者」の役割をもった被験者は、彼の代理人である「被雇用者」に提案する「賃金を選択する」。そして被雇用者は、その賃金を受け入れるか受け入れないかを選択する。そして、その賃金を受け入れた「労働者たち」は、労働者にとっては提供するのに費用がかかり（労働者の利得を減少させうる）、雇用者には利益を与える「生産」の水準を選択する。ゲームはたんに一期間だけ継続するが、それは続く期間においても実行され、各期において、雇用者と被雇用者は被験者の全体集団からランダムに組み合わされる。

この枠組みにおいては、利己的な労働者は明らかに正の賃金を受け取ったうえで何も生産しないだろう。というのは、そこでは雇用者が職務を遂行しない労働者に対して報復したり、規律づけたりする方法がないからである。自らの利得のみに注意を払い、労働者と同様の選好をもっている雇用者は、このことを知るとゼロの賃金を提案するだろう。労働者も同様に対応するだろう。こうして、両者とも利得がゼロとなってしまう。もし、寛大な賃金が提案され、労働者がこれに十分な努力で応じたならば、得られたであろう正の利潤と賃金を失うことになるのである。他の実験に照らしても、ここで起こったことは、まったく驚くにあたらないのである。

標準的な（インセンティブのない）ゲームに加え、「インセンティブ」に関する二つの扱いがあった。両者とも、雇用者は賃金だけでなく、産出量の要求水準も特定化する契約を申し出る。それは、労働者が雇用者の産出量の目標を満たすときにのみ、賃金が支払われるという契約条件を伴っている。インセンティブの枠組みにおいては、「罰金」の扱いは、目標値を満たさなかったときには、賃金の減少となる。「ボーナス」の枠組みにおいては、目標値が達成されれば、賃金の増加というかたちで報酬が与えられる。目標値も、ボーナスも罰金もない標準的な枠組みは、「信頼」の扱いと呼ばれる。なぜならば、依頼人は代理人が十分な生産を生み出すことによって対応すると信頼するときにのみ、正の賃金を申し出るからである。

著者たちは、以前の実験に基づいて、標準的なゲーム（すなわち、いかなるインセンティ

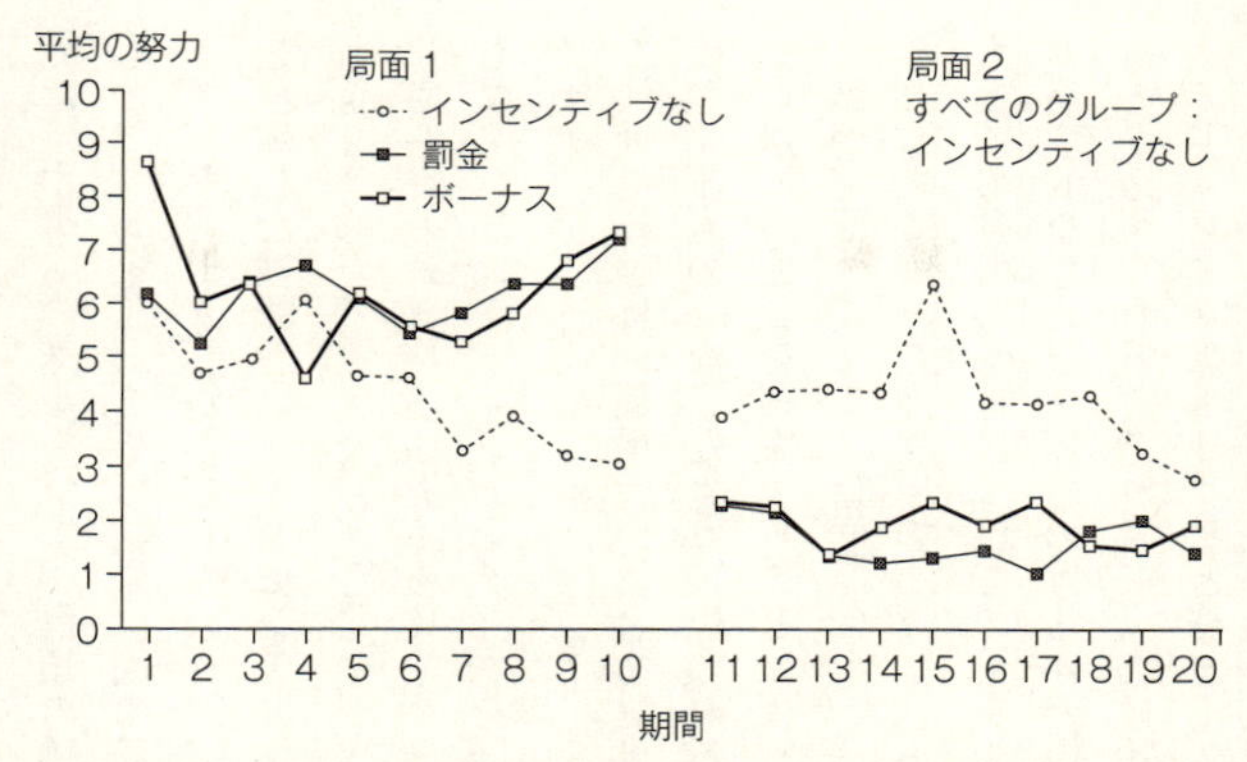

図5・2　インセンティブに関する過去の経験が「努力」に与える効果　局面2においては、3つのグループのいずれに対してもインセンティブは提供されない。局面1において（罰金やボーナスとして）インセンティブを経験した者は、顕著に低い努力を提供することになった。（Gaechter, Kessler, and Koenigstein 2011 によるデータ）

ブもない）においては、雇用者は実際に信頼し、労働者はこれに応じると考えられている。そして、図5・2の局面1のパネルにおける点線が示すように、彼らはそうしたのである。しかし、労働者の生産水準は次第に低下していった。対照的に、インセンティブがあるときには（罰金であっても、ボーナスであっても、細い線と太い線によって示されるように）、最初の局面の全期間にわたって十分な生産水準が維持されたのである。

しかし著者たちは、罰金やボーナスの扱いがあるもとで最初にゲームがプレイされたという経験が、被験者が、インセンティブが存在しないもとでどのように行動するかということに影響を与えるか否か、知ろうとした。したがって局面2

では、すべてのグループは、信頼の扱いのもとで、すなわちインセンティブが存在しないもとでプレイした。その結果は図の局面2のパネルである。インセンティブが存在しないもとで、最初の一〇期間にわたってボーナスか罰金の扱いを経験した被験者は、インセンティブの扱いがあるときよりも大きく下回る生産をした。局面1（再び点線）でインセンティブを経験しなかった被験者は、以前にインセンティブにさらされた被験者よりも多くを生産した。依頼人によって提案されたいかなる賃金に対しても、局面1でインセンティブを経験した労働者は、局面2でインセンティブが取り除かれたとき、十分に（そして統計的に有意に）低い水準の生産を提供した。インセンティブを伴った経験は、雇用者が賃金を提供するさいの信頼や寛大さに応じる被験者の動機を減少させるものとなったように思われる。被雇用者が完全に利己的であると信じる雇用者は、ゼロ水準の賃金を提案することによって彼の利得を最大化することを思いだそう。

私が、「なったように思われる」と言ったのは、この実験においては、われわれは被験者の動機について観察してはいないからである。明らかに、インセンティブの影響があるもとでの動機の学習についての最良の手がかりは、どのようにインセンティブがわれわれの倫理的な考え方を押しのけるかということについて行われたおそらく最初の実験であるものから得られる。それは二人の政治学者によって設計されたものである。ノーマン・フローリッヒとジョー・オッペンハイマーは、二つの条件のもとで五人公共財ゲームを実施した。標準的なゲーム（たとえば、すでに記述したファルキンガーの実験）に加えて、彼らはロールズの「無知のヴェール」の独創的な扱いを導入した。それは、個人の利己心を集団のすべてのメンバーの利益に同調させるもので、公共財ゲームによって通常構成される社会的ジレンマを除去しているものである。そのロールズ的扱いにおいては、五人のプレイヤーのそれぞれが、公共財にどの程度拠出するか選択するが、その後ランダムに選ばれたプレイヤーの利得を受け取った。それぞれのプレイヤーは、彼がどれだけ拠出しても、彼自身の利得か、あるいは他の四人のプレイヤーのいずれかの利得を受け取る等しい機会をもっていた。囚人のジレンマのような通常のゲームにおいては、個々のプレイヤーは何も拠出せずに、その利得を最大化する。しかし、ロールズの扱いにおいては、個々のプレイヤーのできる最良のことは、五人のプレイヤーの平均利得を最大化する量で拠出することである。なぜなら、そうすることは、各プレイヤーの期待利得を最大化することになるからである。プレイヤーたちにとっては、このことが最大に拠出することを要求することを見つけ出すのには困難はなかった。

一〇の集団は、これらの扱い（通常の公共財ゲームとロールズの「無知のヴェール」ゲーム）のいずれかをプレイする。彼らの半分は、彼らが（匿名で同時に）プレイする前に、プレイヤー間で短期間の討論を行った。それ以外の残りの集団には、いかなるコミュニケーションも許されなかった。そして、すべての集団が局面2に入り、そこではいかなるコミュニケーションも許されず、通常の公共財ゲームがプレイされた。

驚くに及ばないことであるが、局面1において、コミュニケーションが存在しないもとでは、「無知のヴェール」ゲームにおける被験者は、標準的ゲームにおける被験者よりも多くを拠出した。これも驚くに及ばないことだが、コミュニケーションが許されるときには、「無知のヴェール」ゲームにおいても標準的ゲームにおいても、拠出は有意により大きなものであった。

しかしながら、著者たちは、みなが標準的ゲームをプレイするとき、実験の局面2においっそう興味をもっていた。彼らは、「無知のヴェール」ゲームが被験者を他者に対してより寛大に行為させるかどうか知りたいと思った。それらの研究者が理由づけたところでは、無知のヴェールのもとでプレイした者は、公正で社会的に最適な結果（すなわち完全な拠出）を認識し、彼らが通常のゲームをプレイするようになるときに、公正を考慮することによって、他のプレイヤーよりも、より動機づけられているだろう。

しかし、これが起こったことのすべてではない［★19］。局面1でコミュニケーションをもたなかった集団においては、「無知のヴェール」ゲームをプレイした者と標準的ゲームをプレイした者との間で、局面2における貢献に相違は存在しない。しかし、局面1の期間の間でコミュニケーションをもった者の間では、局面2において、標準的ゲームをプレイした者は、「無知のヴェール」ゲームをプレイした者の二倍の拠出をしたのである。

利己心がすべての集団メンバーにとって最良のものを導く良い導き手であるゲーム（「無知のヴェール」の方法）をプレイした経験によって、明らかに人々は、局面2において、彼らが実際の社会的ジレンマに直面し、互いにコミュニケーションを行うことが許されたとき、公正の議論にさほど関わることができないか、反応することができないものとなるのである。このことは、なぜ局面1におけるコミュニケーションの効果が無知のヴェール・ゲームをプレイした者の間でよりも標準的ゲームにおけるほうがより大きいのか説明するだろう。実際、コミュニケーションをもった標準的ゲームをプレイした者は、コミュニケーションをもった無知のヴェール・ゲームをプレイした者よりも多少（しかし統計的に有意に）多く拠出したのである。おそらく、特に実際にそのプレイによって倫理的ジレンマ（標準的ゲーム）が生じたプレイヤーたちは、無知のヴェールによってそのジレンマから免れたプレイヤーよりも多くのコミュニケーションをもった。

検証が行われたとき、無知のヴェールのもとでプレイした被験者は、彼らが公正にプレイしていると認識していた。しかし、局面2において、彼らが標準的ゲームをプレイしたときには、公正に関する彼らの自己申告は、彼らがどの程度拠出したかということと相関をもっていなかった（明らかに、何ら効果をもっていなかった）。無知のヴェールの効果は、公正な心性に基づく感情を排除することではなく、それを脇におくことだということは注意する必要がある。すなわち、より強い公正の心性をもった者は、公正に対して無関心な者よりいっそう拠出することはなかったという意味でそうなのである。

対照的に、局面1において標準的ゲームをプレイした者は、彼らは公正でなくプレイしたと自己申告した。しかし、局面2においては、公正を考慮することは、より多くの量を拠出することを強く予想するものとなった。

公共財ゲームに対するファルキンガーのインセンティブ・システムのようなロールズの扱いは、経済学者がインセンティブ両立的なメカニズムと呼ぶものであり、そのメカニズムによって与えられるインセンティブと制約の集合のもとで、利己的な諸個人は社会的に望ましい結果を生み出すのである。そのようなメカニズムのいずれにおいても、ロールズの無知のヴェールの扱いと同様に、価格が道徳の役割を果たすのである。すなわち、各プレイヤーが直面する物的インセンティブによって、彼らは社会的最適を実現するのである。ここで著者たちは、その結果を次のように説明している。「（ロールズの）メカニズムあるいはいかなる他のインセンティブ両立的な仕組みも、倫理的考慮に頼る必要に取って代わる。……しかし、倫理的に動機づけられたプレイヤーも利己心によって動機づけられたプレイヤーも最良の戦略について合意することができる。……その結果として、（ロールズの扱いを経験した）プレイヤーは、続いて倫理的な決定をしなければならなかったとき、倫理的問題に直面する実践を行ってきたプレイヤーよりも倫理的要素をいっそう軽視する傾向があるのである」［★20］。

道徳的理由づけの衰退に関するこの「使用するか、さもなければ失うか」という解釈は、経済学者の間での共通の見方からするとまったく奇異なものである。経済学者の見方は、理想的な競争的市場や実験における無知のヴェールの扱いのようなインセンティブ両立的なメカニズムは、まさに尊重されるべきものであり、なぜならば、それらは「利他的動機という希少資源」を節約するのであり、そうでなければ、それは使い果たされるかもしれない［★21］。

倫理的動機づけが、たんに節約すべき資源であるだけでなく、不使用を通して減少させうる資源であるということを考慮すると、われわれは資本主義の文化的帰結に関するマルクスの陰鬱な予言に立ち戻ることになる。完備契約を伴った競争的市場における財に対する自己考慮的個人の間の競争は、ロールズの無知のヴェールと同様な属性をもったインセンティブ両立的メカニズムとして広く賞賛されている。このことが、果物販売者の条件に対するブキャナンの無差別性と競争的市場の結果を評価するのに道徳は何の役割も演じないとするゴーティエの主張との両者の背後に存在する理由づけである。もし、フローリッヒとオッペンハイマーが、そのような枠組みにおいて市民たちが「彼らの倫理の筋肉をはたらかせる」［★22］ことをしなければならないものではないという点で正しいならば、人は、資本主義の成熟化が「一般的な汚職と普遍的な金銭第一主義の時代」であるというマルクスの予想が、なぜ間違いとなるのかと思うだろう。

実験の証拠が示唆するところでは、倫理的なクラウディングアウト効果は十分大きなものとなりうるのであり、われわれの経済的実験の教訓は、ときとして長期にわたって持続するものであり、人間生活の他の領域に一般化される傾向にある。この知識は、私が最初に示した難題を解くのにさほど役に立たない。

私の研究は驚くべき旋回をし、それは難題をさらに深めるのみであった。人類学者や経済学者の集団とともに、私は市場が大きな役割を果たす諸社会が、上記の理由づけから予想されるように、社会的選好の不足に悩むかどうか検討することから始めた。

市場と公正な心性

広範囲な経済的および政治的システムをもった人々に関する三つの大規模な文化横断的な行動実験研究は、個人の協力性、公正な心性、その他の社会的選好に関する行動的な尺度をわれわれに与えてきた。これまでに説明してきた第三者懲罰ゲーム、独裁者ゲーム、信頼ゲーム、最後通牒ゲームに加えて、懲罰を伴う公共財ゲーム（以下説明する）は、寛大さ、すなわち個人的な利益を犠牲にしても社会規範を守ろうとし、公共財にいつでも貢献することとの行動論的尺度を与える。これらの研究は、これらの行動が、度合いはさまざまであるが、市場に基づく社会において活発になることを示している。

一五の孤立した小規模社会（第4章で説明した研究の一五の社会と同じではない）における

被験者集団によってプレイされる最後通牒ゲームから、最も驚くべき結果がもたらされる[★23]。このゲームにおいては、一人のプレイヤーが実験者によって提供される総量の一部分を提案し、応答者はその提案を受け入れるか、あるいは拒否する。拒否する場合には、どちらのプレイヤーも何も手に入れられない。応答者も自己考慮的であると考える完全に自己考慮的な提案者は、いかなる正の量の提案も拒否されないと予想するので、最も少ない量を提案する。この利己心の仮定からの予想は、何十の国の何百もの実験においては、わずかにしか観察されてこなかった。われわれの実験も例外ではない。大部分の提案者は、応答者にかなりの量を提案している。少量の提案は、頻繁に拒否されるのである。

狩猟採集民、牧畜民、低技術の農民(園芸家)に関する私の研究においては、平均より多く市場にさらされる集団は、提案者としてより寛大な提案をし、応答者としては、より少量の提案を拒否しようとした。すなわち、それは彼らがパイのとても不平等な分配を受け入れるよりも何も受け取らないようにしたのである。あまり市場にさらされていない二つの集団、タンザニアのハッザの狩猟採集集団とアマゾンのキチュアは、それぞれパイの四分の一と三分の一を提案した。これに対して、きわめて市場に統合されているインドネシア・ラマレラの鯨漁師の集団は、応答者に平均でパイの半分より少し多くを提案した。すべての集団を考慮すると、市場へさらされることの尺度における標準偏差は、最後通牒ゲームの提案の平均値の標準偏差のおよそ半分と関連していた。

これらは、人類学者と経済学以外の社会科学者の間で、驚くほどの発見であった。彼らの多くは、市場が人々を利己的にすると考えているからである。驚くべきことではないが、『ウォール・ストリート・ジャーナル』は、このことを別のかたちで理解した。二〇〇二年一月二四日のわれわれの結果に関する一面記事で、「市場の市民化効果（The Civilizing Effect of the Market）」という見出しをつけたのである。私は、友人たちからの興奮した電話に答えるのにそれから二日間を費やした。

このプロジェクトの第二の局面（そこには私は加わっていない）は、主として、アフリカ、オセアニア、南アメリカの田舎の人々について研究した［★24］（これはアクラでの第三者懲罰ゲームにおける宗教のクラウディングアウトに関する証拠を生み出すプロジェクトだった）。改善されたデータと技法を用いて、最後通牒ゲームの提案と市場にさらされる度合いとの正の相関関係が再び出現した（およそ同様の程度で）。そして、その著者たちは、独裁者・第三者懲罰ゲームにおける提案に対する市場の同様の正の相関を発見した。

このような結果は、前章において紹介した実験の結果と不整合なわけではない。アクラの労働者にとっては、金銭的インセンティブは、明らかに宗教の重要性を減少させ、寛大でない行動を結果するが、彼らは、この研究では最も市場にさらされており（たとえば、すべての食料を、狩猟、採集、物々交換からではなく、市場で購入している）、独裁者・最後通牒ゲームにおいて、一五の被験者集団の平均よりかなり高い水準を提案したのである。

そのプロジェクトの第一段階とは異なり、第二段階では、市場に基づくリベラルな社会、すなわちアメリカ合衆国を、ミズーリの田舎の人々によって代表させた。われわれは、最低限（のパイの部分）の提案によって最後通牒ゲームにおけるミズーリの人々の公正な心性について測定することができる。それは、提案者が提案するなら受け入れられる水準であり、ゲームの最初において実験者に報告される。「受け入れ可能な最低水準の提案（minimum acceptable offer）」＝MAOは、被験者が不公正な提案を受け入れないために、受け入れを見合わせようとする最大の水準と理解することができる。したがってMAOは、被験者の公正のために「支払おうとする」量を一度に把握することができ、そしてそれは、被験者が拒否を発動しないに十分なほど公正だと考えるパイの最も利益の少ない分量である。

きわめて市場にさらされているミズーリの人々のMAOは、一五の被験者集団の中で三番目に高かった。被験者の年齢、性、学歴、平均所得をコントロールしても、ミズーリの人々の最低水準の受け入れ可能な提案は、他の集団の平均の二・六倍であった。独裁者ゲームにおいては、ミズーリの人々は事実上パイの半分を提案し、少なくともこの尺度では、すべての人々の間で最も平等主義的であった。ミズーリの田舎の人々は共和党に投票する傾向があるが、この実験的証拠からは、ミズーリの人々は、ハッザの狩猟採集の人々よりも不平等に対してより敏感なのである。彼らの食料共有の実践や政治的ヒエラルキーの欠如は、直感的にはジェームス・ウッドバーンの古典的論文「平等主義的社会」[★25]を想起させるけれども、そうである。ハッザの被験者たちは、独裁者ゲームにおいて、平均でパイの四分の一を提案し、最後通牒ゲームにおける彼らのMAOは、ミズーリの人々の半分より小さかったのである。

協力と懲罰における文化的差異

田舎の共和党員で市場に強くさらされているミズーリの人々が、他の誰よりも平等主義的な生活を営む採食民の例として挙げられる集団よりも、最後通牒ゲームにおいて、より公正に向かって方向づけられているのはなぜなのかについて説明をもっていたなら、それはわれわれの難題に取り組む助けとなっただろう。助けとなる証拠は、被験者(また、偶然にも一五の)の通常とはかけ離れたほど多様な集団——リベラルな社会(アメリカ合衆国、イギリス、スイス、ドイツ、デンマーク、オーストラリア)からの集団を含む——を伴った実験から結果するものである。他の集団は、トルコ、ロシア、サウジアラビア、中国、オマーン、韓国からのものである。これに加えて、この研究はわれわれが初めに示したパズルを解くのに助けとなる考えを提供している。しかしながら、被験者集団間での文化的差異は、いくぶん希薄化している。なぜならば、他の異文化横断的な研究における遊牧民、狩猟採集民、農民とは異なり、ここでの被験者は大学生であり、彼らは同様の人生経験にさらされることがない人々よりも、世界中でいっそう文化的に類似しているかもしれない[★26]。これらの場所において、(同様の実験者によって)実施された実験は、懲罰を伴った公共財ゲームである。

これは公共財ゲームの、以前の章で紹介されたnプレイヤー囚人のジレンマの修正である。プレイヤーはそれぞれ、実験者によって手持ちの賦存量を与えられ、共通の壺(公共財)にいくらかか、すべてか、ゼロかを貢献するか、という機会を匿名で与えられる。すべての拠出がなされた後に、壺の中の量が二倍になり(あるいは、いくらかの実験においては三倍になり)、それがそれぞれのプレイヤーの拠出に関わりなく、各プレイヤーに等しく分配される。このゲームに属する大多数のゲームにおいては、集団の規模と総量に掛けられる倍率要因(すなわち、壺の中の量を二倍にしたり三倍にしたりする)は、各プレイヤーが、他のプレイヤーが何をするかに関わりなく、何も拠出しないことによってその利得を最大化するように設定される。しかし、もしすべてのプレイヤーがその賦存量のすべてを拠出したならば、グループ全体にとっての利得の総量は最大となる。

たとえば、もし集団に五人のメンバーがいて、倍率要因が二ならば(壺の中の量は、被験者に分配される前に、実験者によって二倍にされている)、その公共の壺に一を拠出することによって、分配される壺の中の量は二倍になり、各人はその五分の一を手に入れることになるのである。したがって、一を提供することによって、結果的に、最初の壺の中の量の五分の二に利得を増やすことができるのである。もし、プレイヤーが自己利得を最大化する者ならば、その一を手放すことは正当化されえない。しかし、もしすべてのプレイヤーが一を拠出するならば、各々は二を受け取ることになるのである。

そのゲームの懲罰を考慮して修正することは、次のようなものとなる。すべてのプレイヤーが彼らの配分を行った後に、各プレイヤーは、他のプレイヤーの拠出についての情報を与えられる（そのさい、各プレイヤーの個別確認はできず、ただID番号が実験者にのみ知られるだけである）。そして、各プレイヤーは、その集団の他のいずれかのメンバーの利得を減少させるために、自分自身の利得を犠牲にする機会が与えられる。これは、「懲罰オプション」であるが、この行為を倫理的に動機づけられているものとしての枠組みに押し込めることを避けるために、もちろんこのような用語でこれを記述することはしない。

この手続きは、ゲームの各期間（しばしば一〇期間）において行われる。他のプレイヤーに対して寛大であれという規範を犯したプレイヤーに懲罰を与えるというオプションが存在することで、懲罰を伴う公共財ゲームは、アクラにおいてプレイされた第三者懲罰ゲームと同様のものとなるのである。しかしながら、第三者懲罰ゲームでは、懲罰者は第三者であり、その利得が、懲罰が与えられると予想される者の行動によって直接的な影響を受ける者ではないのである。

このゲームは、社会的選好によって動機づけられた三人の行為者に関する情報を提供している。社会的選好とは、公共財に喜んで拠出しようとすること（公共的寛大さ）、拠出をしない（社会規範を尊重しない）者に、自ら犠牲を払って懲罰を与えること、また他者による懲罰に積極的に応答する（社会規範を犯したことに恥を感じる）ことである。これらの三つの性質すべてが存在するもとでは、公共財への拠出は十分なものとなるのである。

この実験がプレイされた結果が図5・3に要約されている。その研究の記述者による被験者集団のグルーピング（いくぶん恣意的ではあるが）は、その実験的プレイにおいて十分な文化的差異が明白であることを強く示すものである。六つのパネルの各々において、点線の（大部分が下落の傾向を示している）最も左の集合は、ゲームの最初の一〇期間における平均的な拠出を示している。その一〇期間においては、いかなる懲罰の選択肢も存在していない。各パネルの右にある点線は、懲罰の選択肢が導入されたときの平均的な拠出を記録している。

予想されるように、被験者集団の間でのゲームのプレイにおける文化的差異は、有意なものである。しかし、それらすべてにおいて（公共財ゲームを伴った他の実験において共通するように）、被験者は第一期目に十分な量の拠出をした［★27］。しかし、懲罰の選択肢がないもとでは、協力はすぐに解体してしまったのである。懲罰の選択肢が利用可能なときには、それは特に初めの数期間に広く使用され、その結果として拠出は一五の被験者の集団すべてにおいて、十分高い水準にとどまった。懲罰を伴った扱いにおいては、最も高い

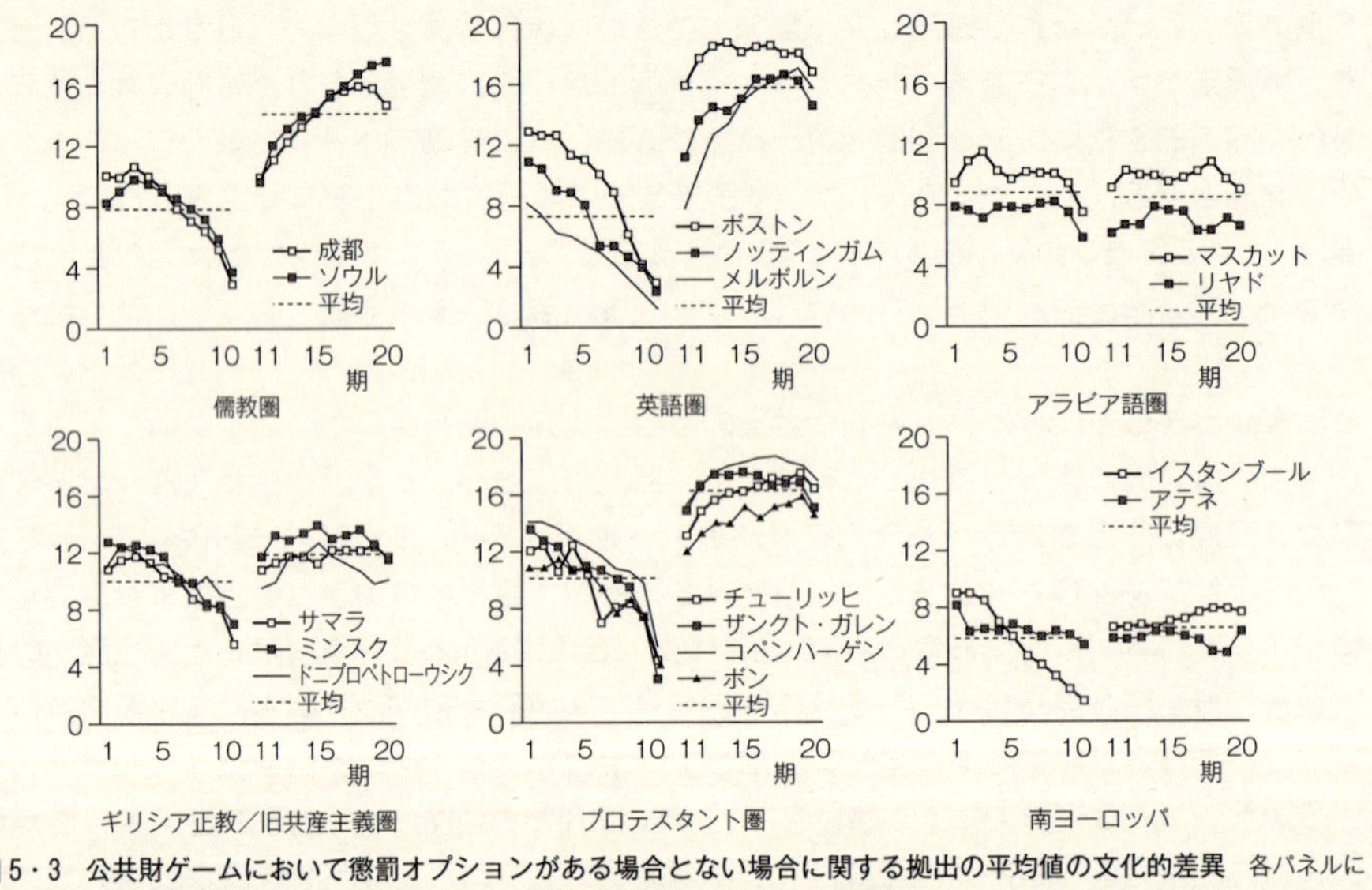

図5・3　公共財ゲームにおいて懲罰オプションがある場合とない場合に関する拠出の平均値の文化的差異　各パネルにおいて、左側の観察値は懲罰がない場合であり、右側の観察値は同じゲームで懲罰オプションがある場合である。（データはGaechter, Herrmann, and Thoni, 2010からのものであり、文化のカテゴリーはその出所からのものである）

拠出を行った被験者集団は、（上から順番に）ボストン、コペンハーゲン、ザンクト・ガレン（スイス）、チューリッヒ、ノッティンガムであり、最も低い拠出は、アテネ、リヤド、マスカット（オマーン）、ドニプロペトローウシク（ウクライナ）、サマラ（ロシア）であった。

被験者集団の平均的な拠出水準は、法の支配（これら二つの尺度の相関係数は、$\gamma = 0.53$）、民主主義（$\gamma = 0.54$）、個人主義（$\gamma = 0.58$）、社会的平等（$\gamma = 0.65$）といった尺度との間で正の相関をもっていた（それらは、実験が行われた集団に対するものである）。また、予想されるように、信頼に関する調査尺度との間に正の相関（$\gamma = 0.38$）があることが発見された。［★28］

たしかに公共財に対する自発的な拠出は、マルクスが市場経済において無効となると考えた市民的徳の適切な尺度である。同様のことは、最後通牒ゲームにおけるケチな提案の拒絶においても正しいものとなる。なぜならば、人々が公正という社会規範を犯した者を罰するために、彼ら自身の物的な利得を犠牲にすることを示しているからである。これらの行動が、市場の大規模な相互作用をもっている国々においていっそう強く現れるということは難題である。なぜこのような各国横断的な相関が起こるのか、その理由を理解することや、市場に基づく経済が、「普遍的な金銭第一主義」を必然的に促進するという考えに関してさらなる疑問を投げかけるものである。

リベラルな社会と他の社会における持続的な社会秩序

協力する被験者集団とただ乗りする被験者集団の相違、すなわち一方でボストンとチューリッヒの集団、他方でアテネとマスカットの集団の間の相違は、懲罰の使用と懲罰を受けたときの反応にある。懲罰という選択肢がない実験においては、サマラ、ドニプロペトローウシク、マスカットの被験者は、ボストン、ノッティンガム、チューリッヒの被験者よりいっそう拠出するものだった。これらの被験者集団が、懲罰があるゲームにおいてはさほど拠出しなかった理由は、十分な量の懲罰が、怠け者に対してだけでなく、高い拠出を行った者に対してもなされたからである。これは、このゲームの早い段階で行われる懲罰に対する被験者による報復において行われたかもしれない。そのさい被験者は、(正しく)最も高い拠出を行った者は、懲罰の大部分を行っていると信じていたのである(図5・4)。著者たちは、このような実践——被験者と同じか、より多くを貢献した者の懲罰——を「反社会的懲罰」と呼んでいる。他の実験も同様なパタンを発見してきた。

反社会的懲罰の度合いは、前述の社会性の尺度に有意な負の相関をもっている。すなわち、法の支配(r = −0.53)、民主主義(r = −0.59)、個人主義(r = −0.63)、社会的平等性(r = −0.72)である。高水準の拠出を行う五つの被験者集団(ボストン、コペンハーゲン、ザンクト・ガレン、チューリッヒ、ノッティンガム)においては、それに続く時期において、懲

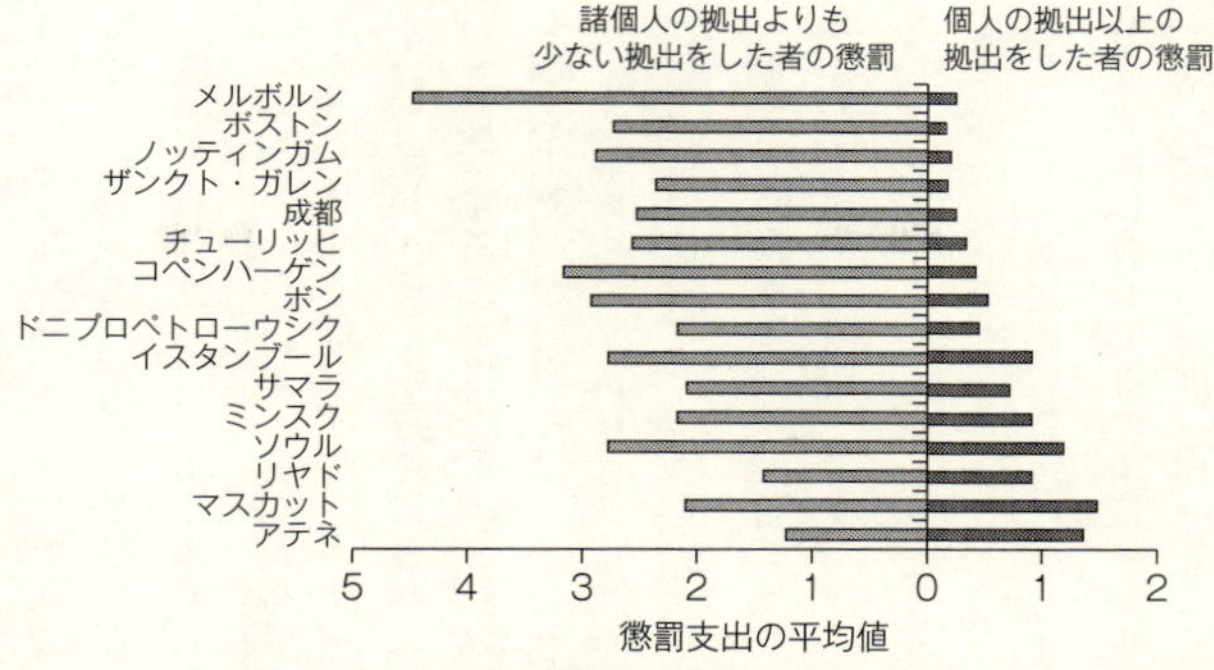

図5・4　公共財ゲームにおける反社会的懲罰　0の右側は懲罰者以上の貢献をした者に科される懲罰（反社会的懲罰）（Herrmann, Thoni, amd Gaechter 2008b によるデータ）

罰を受けた怠け者はその拠出が顕著に増加することによって反応したのである。五つの最も低い貢献水準の集団（アテネ、リヤド、マスカット、ドニプロペトローウシク、サマラ）の一つにおいてしか、怠け者は懲罰に積極的に反応しなかった。他の四つの集団においては、彼らの反応は、有意にゼロと異なることはなかったのである。

懲罰のこのような異なった使用と懲罰を受けた者の反応について妥当と思われる説明は、懲罰が正当性をもっているとみなされ、懲罰の対象となる者が広く受け入れられている規範を犯しているというシグナルを懲罰が運んでいるときにのみ、懲罰は有効性をもつ、というものである。ボストンやコペンハーゲンでは、完全に見知らぬ者によるものであってさえも、ただ乗りへの懲罰は正当化され、怒りではなく恥を与えるものであり、マスカットやサマラでは、これらが異なるかたちで見られるということが明らかとなる。

懲罰の有効性に対する正当性の効果に関するアルチャン・エルタン、タルボット・ペイジ、ルイ・パターマンによる実験的検証の結果は、この解釈と整合的である。公共財ゲームをプレイする前に、ロードアイランド州における被験者の各集団が、熟慮するように招かれ、監視・懲罰が許されるべきか、またそれが何らかのかたちで制約されるべきかについて投票することになる。これは、より一般的な懲罰を伴った公共財ゲームにおけるとても個人主義的な設定とは、かなり異なるものである。一般的な懲罰を伴った公共財ゲームにおいては、懲罰の決定は、個人的に、かつ同時になされるのである。しかし、エルタンたちによって採用された実験の方式の斬新なコミュニケーション的観点は、協力と規範の強制履行に関する現実世界の実践に適合するものである。民族誌学や他の研究によって明らかなように、説得、ゴシップ、冷やかしは、社会規範を維持するのに重要な役割をもっているのである。犯罪に対する懲罰は、個人的な行為のみで達成されることは稀である[★29]。

ここで、実験者が発見したのは次のことである。「高水準の拠出を行った者への懲罰を許す集団は存在しなかった。結果的に、大部分の集団は低水準の拠出を行った者への懲罰を許した。その結果としてもたらされたのは、高水準の拠出と高い効率性の水準であった」[★30]。明らかに、懲罰システムの大多数で見られる決定は、怠け者に対する懲罰をインセンティブとしてだけでなく、集団規範のシグナルとして用いたのである。

この結果は、リベラルな社会と他の社会からの被験者の集団に関して、実験における監視・懲罰によって対照的な水準の協力が維持されていることに対する説明を示唆している。人類学者が「血族で分断された」社会と呼ぶ社会の構造を考えてみよう。血族は最も基本的な社会単位であり、(たぶん離れた)共通の祖先を共有している諸家族から成り立っている。このような社会においては、家族は欠乏があるときには援助をすすんで提供することによってリスクを軽減する。リスクに対する共同の対応と再分配に加えて、血縁関係は、そのメンバーに対して道徳的な教育と行動に責任をもっており、メンバーやメンバーでない者へのいかなる犯罪の矯正に対しても責任をもっている。それは、それが許されるならば、罰や課徴を含んでいる[★31]。メンバーの不適切な行動に対するメンバーでない者による懲罰は、それ自体として矯正を必要とする犯罪か、あるいは報復を招くものとして考えられるかもしれない。アーネスト・ゲルナーが「相互に信頼される親族同士のシステム」として牧畜の民を記述したのは、一例である。これらの血縁関係は、「強く、自己監視的で、自己防衛的で、政治参加が行われる集団である……。彼らは、攻撃を加えるいかなる集団に対しても、無差別の報復を行うという手段によって、彼ら自身を守っている。……したがって、彼らはまた、自らと彼らのメンバーを監視する。というのは、彼らは報復を行うことを好まないからである」［★32］。

対照的に、リベラルな諸社会においては、道徳的な教育と秩序の維持は、相互に関連をもたない諸個人を慣行に従って信頼するものであって、少なくとも初めは、彼らが教えたり、監視したり、あるいは判決を下したりする者を知らない。血縁によって分断された諸社会の道徳規範とは反対に、これらの教師、警察、裁判官の正当性は、彼らの匿名性と彼らが相互作用を行う者と関係をもっていないことに基づいている。この正当性は、制服、学位、（少なくとも理想的には）公正な競争の過程を通して獲得される公的な職位によって強化されるのであって、縁故によるものではない。

このことは、公共財ゲームにおいて懲罰を受けるときに、ドニプロペトローウシクの被験者が実際に彼らの拠出を減らす（ただし、顕著な量ではない）のに対して、平均以下の拠出をするボストンの被験者がなぜ彼らの拠出を十分に増やすかを説明している。両方の場合において、より多くの拠出に対するインセンティブは、疑いもなく明白なものであるが、インセンティブによって与えられるメッセージは異なっているだろう。ボストンの被験者は、罰金を同朋市民によって是認されなかった証として理解するのに対して、ドニプロペトローウシクの被験者は、それを侮辱として受け取るのである。

私の仮説は、リベラルな社会と血縁関係に基礎をおいた社会において秩序が維持される異なった仕方は、実験によって観察された異文化間の差異の説明の一部をなすというものである。しかし、それは実証的に検証されなければならないが、もしそれが生み出されるならば、それは、市場の文化的帰結についてではなく、むしろリベラルな市民文化にとって決定的に重要なものであるリベラル政治的な、法律的な、その他の非市場的な諸制度について直接に注目を喚起するものとなるのである。これは、リベラルな諸社会の市民文化の通常の説明とは異なっている。その通常の説明は、穏やかな商業（doux commerce）という仮説であり、それは交換過程それ自体を信頼するものである。

穏やかな商業とは？

ヴォルテールは、イギリスに住んでいたとき（一七二六年から一七二九年）、ロンドンの株式市場において、次のことに驚いた。「ユダヤ人、イスラム教徒、キリスト教徒が互いに取引を行っている。それは、彼らが同じ宗教をもち、倒産した者のみに異教者の名を与えているかのようである。……長老教会派の者は、再洗礼派の者を信頼し、国教会派の者はクエーカー教徒を本気で信じている」。そして、「この平和で自由な隊列を去ってから、ある者はユダヤ教会に行き、……他の者は彼らの教会にもどり、……また他の者は酒場に行く。……みなが幸せである」［★33］。たぶん彼は「市場の市民化効果」を観察していたのであり、それは、『ウォール・ストリート・ジャーナル』が、われわれの実験の助けを借りつつ賞賛したものである。

われわれの研究において、より市場にさらされた社会で、なぜ人々がゲームにおいていっそう寛大な提案を行うのか、その理由を理解することは、二つの情報を要求する。第一に、われわれが研究した集団の多くにおいて、見知らぬ者との相互作用は、しばしば危険をはらむが、規則的な市場交換が行われているところでは、このことはさほど妥当しない。なぜならば、市場において出会う見知らぬ者の何人かは、双方に対して利得の機会を提供しているからである。第二に、われわれの実験の被験者は、匿名でプレイを行う。それは、見知らぬ者に対して適切な仕方でプレイする手がかりを与えるかもしれない。より市場志向的な社会において見られるいっそう寛大で公正な心性をもった実験での行動は、人々が見知らぬ者と公正な取引をすることがしばしば利益を生むということを彼らが市場経験から学習することによるのである。たぶん、ヴォルテールに強い印象を与えたロンドン株式市場のメンバーは、同様なことを学習していたのである。

市場社会によって示されている市民的価値に対するこのような可能な説明は、ヴォルテールやモンテスキューのような穏やかな商業の中心的仮説に対して何らかの意味をもつものである。アダム・スミスは、なぜ市場が堅固な市民文化を醸成するのかということを説明する因果的メカニズムを提供することにいっそう積極的である。彼は、商人の誠実さと外交官の信頼できない性質とを対比している。「人が一日にたぶん二〇もの契約を結ぶとき、彼は彼の隣人に負担をかけることによっては多くを得ることがないのである。なぜなら、明らかな騙しを行うならば、彼は多くを失うことになるからである。人々はめったに互いに取引を行わないときには、彼らはときおり騙しの行為にさらされる。なぜならば、彼らの性格が傷つけられることによって失うよりも、スマートな杖によって多くを得ることができるからである」[★34]。

スミスは、ゲーム理論的モデルにおける規模の大きな集合での評判に基づくモデルを記述しているのである。そこでは、契約が不完備であるか、あるいは約束の強制履行が不可能である場合には、知られた諸個人と頻繁に繰り返される交換は、機会主義的行動に対する報復を許す。懲罰が利用可能であることによって、それがなければ自己考慮的である個人を、その取引相手に対して正直であり勤勉であるといった規範をもつようにさせるインセンティブを提供するのである。それゆえ、そうでなければ、その相互の利益が不正行為によって減少することを余儀なくされる交換を監視することとなるのである[★35]。

もしスミスが正しいならば、長期にわたって交換が繰り返し行われるかぎられた数のメンバーからなる市場は、正直な取引を促進するかもしれない。そして、まさにコーンが権威と自立について得られる教訓が子育ての価値や他の領域に一般化されることを示したように、市場と結びついた社会規範は、より一般的に普及するようになるかもしれない。たぶんこのことが、人類学者が奇異なゲームをプレイし、テーブルに実際に貨幣を置くとき、なぜ、より市場にさらされた集団からの被験者が、公正についてより考慮し、他の集団と比較し、彼らの取引相手に対してより寛大であるのかを説明する。すべてが互いに既知の多くの個人との繰り返される相互作用が、正直な取引を促進するかもしれないというスミスの主張は有意義である。しかし、このことは、なぜ市場が、家族、国家、規則的に協働関係をもつ人々のチームのような諸制度よりも、この動態に対するいっそう好ましい枠組みを提供することになるのか、説明しはしない。これら他の枠組みにおいては、人が相互作用を行う人々の数は、多く市場におけるよりも少なく、相互作用の繰り返しもより頻繁である。したがって、スミスの理由づけは、市場の外部においてこそ、より大きな力をもって適用すべきものなのである。次章で、私はスミスの正直な商人に立ち戻る。ここでは、私はただ次のように言いたい。私は、穏やかな商業に関するスミスのような説明（あるいはその何らかの変種）は、きわめて市場志向的な社会の多くにおける市民的心性をもった市民を適切に説明しているとは考えていない。その代わりに、その説明はリベラルな社会秩序の非市場的な側面とすべて何らかに関わっていると考えている。

リベラルな市民文化

市場が主要な役割を演じている社会における堅固な市民文化に関する課題について、ここで私は解決案を提起することにしよう。まず最初に、私はその理由づけを説明し（私のウーゴ・パガノとの共同作業と彼のマッシモ・ダントニとの共同作業を拡張することによって)、そしていくつかの証拠を示すことにしたい[★36]。

リベラルな国家は、機会主義と不正行為を排除する情報も強制的な手段ももっていない。しかし、リベラルな国家は、個人的な傷害、財産の損失、その他の惨禍といった最悪のケースからもたらされる結果から市民を守ることができ、実際に守っているのである。ノルベルト・エリアスが書いているように、その結果として生じるのは、「ある人が他の人に対して与える脅威が、とても厳しく規制されている」という事実に基づく「市民化の過程(civilizing process)」なのである。すなわち、結果として、「毎日の生活は、幸運の突然の反転から免れるようになり、身体的暴力は兵舎に限定されることになるのである」[★37]。惨禍がこのように希薄化されることは、法の支配、そして激変的損失に直面したとき人々に退出の選択肢を許す職業的移動性、より最近では社会保険を通して達成される。

リスクを低減することによって、リベラルな社会のこのような側面は、血統や他の伝統的アイデンティティの支えとなっている家族的、家父長的絆といった種類のものに対する代替物となる。これらの絆は次第に重要ではなくなるので、追求され堅持されるものでは次第になくなるのである。その結果、普遍的規範の進化に対して好ましい文化的環境が形成されることになる。さらに、最悪のケースがもたらす結果に対する事実上の保険は、彼らがその社会的選好に基づいて行為を自由に行うことを可能にする。それは、寛大さや協力といった倫理的規範に同調する人々が、もっぱら利己心をもった仲間の市民から搾取されることがないことを保証することによって達成されるのである。

リベラルな社会のこのリスク削減的効果は、社会的相互作用が行われる仕方全体に影響を与える。私は、それが市場交換における信頼をどのように高めるかということを示すことによって、このことを説明したい（この主張のゲーム理論的モデルは、補遺4に示されている）。多くの人々が交換において、一対一で互いに出会い、そこで機会主義的に行動するか（たとえば、他者の財を盗もうとすることによって）、あるいは相互的な利益のために財を交易するか、いずれかの行動を行う、そのような人々によって構成されている集団を考えよう。これらの戦略を、「裏切り」と「協力」と呼ぶことにしよう。裏切り者は、協力者の財を横取りするが、彼の行動によって懲罰を受けるリスクを負う。この場合、既知の協力者と組んで協力することが最適反応となる。裏切りは、つねに裏切り者に対する最適反応である。なぜなら、裏切り者は、無防備な協力者を完全に搾取することができるからである。相互的な協力が総利得を最大化する（そして、双方の個人の利得を最大化する）ようになるとしても、見知らぬ者と組んだ取引主体は、その見知らぬ者が協力者であるという理にかなった保証がないので、裏切りを行うのである。

あなたが、見知らぬ潜在的な相手と直面した取引主体であると考えてみよう。あなたが協力を行うためには、どの程度あなたの交換相手が信頼にたる（すなわち、裏切ることをしない）かということについて、どの程度の確信をもてばよいのだろうか。この「他者を信頼するのに必要な最低限の確信の度合い」は、裏切り者に対してうっかり協力行為を行ったことが招くことになる結果に依存するだろう。もし裏切り者によって搾取されることが、不運な協力者としてのあなたに深刻な損失を与えるならば、あなたは彼が信用するにたるという十分な確信をもっているときにのみ協力するだろう。他方、もし純朴に協力を行うあなたに対して生じる最悪のことが、そんなにひどいものではないなら、あなたは見知らぬ人を信頼する機会をもっともっとうとするだろう。

法の支配やリベラルな国家の他の側面は、誤って裏切り者を信頼したことの結果を、さほど悲惨でないものにする。その結果として、法の支配は、あなたがパートナーを信頼する前に、彼について知っている必要水準を引き下げるのである。したがって、法の支配は、集団の中で、信頼する期待の拡大を促進し、信頼するという行動の範囲を拡大させる。ジョン・ロールズは、これと補完的な主張を展開している。「他の者がルールを守らないので、ルールを守るのが危険なとき」、「公共的諸制度」は、裏切り者に懲罰を与え、裏切り者の数を減少させ、協力者が裏切り者によって搾取される確率を減少させ、したがって、本来は協力者でありうる者がリスクを減少させる戦略として先行して裏切りを行う動機を最小限におさえるのである［★38］。

もちろん、市場はこの物語の一部を構成している。上記の例では、売り手と買い手の間の信頼関係に対する機会は、交換を通して双方が得られる利得の可能性なしには生じなかったであろう。見知らぬ者の間での信頼の進化を促進する市場と法の支配との相乗効果は、ロンドン株式市場における異なった宗教の人々の間の協力に関するヴォルテールの観察とわれわれの文化横断的実験の驚くべき結果を、ともに説明することだろう。今まさに記述したモデルの要約は、図5・5に示されている。

法の支配が社会的選好を支持する他の方法は、裏切り者による搾取から社会規範を守ろうとする者を防御することによってである。この防御効果は、法の支配のもとでは裏切り者の数が少ない（ロールズの主張）ためだけでなく、裏切り者は彼らの罪に対して懲罰が与えられるという知識が、本来ならば協力を選好する人々が先行的に裏切りを行うことを減らすからである。

この第二のクラウディングイン効果については、品田瑞穂と山岸俊男が北海道大学の学生たちに対して行った実験によって証拠が与えられている。公共財ゲームにおいて、（彼ら自身ではなく）他の者がもし十分に貢献しないときに懲罰を与えられることが確かなときには、彼らは協力を行うのである。それは、たとえその懲罰が、裏切りか協力かということに関する被験者の物的インセンティブには何の効果もないとしてもそうである［★39］。

被験者は、明らかに協力を行うことを望んでいたが、それ以上に裏切り者によって搾取されることを回避しようとしていたのである。アイリス・ボーネットたちは、この動機を

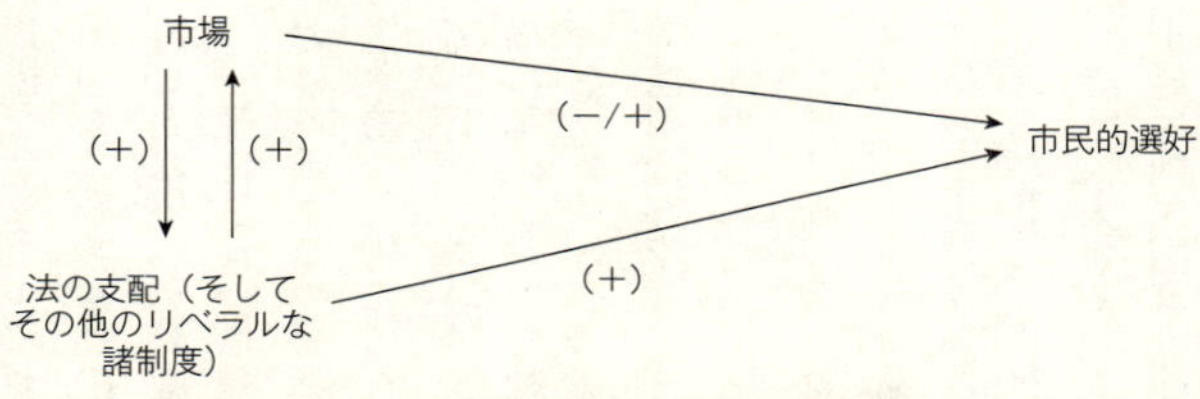

図5・5　市場、リベラリズム、市民的選好　矢印は因果的効果を示し、(+) と (−) はそれぞれ「強化」と「弱体化」を示している。市場から市民的選好への矢印に付けられた (+) は、（文化横断的実験によって示唆されているように）市場が見知らぬ人に対する協力的関係を増進するという穏やかな商業の力という主張を認めるものである。

「裏切りの回避」と呼んでいる〔★40〕。裏切り者が第三者によって懲罰を与えられるということの保証は、裏切り者が被験者を犠牲にして利得を得るだろうという被験者の心配を軽減する。現実の世界においても、同様の相乗効果が生じる。社会規範は、交通規制の監視を支援するが、目に余る違反に対する国家による制裁がないもとでは、社会規範はほころびるのである。これらや同様の相乗効果は、物的インセンティブと道徳的動機が、代替的でなく補完的であることを示すいくつかの実験を説明するだろう。物的インセンティブは、道徳的動機の表出を強化するのである。

それに加えて、法の支配の出現は、親族や特定の個人間の信頼から一般化された信頼への同時進行的変化を伴ってきたことがわかる。それは、山岸の「信頼の解放理論」と整合的である〔★41〕。グイド・タベリーニは、たとえば、一般化された（家族的なものではない）信頼は、リベラルな政治的諸制度の長い歴史をもった国々において積極的に存在していることを示した〔★42〕。ヨーロッパへの移民の大いった、政治参加の追求と子供たちや両親の世話や敬愛とが強く相反する関連があるということは、この観点と整合的である［★43］。

一般化された信頼が家族的あるいは家父長的規範に代替するということは、一一世紀における地中海の貿易システムの拡大の期間に作用していた。そこにおいて、いわゆる集団主義的な契約の履行強制の家族的、共同体的、その他の家父長的システムは、より普遍的な、国家に基礎をおいた個人主義的システムによって覆い隠された［★44］。それらが、市場に基礎をおいた社会が、社会規範の定義と適用において高水準の普遍主義を示す理由のいくつかである。

他の仕方でも、市場は「市民化の過程」を支えてきた。市場の拡大は、法の支配によって拘束された国民国家の出現に、しばしば貢献した。そして、もし私の主張が正しいならば、この動態は、一般化された信頼の進化を支援したのである。さらに加えれば、市場の拡大は、ゲルナーが族外社会化（exo-socialization）と名づけた見知らぬ者による学校教育の国民的システムを発展させることによって、より普遍的な社会規範の拡散を支援したのである［★45］。ゲルナーは、家父長的な伝統文化が、市場環境における見知らぬ者とのいっそう拡大する相互作用と整合的ないっそうの普遍的価値に取って代わられるときにのみ、市場は国民国家の範囲で分業を調整することができると記している。その結果もたらされる言語と文化の国民的標準化は、職業上の、そして地理的な移動性を促進し、個人に所得をもたらす資産を場所と職業的技能には規定されないものとしたのである。その結果は、リベラルな諸制度によって提供される他の文字通りおよび事実上の形態の保険を補完することである。

私は、市場に基づく多くの社会における活気ある市民文化に関する難題が、地理的および職業的な移動性、法の支配、そしてリベラルな社会の他の側面が、いかにして市民的徳を支えることによって、社会秩序を維持しているかということに注意を払うことによって解決されると示唆してきた。もし私が正しいならば、リベラルで民主的で、市場に基づく社会で人々が直面するインセンティブや制約は、実験においてはかなり共通に観察される社会的選好のクラウディングアウトではなく、むしろ一種のクラウディングインをもたらすのである。

この結果は、まさにアリストテレスの立法者が達成しようとしたことである。彼は、公衆の道徳性に関する配慮を脇におくことを許すような何らかのインセンティブ両立的なメカニズムをデザインしようとはしなかった。その代わりに、インセンティブと制約が、人々の倫理的・他者考慮的な気質に対して目的競合的なものとなるのではなく、むしろ相乗効果をもって作用することになるように公共政策を発展させることを希求したのである。

立法者は考えている。いくつかの経済学部を訪れて、それらがこの点でどのような助けを提供できるか確認する時が来たと。過去における経済学者からのいくつかの不快な拒絶を思いだしつつ、立法者は今暖かく迎えられることに驚くことだろう。

第6章　立法者のジレンマ

「自由主義の優位性が数学的に示された」。これは、『ル・フィガロ』の見出しであり、一九八四年にジェラール・ドブリューが、同紙のインタビューで実際に言ったことに多少装飾をほどこしたものである［★1］。ドブリューの主張の基礎となっているのは、厚生経済学の第一基本定理であり、それに対して彼は（ケネス・アローなどとともに）、三分の一世紀前に貢献したのである。しかし、われわれがこれから見るように、ドブリューたちの「見えざる手の定理」以降の経済理論の研究は、その数学が示したものについてまったく異なった結論を示唆している。

ドブリューの『フィガロ』インタビューの何年も後には、アリストテレスの立法者と経済学における彼の同僚たちとの間の刷新された議論は、十分に友好的なものとなっていた。リチャード・ティトマスの『贈与関係』（一九七一年）が出版されて以来、経済学者たちは、ティトマスの主張に、十分に説得されたとは言えないが、興味をそそられてきた。彼の主張は、明示的な経済的インセンティブに基づく政策は、それが人々に「市場的心性」をもたせ、そのような政策は社会的に利益をもたらす仕方で行為するように仕向ける既存の諸価値を損ねてしまうので、おそらく反生産的なものとなるというものである［★2］。

その本が出版されたとき、ティトマスに疑念をもつ二つの理由が存在していた。第一に、利他主義、公正観念、市民的義務といった社会的選好が個人の行動に重要な影響を与え、あるいは市場に基づく経済の機能に対して本質的な仕方で影響することを示す確固たる証拠はほとんどなかった。第二に、たとえこれらの社会的選好が行動に重要な影響を与えると考えられていたとしても、ティトマスの本は、明示的な経済的インセンティブが、社会的選好を掘り崩すという十分な証拠を示してはいなかった［★3］。

大部分の経済学者がティトマスの関心を共有しなかったもう一つ別の理由は、その後メカニズム・デザインの分野が急成長したことにある。この研究領域、すなわち厚生経済学と呼ばれた分野での初期のマーシャル＝ピグーの伝統の拡張が、環境税、訓練補助金、その他のインセンティブによって、市場の失敗に取り組んだからである。市場の失敗は、人々の調整されざる諸行為がパレート非効率な結果をもたらす状況であることを思いだそう。そして、このような結果は、既存の技術と資源を所与とすると、それに対して技術的に実行可能な代替的な結果が存在するのであって、そこにおいて誰も状態を悪化させることなく、少なくとも一人の状態を改善することができるものであると定義される。メカニズム・デザインは、たとえ完全に自己考慮的な市民の間においても、市場価格とともに、巧妙に設計されたインセンティブは、パレート効率的な結果を実現しうるという約束をもたらした。その結果として、ティトマスの本が出版されたときには、徳は、経済学者が無視しても安全であると考える何ものかであった。それは、まさに一世紀前にJ・S・ミルが経済学者たちにそうするように助言したものである。

経済学はアリストテレスを発見する

そのインタビューが行われた後の数年における研究は、この思い上がりをひっくり返した。すでに見てきたように、実験的証拠や他の証拠によれば、明らかに倫理的・他者考慮的な動機は共通に見られ、ティトマスが主張したように、それらの動機はインセンティブによってクラウディングアウトされうるのである。同時に、「両者が所有権に関して同意する」というジェームズ・ブキャナンのフルーツ・スタンドのような単純な教科書の比喩は近代の資本主義経済を理解するのには貧弱な手引きであることを経済学者たちは発見していた。経済理論は、契約が不完備であるとき、すなわち問題となっているすべてのことが履行強制可能な合意において規定されうることが正しくないときの交換過程に関する研究に向かうようになった。たとえば、労働市場の新しいモデルが認識していることは、労働それ自身は、それを契約によって規定することができるものではなく、したがって、仕事を懸命に行うか否かは、少なくとも部分的には、仕事を懸命に行おうとする被雇用者自身の固有の欲求に依存しているということである。同様に、信用市場においては、最良の契約でさえ、もし借り手が倒産してしまえば、返済を保証することはできない。貸し手は、貸付が行われるプロジェクトに関する借り手の説明を信じる必要がある。

労働市場、信用市場、その他の市場に関する新しいミクロ経済学は、アローが言ったように、社会規範や道徳的原則が、契約が内部化に失敗するとき、行為者の行為が他者にもたらす費用や利益を内部化させるように促すことができる仕方を列挙して示した。被雇用者の労働倫理は、仕事の最中にフェイスブックの友達と連絡をとり続けることによって、被雇用者が雇用者にかける費用を被雇用者が内部化することを促す。借り手の正直な感覚は、もしそのプロジェクトが失敗したら、たぶん返済されない、そのような貸付を必要とするプロジェクトが抱えるリスクについて理解を間違えることを抑制する。経済学者は、価格のみでは、つねに倫理の仕事をとって代わることができないのはなぜかを認識するようになったのである。

経済理論における別の進歩は、さほど関係のないマクロ経済学の分野において生じたが、それは「悪党のための立法」という政策パラダイムについて疑問を呈するものである。一世代前に、ロバート・ルーカスは、次のような単純な観察を経済学の中に取り込んだ。課税や他の私的経済への政府介入は、市民の行為の（意図された）費用と便益、他者（政府も含まれる）の将来の行為に関する彼らの信念に影響を与えるのである。図3・1において描写されたように、市民の経験に基づく価値の場合におけるように、インセンティブは、直接的効果とともに間接的効果（この場合は、市民の信念を通して）をもっているだろう。たとえば、税の未払いに対して厳しい懲罰を通告することは、支払うインセンティブを与えるが、それは遵守しないことが一般的に存在するという情報を運び、それまで正直であった市民に騙しの行為をさせるものとなるだろう。

ルーカスは、政策介入の効果は、信念に対するこれらの間接的効果を考慮したときにのみ、そして、市民の信念と目標とされた経済的行為が相互に依存しているために、両方によって生じる結果を研究するときにのみ、予想されるものとなるということを理由づけた。彼の主張のポイントは、新しい経済政策は、経済がどのように動いているかということに関する凍結し硬くなったモデルをもって介入を扱うのではなく、むしろモデルそれ自体の動き方の変化に関わるものである。「計量経済モデルの構造が、経済主体の最適決定ルールからなり、最適決定ルールが意思決定者にとって重要な構造の変化とともに体系的に変化するならば、政策における何らかの変化は計量経済モデルの構造を体系的に変えることになる」［★4］。彼は、次のように結論づけている。「もし政策立案者が市民の反応を予想することを望むなら、彼らは市民に確信をもたらさなければならない」。この考えは、とても重要なものと受け取られたので、経済学者はそれを大文字で表し、「ルーカス批判（Lucas Critique）」として賞賛している。それは、見えざる手（invisible hand）にさえも与えられなかったほどのものである。ここで私は、インセンティブが（ルーカスが強調したように）信念に影響を与えるだけでなく、選好に影響を与える場合に、ルーカスの論理を適用する。

驚くべきことではないが、これらのような発展を反映しつつ、経済学は変化し始めた。アルバート・ハーシュマンは、同僚の経済学者をたしなめた。ハーシュマンによれば、彼がたしなめた経済学者は、「非倫理的あるいは反社会的行動に対して、基準を主張したり、禁止や罰則を科したりするよりも、そのような行動の費用を上昇させることによって対処すること」を提案していたのである。それはたぶん、「彼らが、市民的なそして商品に関する行動について、市民を不変の、あるいは任意に変化する嗜好をもった消費者として考えている」からである。ハーシュマンによれば、経済学者は、「公的に主張されている法律や規制の主要な目的が反社会的な行動に烙印を押し、それによって市民の価値観や行動規範に影響を与えることだ」という事実を軽視しているという［★5］。政治学者のマイケル・テイラーは、法的構造が選好と社会規範を形づくるというハーシュマンの考えを取り上げた。そして、彼はさらに先に進み、トマス・ホッブズによる国家の権威の正当化をひっくり返して、ホッブズ的人間は、ホッブズ的国家の存在理由となるのではなく、逆にその結果なのかもしれないと示唆した［★6］。一九八〇年代においてハーシュマンを、そしてテイラーを読むことによって、私は本書に結果する研究プロジェクトの仕事を始めたのである［★7］。

私は孤独ではなかった。一九九四年のアメリカ経済学会の会議において、ヘンリー・アーロンは、「経済学者たちの失敗は、選好の形成について真剣に受け止めていなかったことだ」と指摘し、さらに続けて、ルーカス批判をそれに対応させて拡張すべきだと示唆したのである［★8］。経済学者ブルーノ・フライは、「悪党のための立法がわれわれの市民的徳をクラウディングアウトする」という題名の論文を書いた［★9］。政治学者エリノア・オストロムは、ノーベル経済学賞を受賞することになったが、テイラーと同様に、「市民的性質のクラウディングアウト」について憂慮を示した［★10］。経済学の教義は一世代前にはティトマスを追っ払ったが、結果として彼を再発見したのである。二〇〇八年におけるあるトップの経済学ジャーナルのある論文のサブタイトルは、「ティトマスは正しかったか?」だった（その著者は、彼は女性に対しては正しかったが、男性に対しては正しくなかったと結論づけた）［★11］。

経済学者たち、少なくとも彼らの何人かは、ティトマスを再読しただけでなく、アリストテレスを再発見したのである（あるいは、よりありうることであるが発見したのである）。よりよく機能する経済と社会にとって本質的であると認識されているインセンティブと社会的動機との間のありうべき反相乗効果に関するこの知識を所与とすると、アリストテレスの立法者は何をすべきなのだろうか。経済学における研究の新たな転換は、そのクラウディングアウト問題を認識すると、十分な答えを提供しなかった。その政策的含意に対する増加する多数の実験の証拠を体系的に活用しなかっただけでなく、経済理論における近年の発展の論理も追求しなかったのである。そのような発展は、立法者のジレンマを明確にし、たぶんそこからの出口を示唆している。これらは、立法者の残された仕事である。

メカニズム・デザイン――価格は倫理の任務を果たせるか

すべての経済学者が、社会的選好の重要性とクラウディングアウト問題が政策への新しいアプローチを保証するという確信をもっているわけではない。そのような経済学者は、利己心に基づく政策パラダイムを廃棄することなしに、そのような新しい実験的証拠と理論の進展を議論の舞台に乗せることができると示唆するかもしれない。

彼らは、次のような理由づけを行うだろう。政策立案者が市場の失敗を表明する必要を認識し、明示的なインセンティブは、倫理的・他者考慮的な動機をクラウディングアウトするかもしれないと理解していると考えよう。利己心パラダイムをあくまで追求することによって、これらの社会的選好は、行為者たちの行為が他者に付与する費用と便益を行為者に内部化させるかもしれず、したがって契約が不完備なときに生じる市場の失敗を緩和するかもしれない、としぶしぶ認め続けることになる。しかし、それにもかかわらず、政策立案者は、たとえ市民が完全に非倫理的であり自己考慮的となるところまで社会的選好がクラウディングアウトされてしまっても、社会的に好ましい結果を実行するために補助金、懲罰、制約のシステムを考案できると自信をもっているかもしれない。

このことが可能であると考えることで、(インセンティブが反生産的である場合を排除するために)強いクラウディングアウトを阻止しなければならないし、政策立案者自身が完全に利己的であってはならないということをしぶしぶ認めなければならない。しかし、これら二つの警告を受け止めると、まったく仮説的なものではなく、とても現実的な血と肉をもった悪人の世界でさえも(ヒュームは決してそれを意図していなかったが)、ヒュームが推奨したように、悪党のための立法はその仕事を果たすかもしれない。

これは、経済学における政策立案の標準的なモデルを維持しており、それがうまく動く可能性があるかどうかは検討するに値する。われわれは、それがうまく動かないことを見るだろう。

このことを行うためには、われわれにはメカニズム・デザインの理論が必要である[★12]。経済学のこの領域における創設的研究は、ティトマスの本とほとんど同時期に出現している[★13]。そのとき以来、環境、公衆衛生、および他の種類の市場の失敗に関する配慮が増大し、そのことによって、メカニズム設計者が、二〇〇七年に『エコノミスト』の言葉で言えば、「見えざる手に救いの手を」差し伸べる試みを緊急の課題としたのである。そして、三人の指導的学者、レオ・ハーヴィッツ、エリック・マスキン、ロジャー・

マイヤーソンがノーベル賞を受賞したとき、その領域の挑戦的な数学を説明するために葛藤していたのである。

見えざる手を助けるためには、経済において政府が役割を演じることを不可避的に必要とするが、メカニズム・デザインに関してはビッグ・ブラザー（強大な独裁者）のようなものは存在しない。そして驚くべきことだが、まさにこれが問題となるのである。

その理論は、政策立案者の影響力の及ぶ範囲が必然的に制限されていることを認識することから始まっている。メカニズム設計者の仕事は、メカニズムと呼ばれる契約、所有権、その他の社会的ルールの集合を提出することであり、それは市場の失敗を軽減したり、排除したりするのである。しかし、現実主義と個人のプライバシーの尊重の両者は、たとえ諸個人に関する重要な情報が私的にのみ知られ、したがってメカニズム設計者によって、インセンティブ、制約、あるいは提案される政策の他の観点を実行するのに使用されることはできないときでさえ、提案された政策が実行されることを要求する。

この情報のプライバシーという制約は、設計者が市場の失敗をもたらす理由を簡単に取り除くことができるというユートピア的解決を排除する。もし、提案されたメカニズムが、たとえば、人がどれだけ懸命に働くかということに関する情報や、あるいはある財やサービスに対する売り手と買い手の真の評価に関する情報を使用することができるならば、まさにその同じ情報が、取引の当事者の間で完備された私的契約を記すのに使用されえたことだろう。そして、その契約は、メカニズム設計者が呼び出され、対処することを必要とされて市場の失敗を除去しうるものであったはずである。

たとえば、労働チームにおけるただ乗りの問題を正すために、メカニズム設計者は、みんなが懸命に働き、そのように働いたことについて、各メンバーは信頼できる報告をしなければならないということの履行を強制できる契約を簡単に提案することはできない。もし、メカニズム設計者がこのことができるならば、チームのメンバーは同じように働き、彼らがどの程度懸命に働いたかということに応じて報酬が支払われることだろう。メカニズム設計者が最初に登場する必要は存在しないことになるのである。

そこで受け入れることが可能な解のための三つの条件が、メカニズム・デザインが直面する挑戦を定義する。第一に、結果としてもたらされる資源配分は、パレート効率的でなければならない。

第二に、政策は経済活動への諸個人の自発的な参加に基づかなければならない。彼らは、その行為の仕方を自由選択できなければならない。それは、彼ら自身の選好によって誘導され、そこには想定されうるすべての交換やその他の相互作用から離脱することも含まれる。経済学の言語を用いれば、生じる結果は、個人の「参加制約」を満たすものでなければならない。各個人は、そのメカニズムに参加することが、そうしないことよりもよいものとみなさなければならないのである。そのことは、参加が自発的であることを意味する。

結果は、インセンティブ両立的でなければならず、そのことは、個人が何を行おうとも、参加は個人自らの選好によって動機づけられていなければならないことを意味する。第三に、人々がもっている選好の種類には、いかなる制約も存在しえない。したがって、諸個人が完全に利己的であり、非倫理的であっても、メカニズムは作用しなければならない。

これら三つの条件を、効率性、自発的参加、選好中立性と呼ぶことにしよう。第一の条件は、集団全体に関する最低限の合理性の条件を課す（それは、たとえば正義への考慮を無視するので、最低限なのである）。第二の条件は、財産の没収や交換への強制的な参加をあらかじめ排除する。第二の条件とともに、第三の条件は、個人の自由と、善に対する個人の考えに関する事柄について国家が中立的であることへの、標準的なリベラルな関わり方を表明している。

最後のものは、リベラルな中立性という言葉で呼ばれてきたもので、ロナルド・ドゥオーキンの「ある政治的決定は、良き人生や人生に価値を与えるものに関するいかなる特定の概念からも独立でなければならない」という見解によって表現されている［★14］。ピーター・ジョーンズも、同様に書いている。「特定の目的の集合を追求することを市民に課することは、国家の機能ではない」［★15］。この意味での中立性は、リベラルな人々によって普遍的に提唱されてきたものではない。リベラルな中立性、すなわち選好の制限のない集合の許容可能性に関する私のおおまかな解釈は、たとえば他者を支配する選好は、リベラルな中立性に違反するものではないが許容できないと判断されるかもしれないと指摘する人々によって批判されるだろう。しかし、私は、ここでの選好の制限のない集合という要請をただたんに、個人に物質的な利己心を体系的に追求することを許すものとして使用する。それは、リベラルな中立性の原理のもとでは容易に批判されうるものではない。

もしメカニズム・デザインが、自発的参加と選好の中立性という二つの最も本質的なリベラルな要求を尊重しつつ市場の失敗を除去するというプライバシーを尊重する規則を満たすのに成功するならば、『フィガロ』は数学が何を示してきたかについての見出しについて非難されることは決してなかっただろう。さらに、利己心パラダイムをあくまで保持しようとすることは、正当であることが示されていただろう。したがって、もしメカニズム・デザインがその聖杯を見つけていたならば、われわれは、悪党のための立法がそれがたとえどんなに不快であったとしても、少なくとも限定された意味ではその責務を十分に果たすと結論づけなければならなかっただろう。しかし、四〇年以上にわたるメカニズム・デザインの研究は、まったく正反対のことを示してきたのである。

悪党のための（リベラルな）立法

メカニズムは、どのように経済資源が使用されるか、それを決定する行動に影響を与えるために、設計者が人々に課すかもしれないルールの集合である。これまでの諸章の実験における罰金や補助金は、メカニズム設計者のツールボックスの中に見られる。また、競争的市場における販売と購買といった大多数が採用しているルールのような資源の使用を決定する慣れ親しんだ仕方もそうである。そして、われわれがこれから見るように、より親しみのないルールも存在する。メカニズム設計者の仕事を定義する枠組みは、マキャベリの善良な支配者がまさに直面する問題のようなものである。「彼は、共和国を創設し、その法律を命令するだろう」、そして「自然で通常のユーモア」をもった市民に開明的な法律を課すことを通して、統治することに携わるだろう［★16］。

開明的な支配者と利己的な主体というこの文脈は、まさにもう一人のノーベル賞経済学者ゲーリー・ベッカーによって考案された「放蕩息子の定理」に対する設定である。彼の設定は、以下のようなものである。利他的な家長（すなわちメカニズム設計者）が、家族の中で彼の所得の移転を統治するルールを課すことができ、その家族は、すべての家族のメンバーに、彼自身の福祉と同様に、他の家族のメンバー各々の福祉の面倒をみるように行動するように促す。「一人のメンバーによる十分な「愛」は、すべてのメンバーが彼ら自身と同じほど十分に他のメンバーを愛しているかのように行動することを保証する。そうならば、一家族における「愛」の量が節約される。一人のメンバーによる十分な「愛」は、他のすべてのメンバーもまた、「見えざる手」によって、みんなを愛しているかのように行動することを導く」[★17]。

ベッカーの説明するところによれば、利他的な家長は、家族の各々のメンバーが、「どれだけ彼らが利己的であるかということにかかわらず……家庭内のすべての外部性を内部化するように」物事を整備することができるので、その定理は妥当するのである。したがって、家族の中での所得の分配を統治する正しいルールがあるもとでは、完全に利己的な家族メンバーも完全に利他的であるかのように行動する。これは、価格が道徳の役割を果たす、特に劇的な場合である。

そして、それはまさに『エコノミスト』が考えていたものである。ベッカーは、アダム・スミスの見えざる手が機能しない家族関係の中に見えざる手のアナロジーを提唱したのである。ベッカーは、次のように結論づけている。「この理論で武装することによって、私は、家長でない家族メンバーの選好にこだわる必要がないのである」。その定理の名前が由来する放蕩息子に対してさえも明らかに妥当するのである。私は、まったく放蕩息子でない自分の子供たちが自発的に行っていた家事に対して価格リストを不幸にも示したほぼその頃、ベッカーの定理を研究していた。私は、そのとき両者のつながりを認識していなかった。どうなったか、あなたはすでにご存知だろう。

公共政策の世界に輸出されることによって、ベッカーの放蕩息子の定理は、よく設計された公共的インセンティブは、よき政府の基礎として、(少なくとも、「家長でない者」において）徳がまったくなくても大丈夫であると示唆することになった。まさに重要なことに、それは市民の間に特定の価値（たとえば、環境への配慮や将来世代への配慮）を他にもまして増進させなければならないとするリベラルな余分な配慮を、政策立案者や憲法起草者に対して控えるようにするのである。

しかし、ちょうど見えざる手の定理が、効率性に基づいて自由放任政策を提唱するために必要な公理がいかに信じがたいものであるかを示したのと同様に、現代のメカニズム・デザインは、見えざる手に、公共政策を通して助けの手を与えるという最も賢い方法でさえも限界があることを証明してきた。ベッカーの賞賛された論文が出版されたすぐ後、たとえば、放蕩息子の定理は、とても非現実的な数学的仮定に基づいており、むしろその適用は特殊な場合に限定されていて、それは家長やメカニズム設計者が直面している一般的問題からかけ離れていることが示された［★18］。「共和国を創設し、その法を指令する」者にとって、いかなる簡単な近道も存在しないのである。

なぜ悪党のための立法が働かないのか見るために、憲法起草者やメカニズム設計者が悪人でないほうがよく、そして悪人によって囲まれた生活は、悪人にとってさえ不快なものであるという反論は脇におこう。メカニズム・デザインにおける基本的考えは、個人に対するインセンティブを、人々の大規模な集団全体にわたって定義される効率性という目的と整合的なものとすることである。第2章で見たように、またベッカーが説明したように、もし各個人に彼や彼女の行為から結果する他者への利益や費用のすべてをあたかも内部化するように行動することを促す方法を発見しうるならば、このことは成し遂げられるかもしれない。このことは、ロビンソン・クルーソーの島における条件である。彼一人が、彼が行った仕事の結果を、彼が負うリスクを、そして彼が手に入れた知識を「所有する」のである。人々にあたかもロビンソン・クルーソーが彼の島で一人で行った行為を行わせることが、そのゲームの本質である。

制限されることがない選好をもった個人の大規模な集団にとってこのことを行うのが、まさにいかに困難かということは、人々が共同で産出に貢献するいかなる過程においても生じる問題から明らかである。新しいアプリケーションのコードを書くために共同で働くソフトウェア技術者の集団について考えてみよう。これをメカニズム・デザイン問題として、選好中立条件と整合的なかたちで、チームの各メンバーがその物質的な利得のみに、その決定のされ方に関わりなく、関心があるものと考えよう。メカニズム設計者は、(ちょうど伝説の哲学王のようにチームの外側に立っていて)チームの総産出量を観察することはできるが、各メンバーがどの程度懸命に働いたかは知ることができない(情報プライバシーの制約を尊重するために)。

その設計者にとっての問題は、もしチームの各メンバーが、ただチームの産出の等しい割合を報酬として受け取るならば、一単位の追加的な産出を提供するさいの労働者の利得は、ロビンソン・クルーソーでそうであるようには一単位の報酬とはならないだろうということである。なぜならば、追加的な単位は、すべてのチーム・メンバーの間で共通に分配されるので、チームのメンバーの数をnとすると、それはn分の一単位となるのである。この共通な産出を分かち合う分配ルールのもとでは、働くことがそのまま公共財へ貢献することに対応するものとなるのである。

各労働者は、彼の努力が創造した利益の全体の小さな部分のみを手にするだけであり、したがって、もし彼が彼自身で選択することができるならば（自発的参加の条件）、彼は効率的な水準よりも少なくチームに努力を提供するだろう。なぜなら、彼は努力がチームの他のメンバーに与える利益を考慮しないからである。この状況においては、もし各労働者がもう少し努力して働けば、各人はより良い状態になる。もちろん、設計者は、もし労働者たちが他のチーム・メンバーの物質的な利得に対する彼らの貢献を利他的観点から評価するならば、彼らは自発的により高い努力をもって働くことを知っている。しかし、選好中立性と自発的参加条件は、彼がそのチームに他者考慮的選好を課すことを許さないか、あるいはそのメンバーに彼らの選好に抗して行動するように強制することを許さない。

これら諸個人に対して作用するメカニズムは、チームの各メンバーがその労働の結果を手に入れるというかたちで、あたかもロビンソン・クルーソーのように行為することの結果をもたらすべきものである。そのとき、各メンバーは、より懸命に労働することの不快が、その労働によるチーム全体のメンバーにもたらされる追加的な利益によってまさに補償される点まで働くのである（より技術的に言えば、労働の限界不効用が労働から得られる限界収益と等しいのである）。しかし、もし設計者がチーム・メンバーに労働の水準の提供（これは私的情報である）を要求できないならば、この目的を満たすのは不可能であるように思われる。

しかし、そうではない。設計者にとって必要なのは、彼が各メンバーにチームの産出から設計者によって決められた一定額を差し引いた総価値を支払うと言い伝えるだけである。この一風変わったメカニズムは、チームの産出に対するメンバーのいかなる貢献もまさに補償され、各メンバーに、各々孤立した個人がその労働の成果全体を手に入れるというロビンソン・クルーソーのインセンティブを与えることを保証する。一定額の控除は、設計者がチームの予算を均衡させるために必要なのである。さもなければ、設計者はチームの産出のn倍を支払うことになるだろう。

これで問題は解決したのか？

いやまだである。なぜそうなのかを見るために、ある現実世界のリスクを導入することができる。チーム全体で実現する生産が、チーム・メンバーの努力の合計だけでなく、チーム・メンバーによってコントロールされえないような生産に影響する偶然の出来事にも依存すると仮定しよう。これらの正のあるいは負の偶然的出来事を「ショック」と呼ぶことにする。さらに現実的には、各メンバーの努力と同様に、それらのショックは設計者によって観察されえない。したがって、設計者はある年に生じた予測されざる低水準の産出が不幸な偶然によるのか怠業によるのか決定することはできないのである。設計者によって提案される契約は、チーム・メンバーが期待所得（良いショックと悪いショック全体の平均）を受け取ることを保証しなければならない。それは次善の代替水準と少なくとも同様の大きさでなければならない（他の職の賃金や失業保険、あるいはそれに類似したものである）。しかし、正のショックの結果として総産出の水準が変動するもとでは、十分な規模のチームにとっては、ある時期に各メンバーの実現した所得（総産出マイナス予算均衡のために十分な固定的控除額）は、労働者の次善の代替水準よりも何倍も大きいことがありうる。しかしながら、このことが問題なのではない。困った問題は、ショックが負のショックでもありうることであり、実現した所得が、チーム・メンバーが何らかの代替的雇用において受け取るだろう額よりもとても小さいこともありうるのである。実際、受け取る額が大きく負になることもあり、その場合にはメンバーはメカニズム設計者から受け取るのではなく、メカニズム設計者に支払わなければならないのである。

問題が発生するのは、この賢い一風変わったメカニズムがうまく作用するためには、各メンバーへの支払いがチーム全体の実現された所得に結びついていなければならないが、総産出に対する正のショックも負のショックも、現実的には、長期的にいかなる個人の平均収入をも小さくしてしまうからである。いくつかの期間においてチーム・メンバーは支払いを受けられず、その代わりにチームに対して期待していた給与の何倍もの額を支払うことを要求されるような契約は多くの労働者にとってまったく魅力的なものとは言えないだろう。したがって、それは自発的参加の条件を満たさないことになる。

もし、チーム・メンバーが状態の悪い年には、無制限な額のお金を借りることができるならば、ひょっとしたら彼らはそのような契約に同意するかもしれない。しかし、信用市場において同様に問題が発生するので、このことは決して妥当なものではない。すなわち、契約された資金の返済は、もしチーム・メンバーが資金を持っていなければ、契約の履行を強制することができないのである。したがって、チーム・メンバーに対する最適契約を実施することは、信用市場における類似の問題へと設計者の挑戦を移転させることになる。すなわち、それは契約の不完備性であり、そこでは設計者は解決をはばむ同様の障害に直面することになるのである。

リベラル・トリレンマ

もちろん、これが物語の終わりではない。よりいっそう複雑なメカニズムは、設計者の単純な「それぞれに産出全体を支払う」という計画が直面する問題を処理しようとするかもしれない。しかし、メカニズム・デザインのすでに膨大なものとなっている文献が下している判決は、設計者の問題はそれ固有の病であり、チーム生産の例に特定化されるものではないということである。二〇〇七年にスウェーデンの王立科学アカデミーのノーベル賞委員会が、マスキン、ハーヴィッツ、マイヤーソンにメカニズム・デザインへの彼らの貢献に対してノーベル賞を授与したとき、アカデミーは、その研究領域で発見されてきたことを説明した。

ノーベル賞委員会は、次のように説明した。ハーヴィッツの論文は、自発的参加に関する次のような「否定的結果」を証明した。それは、私的情報が存在するもとにおいては、「参加制約を満たすいかなるインセンティブ両立的なメカニズムも、パレート最適な結果を生み出すことはできない」というものである。マスキンのジャン・ジャック・ラフォンとの共同研究とマイヤーソンのマーク・サタースワイトとの共同研究に言及しつつ、委員会のメンバーは、次のように記している。「とても大きなモデルの集合において、パレート効率性は、たとえ公共財が存在しなくても、自発的参加制約と両立可能ではない」[★19]。明らかになったことは、メカニズム・デザインは、選好中立性と自発的参加を尊重しつつ、パレート効率的な結果をもつように市場の失敗を是正するメカニズムの要求を満たすことに失敗したということである。

これらの「否定的結果」を説明する問題のよい例は、「ダブル・オークション」と呼ばれる一回かぎりの複数の買い手と複数の売り手の相互作用によって描写される。なぜなら、売り手たちも買い手たちも、彼らに最良の価格を与える取引相手を探しているからそう呼ばれるのである。ダブル・オークションにおいては、予期される買い手と売り手が対をなし、各々は、予期される売り手によって保有されている財をどれだけ高く評価するのか知っていて、彼らは同時に価格を告げる。それは売り手にとってはその財を手放す最低価格であり、買い手にとっては支払う意思のある最高価格である。もし、売り手が買い手よりも低い価格を告げるならば、そのときは取引が成立する。実際の価格は、告げられたそれらの価格の間のどこかで成立する。もし、売り手が買い手の価格を上回る価格を告げるならば、いかなる取引も成立しない。

ダブル・オークションの設定は、この種の取引では、メカニズム設計者の助けがなくても、パレート効率性を維持するのが難しくないと考えられているので重要である。なぜなら、そこでは不正に定義された所有権、不完備契約、あるいは公共財の場合にはそこに含まれている財のある観点での排除不可能性といった効率的な取引と市場交換に対するよく知られた阻害要因がまったく存在しないからである。これらの阻害要因を排除することで、自らの選好と取引相手によって提案され、あるいは要求された価格のみを知っている非常に多数の売り手と買い手は、効率的な資源配分をもたらす彼らの仕方をもって交渉することができる。結果的に、それは取引から得られるすべての潜在的利得を利用し尽くすことができ、それゆえ、定義的にパレート効率的な結果を実現することになるのである。

しかし、驚くべきことに、このことは妥当しない。問題は、取引当事者が出会ったときに、交換されるであろう財に対する彼らによる真の評価を表すいかなるインセンティブもないことである。なぜなら、もっともらしい想定として、彼らの表明された評価が契約が成立し取引するときに結果する価格に影響を与えると考えられるからである。

このことを知ると、予期される財の売り手は、販売可能な最低価格を高く表明し、実際に買い手となったはずの買い手は購買可能な最高価格を低く表明するだろう。結果として、買い手に告げられた価格が、売り手に告げられた価格をときおり上回り、たとえその財に対する買い手の真の評価が、売り手の真の評価を上回っているときでさえ、取引は成立しない。このことによって、いくつかの相互に利益をもたらす交換が完了しないのである。つまり、パレート効率性が、双方の取引当事者のもとから逃げてしまうことになるのである。

ダブル・オークションに関する検討から得られた決定的な結論は、もし取引当事者が彼らの期待利得の最大化のみについて考慮するならば、そちらの当事者いずれの関心においても、その評価を真に表すことは決してないということである。このことは、たとえ取引相手が真の申告をしても、そうである。諸個人がその選好を偽って申告することによって利益を得るかもしれないという事実は、寛大な社会設計者が、公共財の効率的な提供のためのインセンティブを提供するのに必要な情報を手に入れることを妨げる［★20］。

カリヤン・チャタジーは、取引者の最適反応（利得を最大化する行為）が取引者の評価を正しく報告することになる独創的なメカニズムを考案した［★21］。その結果として、すべての相互に利益をもたらす取引が発生することになる。このパレート最適な結果を実行するメカニズムは、取引が結果として保証されるか否かに関わりなく、告げられた価値のみに依存する取引者間の前払いを要求するものである。その支払いの規模は、取引相手が正直に反応したとき、各取引当事者の真の評価に関する偽りの申告が、取引相手に課すことになる損失に依存する。チャタジーは、このメカニズムを、「各プレイヤーの行為によって生み出される予想される外部性の各プレイヤーへの支払い」として記述した。

その支払いは、財に対する個人の評価についての偽りの申告に対する税として効果的であり、それは偽りがないことが最適反応であるようにするにまさに十分な税である。特に賢いところは、チャタジーが財に対する取引者の真の評価に関するプライバシーを侵害することなく、どのようにこのことがなされうるか描写したことである。

しかし、これまで予想してきたように、そこには込み入った問題が存在する。彼らの真の評価を所与とすると、取引者の中には、前払いを行うことを拒否し、その代わりにそのメカニズムから退出することによって、より利得を得る者がいるかもしれない。しかし、もし彼らが退出するならば、そのメカニズムは機能しない。したがって、双方の当事者が彼らの所有している財を事前にどの程度高く評価しているか知らないか（それは考えにく

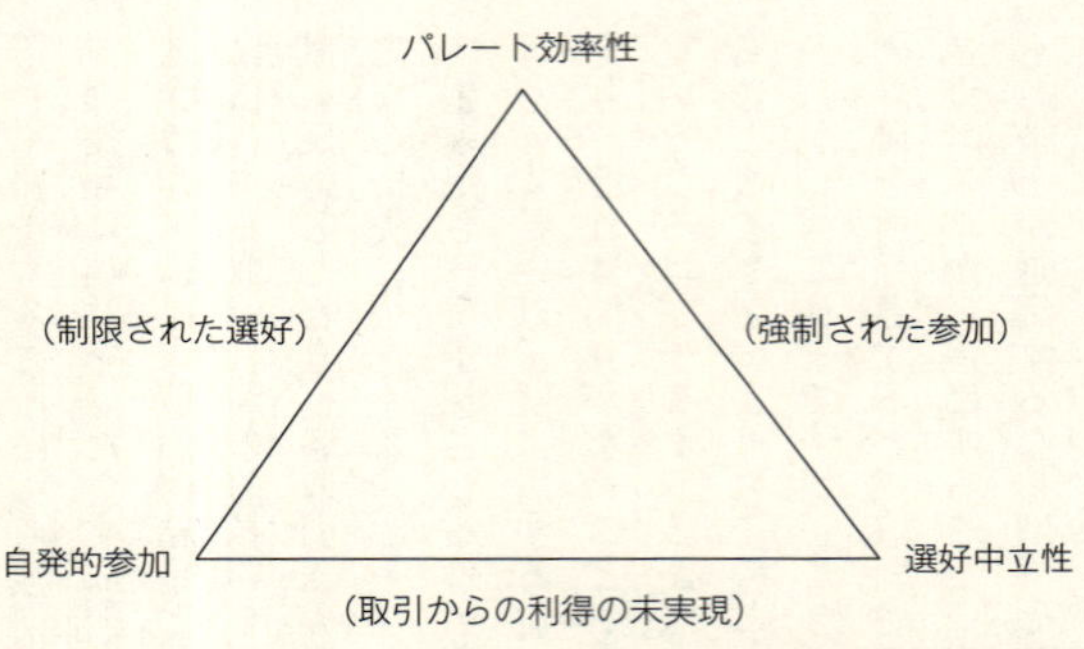

図6・1　リベラル・トリレンマ：パレート効率性、選好中立性、自発的参加の不可能性

いが）、あるいは、参加が非自発的なものであり（それは、自発的参加の制約に違反する）、そのことによってこの特異な状態を阻止できるという場合にのみ、そのメカニズムは機能するのである［★22］。このチャタジーの解のビッグ・ブラザー的な観点は、それを除外したものである。

図6・1は、私がリベラル・トリレンマと呼ぶものを要約している。メカニズム・デザインが発見したものは、リベラルな立憲的設計と公共政策の三つの条件、すなわち、選好に関する中立性、自発的参加、パレート効率性は、一般的に両立可能ではないということである。この図の三角形の各辺を、すなわち各頂点の組を、考察することにしよう。そして、なぜ排除された頂点が不可能なのか見てみよう。リベラルな要求の各々の組み合わせの間には、括弧がついた語句があるが、それらはこの辺によって連結されている二つの要求を

実現し、残りの第三の要求を排除することによる結果について説明している。

もし、三角形の底辺のように自発的参加の制約が選好中立性と連結したならば、ダブル・オークションの例で見てきたように、双方に利益をもたらすはずの交換が生じず、したがって取引から得られる利益が実現しないだろう。これはパレート効率性に反する。三角形の右辺は、もし人々がそれを望まなくても、自発的参加という制約を犯すことによってメカニズムに参加することを強制しうるならば（チャタジーのデザインのように）、パレート効率性と選好中立性がともに可能な状態となることを表している。最後に、もし取引者たちが彼らの真の評価を正直に申告するように前もって仕向けられるならば、自発的参加の制約とパレート効率性がともに可能となる。そのときには、諸個人は、潜在的に双方に利益をもたらす取引から歩き去ることが決してない。しかし、取引当事者たちが正直さに十分高い価値をつけることを要求することは、選好中立性に違反することを必要とする。

このトリレンマからの解決の一つの途は、リベラルな中立性を棄却することである。もし取引者が利他的であるなら、彼らは損失を評価するだろう。それは彼ら自身の損失だけでなく、相互利益をもたらす取引の達成を見合わせたために彼らの取引相手が被る損失も含まれる。このことが彼らの行為が他の取引相手に与える費用を考慮するように仕向けるので、それは結果する市場の失敗を軽減するのである。すべての相互に利益をもたらす取引が実行されることを保証するためには、どの程度の利他主義が必要なのであろうか。

一つの直感は、もし取引当事者双方が完全に利他的ならば、彼らは価格についてまったく気にせず(彼らは、他者の利益を自らの利益と等価なものとして扱う)、したがって彼らの真の評価を偽って報告することはないだろうということである。このことは正しい。驚くべきことには、スン＝ハ・ホワンと私が示したように、取引当事者のうちただ一方が完全に利他的であることで十分なのである。しかし、このことが妥当する理由を説明することは、リベラル・トリレンマの考察からわれわれを他の方向に向かわせることになるだろう[★23]。

最近の研究でも、きわめて簡単な財の交換においてさえ、選好中立性、自発的参加、パレート効率性のすべてを満たすことは可能ではないという結論を覆してはいない。したがって、公共政策の設計者が市民的徳の化身であること、それは利己心に基づく政策パラダイムにとって、設計者でない人々に対してはなくてもよい仮定であるが、たとえそうであったとしても、メカニズム・デザインは悪人をリベラルな社会に適合させるように立憲を行うのに失敗するのである。理由の一つとしてあげられるのは、人々に彼らの意思に反して経済的取引に参加するように要求し、国家がある種の選好を他よりも好ましいとすることを許すことをリベラルな観点からは回避すべきであるとすることである。

トリレンマのもう一つの原因は、本来的に私的な情報がメカニズム設計者の手中にある程度がかぎられていることである。このことは、実際的な問題として正しいだけでなく、少なくとも、リベラルな社会においては、国家の権威の制限は高い価値を付与されている。マキャベリは『ディスコルシ』において、真の悪人にあたかも善人であるかのように行動させることは、「とても恐ろしい努力であるか、またはまったく不可能である」、そして、「暴力や軍事力に訴えることなどを含む異常な方法を要求するだろう」と結論づけたとき、トリレンマの中心となる主張を述べていたのである［★24］。

メカニズム・デザインに関する文献を見ると、悪いニュースを次から次へと読んでいるようである。否定的な結論は、重要な貢献であり、それらが蓄積するに伴って、その領域における何人かは、戦略的に撤退し、机上でトリレンマを解決するために効率性の基準を弱めることになった。再び、ノーベル賞委員会の次の文章に立ち戻ることになる。「参加者が私的情報をもっているという枠組みにおいては、古典的意味でのパレート最適は一般的に達成可能なものではなく、そしてわれわれは新しい効率性の基準を必要としている」［★25］。したがって、メカニズム・デザインは、（ほぼ大部分で）「インセンティブ効率性」にとって好ましい標準的なパレート基準を放棄したのである。それは、たんに「人々がインセンティブに反応する方法を所与としたときに」あるいは言い換えれば、既存の選好を所与としたときに「行われうる最善」を意味している。この新しい基準によって、ダブル・オークションにおける取引から実現することがない利得のような結果が効率的であると考えられるのである。しかし、患者がいなくなったからこそ手術は成功したのだということは明白である。

その領域の伝統的目的の考えられる技術的な緩和は、実際には選好が重要だという不都合な事実への譲歩である。われわれは、ソフトウェア開発者たちの仮想的チームの場合において、選好がどれだけ重要であるか見た。そこでは、メンバーの間でのちょっとした利他主義が、彼らの失敗を緩和し、効率的な結果をもたらしたのである。ティム・ベスリーの同僚の経済学者たちの多くは、たぶん悲しそうに彼に同意するだろう。「それでは、たぶん解決策は、よりよい人々を創り出すことによってのみ可能である」と[★26]。それではリベラルな中立性について、再び検討するときが来た。それについて立法者は熟考する。

次善の世界

したがって、立法者には、考慮すべき困難なトレード・オフが存在する。トリレンマは、立法者が人々の選好の性質について心配することが正しいことであると肯定してきた。すでに以前の章において、公共的目的に向かって利己心に効率的に枠をはめる政策が、立法者の立憲の成功が依存すべき倫理的・他者考慮的な選好を危うくすることになるかもしれないということを立法者は知っている。そして、これから見るように、逆もまた真である。倫理的・他者考慮的な動機の拡散と表出を支える政策は、効率的な結果を実施するさいに明示的なインセンティブの効果をときどき低下させる。

そこから結果する立法者が直面する難問は、立派ではあるが逆説的な考えを経済学に新たに応用することである。経済を「正しい」方向に動かすことによって市場の失敗と取り組む政策は、それらが徹底的に行われ、見えざる手の定理が基礎をおく理想的な市場と所有権を実施するのでないかぎり、正しく誘導されないかもしれない。政策立案者に対する「オール・オア・ナッシング」のこの助言は、次善の一般定理と呼ばれる［★27］。

ここに、経済へのそのオリジナルな応用の考えがある。見えざる手の定理によって代表されるタイプの競争的市場においては、価格は財の真の希少性を理想的に測る買い手に対するシグナルであり、その社会的限界費用によって測られることを思いだそう。その社会的限界費用は、利用可能な追加的一単位の財を生み出す費用であり、それには、財の生産者と販売者によって負担される費用（私的限界費用）だけでなく、すべての他の者によって負担される費用が含まれる。

その定理が真であるための主要な仮定は、交換において問題となるすべてのものは、交換の両当事者に対して費用がかかることなく履行強制が可能な契約に規定されているというものであるが、それは買い手と売り手の間の競争が各々の財の社会的限界費用に等しい価格を結果することを保証する。言い換えれば、交換において問題となるすべてのものは価格をもち、その価格は正しい。たとえば、生産者が負担しない環境破壊の費用のために、財の社会的限界費用が私的限界費用を上回るところでは、メカニズム設計者は、価格（税を含んだ）が社会的限界費用と等しくなるように、その排除された費用と等しい額をその財に課税することができるのである。

しかし、「価格・社会的費用均等」ルールには、二つの違反が存在する。たとえば、ある企業が何らかの財に独占をもっていると想像しよう。そのような企業は、生産の限界費用以上に価格を設定することによって販売と利潤に制約を加える。これが、最初の市場の失敗である。

企業による財の生産は、環境の劣化に貢献するので、企業の所有者に課される生産の私的限界費用は社会的限界費用を下回る。これが、第二の市場の失敗である。

ここで、もしわれわれがこれらの市場の失敗の一つに取り組むならば、何が起こるか考えよう。たとえば、独占企業をより小さい競争的企業に分割することによって、限界費用を価格が上回る度合いを減少させる。次善の定理が示すところでは、これは経済を効率的な結果からより離れたものとするかもしれない。その理由は、その産業を作り上げている競争的企業が最初の独占よりも多く生産するからである。なぜならば、独占企業ではないので、それらの企業は販売を制限することによっては利益を得ることはないからである。それらは、限界費用が市場価格と等しくなるまで、生産を拡大させるだろう。このことは、高い価格から利潤を得るために、十分に少なく販売するという独占企業の標準的問題を是正する。しかし、増加した生産は、環境問題を悪化させるかもしれない。企業に独占のままとどまらせるほうがよりましな政策だったかもしれないのである。もし最適な反トラスト政策と環境政策を同時に採用する（「すべてを徹底する」）ことが、何らかの理由でなされるならば、それらの政策が状態を改善するか、悪化させるかは定かではない。

この結果の背後にある直感は、効率性条件の一つに違反することによってもたらされる混乱は、他の違反によって引き起こされた混乱を相殺することによって、緩和されるかもしれないということである。特筆すべき結果は、経済を標準的な効率性条件の達成に近づけることは、効率性の改善と悪化の双方を考慮した純増でみて、損失をもたらすかもしれないということである。

同様の結果は、インセンティブと社会的選好との分離不可能性から生じる。それは、今では親しみ深い論理からもたらされる。契約が不完備であるために、市場の失敗が発生するところでは、信頼や互恵性などの社会的に価値のある規範は、これらの市場の失敗を緩和するのに重要であるかもしれない。これらの場合においては、完備契約と結びついた理想化されたインセンティブにより正確に近似する公共政策と法的実践は、これらの規範を掘り崩すことによって、そこにある市場の失敗を悪化させるかもしれない。たとえば、信頼ゲームにおける不十分な見返り移転や、あるいはハイファの託児所における遅刻に対して科される罰金などである。その結果として、効率的でない資源配分が生じる。

メカニズム・デザインの理論によって、完全に利己的な人々のもとで効率的な結果がもたらされうるか否か、われわれは疑うことになった。したがって、信頼や互恵性のような規範は、メカニズムのいかなる考えられる集合のもとでも社会的に価値あるものにとどまるのである。なぜならば、有効に働く悪党のための立法は存在しないからである。「すべてを徹底する」ということは、選択肢ではない。したがって、アリストテレスの立法者は、理想的な世界では適切である介入が、十分な成果を達成しないかもしれないという次善の世界に住んでいる。そのような介入は、状態を悪化させるかもしれない。

こちらのトレード・オフの一つは、市場の作用を完全にし、市場の役割を社会が人的および物質的資源にどのように使用するかの決定にまで拡張しようと設計された政策がもつ文化的に不都合な側面から生じる。これらの問題を理解するために、われわれは市場や他の社会制度が教師であるという前章の考えに立ち戻る。すなわち、市場や他の社会制度は、人々が新しい動機を学び、古い動機を捨てるように誘導する環境なのである。今、立法者にとって問題となっているのは、見えざる手の定理の理想的な仮定で近似される市場は、ひょっとしたら社会規範を学ぶのには都合の悪い環境を提供するかもしれないということである。

市場をこのレンズを通して見てみよう。市場が（少なくとも経済学の教科書で説明されている市場が）、他の諸制度とどのように異なるかを見るために、学習環境として諸制度を性格づけるための二つの次元を定義する。第一のものは、相互作用が継続的か、あるいは一時的かというものであり、第二のものは、相互作用が人格的か、あるいは匿名的かというものである。市場の主要な性格は、最初にマックス・ウェーバーによって提起され、その後ブキャナンや市場の拡張された役割の他の賞賛者たちによって強調されたものだが、それは市場が交換に携わる人々の間の人格的愛情も長期的関係も必要としないというものである〔★28〕。この観点においては、市場は、一時的なもので匿名のものであるときに、よりよく働くのである。

これとは対照的に、二〇世紀中葉の社会学者タルコット・パーソンズが、市場に対する「二つの主要な競合者」と呼んだものがある。「政治権力の直接的適用による徴用」と「非政治的連帯とコミュニティ」である〔★29〕。パーソンズは、これらのものを上手に名づけてはいない。われわれは、これら二つの資源配分システムをそれぞれ国家とコミュニティと呼ぶことができる。

前者（「政治権力を通した徴用」）は、ある意味では、少なくとも理念的には市場と同様に非人格的である。しかし、そこにはまた、差異も存在する。国家のメンバーシップは、典型的には人が選んだものではなく、むしろ生来のものである。参入と退出の費用は、高い（しばしば、市民権の変化や少なくとも居住地の変化を要求する）。さらに、国家による資源配分がそれを通して働く個人間の諸契約は、一時的なものからはほど遠い。

国家や市場とは異なり、安定したメンバーシップをもって直接的な相互作用がなされる

量的次元	質的次元	
	匿名的	人格的
一時的	市場	人種的に分断された市場
持続的	官僚制	コミュニティ、氏族、家族

表6・1　学習環境として理念型化された市場

註：行は相互作用の当事者たちが将来の相互作用を予想する程度を示しており、列は取引に対して影響を与えるものとして個人のアイデンティティが重要か否かを示している。

コミュニティは、「有機的連帯」、「氏族」、「一般化された互恵性」、「ゲマインシャフト」という言葉でしばしば記述されるが、それは一時的なものでも非人格的なものでもない［★30］。パーソンズの「非政治的連帯とコミュニティ」は、既知の相手との長期的なフェイス・トゥ・フェイスの相互作用に基づいている。

表6・1は、これら三つの理念型を示している。そして、第四番目は、一時的で人格的な社会関係であり、人種やアイデンティティを示すその他の印が重要である。人種で分断化された日雇い労働者の労働市場は、その例である。なぜなら、それは人格的である（参加者の民族的アイデンティティが問題なのである）が、参加者の間の接触は、持続的ではないからである。

この観点から見ると、市場は、寛大さや他者への配慮を学ぶ学校のようには見えない。ジョージ・レーベンシュタインとデボラ・スモールは、貧困者に対する寛大さに関する彼らの研究の中で、情緒的配慮は、「われわれ自身と愛情の状態を共有し、地理的、社会的に近接していて、われわれと似ているか、あるいは明白な様相で表されている犠牲者たち」に対してより大きいことを発見した［★31］。

市場が、この近さや明白さを何も共有していない個人の間で、相互に利益ある相互作用を可能にするということが、市場の欠陥ではなく特徴であると言うのは正しいのである。しかしまた、市場における相互作用のこの側面は、ある者の行為は他の者に利益をもたらすのか害悪をもたらすかということに関する配慮を衰退させるだろう。

多くの市場は非人格的で一時的なものであるにもかかわらず（たとえば、それは日雇い労働者のスポット市場である）、労働市場はまた、いくつかの日本企業で実践されていることが有名な終身雇用や小規模な家族所有企業の中での近親関係を含んでいる。

それらの差異がなぜ重要かを見るために、商人が外交官よりもより信頼できるというアダム・スミスの観察に戻ることにしよう。彼の理由づけは、商人たちは多くの人々と繰返し相互作用を行う可能性が高く、彼らのそれぞれが、商人が他者をどのように扱うか知っているというものである。スミスが観察したところによれば、彼らの一人を欺くことは、商人にとって犠牲の大きいものとなる評判の損失をもたらす。対照的に、外交官は、彼らの相互作用は一時的なものであり、「スマートな騙しの仕掛けが、彼らの性格を傷つけることよりも多くを手に入れることができるのである」。

スミス対スミス

商人が誠実であり、外交官が信頼できないことに関するスミスの理由づけは、適切であるように思われる。私は、スミスがその結果について本当に正しいかどうか定かではないが、おそらく本当に正しいものたりえたのであろう。信頼ゲームにおいて、コスタリカのCEOは学生たちよりも互恵的であり、国際連合における外交官の集団の多くの者は、駐車規則を誠実に守る手本ではなかった。また、一連の実験と自然観察から、理想化された「伸縮性」と適度な距離をもった非人格的なスポット市場から市場が乖離すればするほど、交換相手への忠誠を形成し、彼らの公正な扱いと信頼を互いに高め合う傾向が大きくなることが確認される。

社会学者のピーター・コロックは、人々の間の信頼の拡大が彼らが相互作用を行う市場の種類にどのように依存しているか知ろうとした。彼は、「信頼を個人の特性の変数として扱うのではなく、交換システムにおける信頼の構造的起源」を検討した［★32］。すなわち、彼は、いかに信頼が市場において内生的に出現するか知ろうとした。彼は、変化する質をもった財が交換されるという実験を設計した。ある扱いにおいては、財の質は、契約によって規定され（実験者によって履行強制される）、また他の扱いにおいては、そうではなく、質は信頼の問題となる。彼が発見したことは、信頼して取引相手に関わることは、また自らの評判や他者の評判に配慮することは、生産物の質が契約によって規定されないときには生じるが、規定されうるときには生じないということである。

コロックと同様に、マーティン・ブラウンたちは、取引者たちの間の信頼と忠誠に対する契約の不完備性の効果を検証するために市場実験を用いた［★33］。交換される財は質が多様であり、より質の高い財は供給するのにより費用がかかる。コロックの研究と同様に、完備契約の条件においては、実験者は供給者によって約束された質の水準の履行を強制したが、不完備契約の条件においては、供給者は買い手とのいかなる約束や合意とも関係なく、いかなる水準の質も供給することができた。買い手も売り手も彼らが相互作用を行う者のID番号を知っていたので、以前の段階の取引において獲得された情報を、彼らが誰と相互作用を行うか、どのような価格と品質を申し出るか、取引相手を変えるかどうか、といったことを決めるために使用することができた。もし買い手たちが、継続的な関係を構築しようとしていたならば、彼らは、次の取引の段階で、（公的な申し出を広範に告げるのではなく）同じ売り手に私的な申し出をしていただろう。

完備契約条件と不完備契約条件は、取引のとても異なったパタンを生み出した。完備契約においては、取引関係の九〇パーセントは三期間より少ないものであり、大部分は一回かぎりのものであった。しかし、不完備契約条件のもとでは、取引関係の四〇パーセントのみが三期間より少なく、大部分の取引者は、彼らの取引相手と信頼関係を形成した。不完備契約条件においては、売り手は特定の水準の品質を提供する供給者の費用を十分に上回る価格を申し出た。そうして、交換から発生する利得を意図的に分け合ったのである。

完備契約条件と不完備契約条件との間の相違は、ゲームの後の段階において、特に顕著なものとなり、それは取引者たちが彼らの経験から学び、それに応じて彼らの行動を更新したことを示唆している。コロックの実験においてそうであるように、契約が不完備契約であるとき取引相手を信頼することを学び、契約に対して忠実であった（他に、より良い取引が可能であるときにも相手を切り替えたりしなかった）。契約が完備契約であるときには、このことは生じなかった。

そのような多くの実験は、不完備契約と社会的選好の間に相乗的関係があることを報告している。すでに見てきたように、契約が不完備契約であるときには、社会的選好は、市場がよりよく機能することに貢献するのである。それに加えて、それらの実験が示すところでは、不完備契約のもとで行われる交換は、人々が社会的選好を採用する傾向があるための諸条件を生み出すのである。それらは、スミスが外交官ではなく商人の日々の生活において見出した持続的で人格的な相互作用のようなものである。

経済学者が知っているように、不完備契約は市場の失敗をもたらすが、それはまた信頼を高めるのである。それは、アローが言っているように、市場の失敗を是正するのに本質的かもしれない。これは、立法者のジレンマの一部である。しかし、それは一種の好循環の基礎にもなりうる。すなわち、契約が不完備であるときに相互に利益のある交換にとって本質的なものである信頼は、契約が不完備であるときにまさに進化する種類の取引関係において学習されるものとなる。もちろん、その好循環の邪悪な従兄弟もまた存在する。

取引相手との間で信頼が欠如しているときには、取引者は契約をできるかぎり完備したものにし、したがって、信頼の進化をより起こりえないものとするのである。

われわれは、このことをファルクとコスフェルトの支配－回避実験において見た（第4章において）。すなわち、「被雇用者」を信頼しなかった「雇用者」は、最低限の成果をあげる「被雇用者」に対しても雇用者の期待を達成しようとして、実験が許すかぎりで完備された契約を設計し、それにより「被雇用者」が最低限しか働かないように誘導することで、雇用者の予想を現実のものにしてしまった。もし契約が完備されたものとなりうるならば、信頼の消滅は、阻害物とはならないだろう。しかし、リベラル・トリレンマに関するわれわれの検証からは、われわれはこのことが一般的に可能なものではないことを知っている。

信頼と契約の不完備性との間の補完性は、次善の理論のこの新しい応用に関する主要なメッセージを示している。市場参加者たちが、より良い取引が現れたときにも彼らの現在の交換相手を捨て去らないので、交換は持続的で人格的なものとなる。経済学者はこれを「市場の非柔軟性」と呼び、正しく（もし信頼と他の社会規範の維持の問題については脇におくことができるならば）、それを効率性への阻害物と考えている。しかし、もし取引者たちが彼らの取引相手がどのような人か知ることを許されないならば、それが長期的で忠実な関係が発展できないことを意味するならば、ブラウンの実験において生じるように、市場をより「柔軟に」することの結果は、何を意味するのだろうか。人々の集団が、容易に好循環から悪循環へと転換することがありうるのである。

より非人格的で一時的な理想的市場を実現する政策が、倫理的あるいは他者考慮的な選好を学ぶ環境としての経済の質をいかに悪化させるか見るために、商人は外交官よりも信頼するにたるというアダム・スミスの主張に立ち戻ろう。彼の理由づけは、繰り返し囚人のジレンマとして理解されうるものである［★34］。われわれは、もし社会的相互作用が十分長期に持続し、人々が十分に忍耐強いならば、条件つき協力の選好をもった諸個人（厳密に言えば、最初に協力することを学び、そして前段階で協力しなかった者に対して懲罰を与える諸個人）は、非協力的な諸個人よりも良い結果をもたらすことを知っている。実証的な基礎のもとで説得力あるものと思われることだが、もし社会の中で物質的に成功している諸個人がより模倣されやすいならば、そのような諸個人との長期持続的な経済的相互作用は、条件つきの協力を行う者の社会を支持するだろう。スミスの商人の誠実さの出現と持続は、文化的進化の類似の過程によって説明されうることだろう。

しかし、スミスの理由づけは、思いもよらない方向へと導く。コモンズの悲劇が問題とする種類の過剰開発が発生する森林や漁場のような共有で管理された資源にその生活を依存している村人の集団を考えてみよう。これらの人々として、われわれが第3章でファン・カミロ・カルデナスたちの実験において遭遇したコロンビアの森林利用者たちが考えられるだろう。これらの村人たちは、彼らが互いにコミュニケーションをもつとき、彼らの実験上の「資源」を維持するのに特によく協力したことを思いだそう。

大多数の村人たちは条件つき協力者なので、現実の生活においては何世紀にもわたって資源は維持されてきたのであり、一人による裏切りは、全員による裏切りを挑発するので、彼らの村人仲間での自制のもとでただ乗りする誘惑に抵抗してきたのである。たぶんこのことは、漁師、農民、森林利用者の多くの小さなコミュニティが「コモンズの悲劇」を回避してきた理由の一つである［★35］。

各々の村人は、彼らが将来において、また彼らの孫においても、互いに相互作用を行うことを知っているので、このことが働くのである。自然的資産に関する彼らの共同の所有がこれらの相互作用の予想される継続期間を増大させる。なぜならば、村を去る者はその資産に対する彼らの要求を放棄することになるからである。このことは、共同的に集約された資源の管理において、裏切り者の効果的な規律づけに対する理想的な諸条件を提供する。裏切り者による搾取から守られることによって、この集団における条件つきの協力は、サステナブルな社会規範となるだろう。

資産の私有化として、たとえば森林に関して各メンバーに市場で売買可能な持ち分を与えることがあるが、それは各々にその資源を維持し、過剰開発する者を監視するインセンティブを与えるのである。しかし、各々の持ち分の販売を許すことによって、私有化はまた退出を容易にする。このことが協力を維持する諸条件を掘り崩すことになる。それは、相互作用の予想される継続期間を短くし、したがって、たぶん過剰開発を最も報酬の高い戦略とすることによって、報復を回避する価値を減少させるのである。この枠組みにおいて、条件つき協力を保持している者は、裏切りを行う彼らの村人仲間による頻繁な搾取を経験することになるだろう。それゆえ、私有化は自己考慮的選好の進化にとって好都合なものとなる。これが商人についてのスミスの寓話の終着点であると予想した者は、ひょっとしたらいなかったかもしれない。

私有化対協力

この例は仮説的であるが、歴史学者、経済学者、人類学者の実地調査研究において、同様な過程は容易に得られるものである。ペルーの高地における土地の権利の歴史の興味深いねじれ現象は、ラーンヒルド・ハウリ・ブラーテンがこれらの効果を描写している準自然実験を提供した[★36]。

大きな不動産所有者によって長い間支配され、管理されてきた地域において、一九六八年における左翼の軍事クーデターは、一連の土地改革を開始し、農民たちを彼らが耕作している土地の事実上の所有者にした。その政府は土地の共同所有を促進することを望んだので、コミュニティがその土地の公式の共同的な所有権を与えられることとなった時間がかかる権利付与過程も開始された。結果として、地方のすべての所有者の権利は、このような仕方で認められた。地方の土地改革担当官によって異なった程度で遂行されたにもかかわらず、承認された農民コミュニティ（communidades campesinas reconocidas——このようにそれらは名づけられた）における結合された土地の承認は、その不動産から少しの収益しかもたらさなかった。どの場合においても、土地に関する市場は存在せず、土地の権利は、すべてのコミュニティにおいて共同で保有されているものと理解されてきたことがわかる。

クーデターの一〇年後に文民支配が再建されたとき、共同耕作の過程は、中途で停止した。「承認された」村々と軍事政府が打倒される前に政府が手を伸ばすのに失敗した村々の双方において、農民たちは事実上の所有者として彼らの独立の耕作を継続した。また、これら両者の村の集合においては、そのほとんどすべてが男性である家長による伝統的なコミュニティの集会が統治の問題を担っていた。

その集会の任務の中には、ファエナス（faenas）という農民たちの複雑な灌漑システム、道路、公的建物、その他の共通資源を維持する共同労働団体を組織することがあった。また、その集会は、各家庭が貢献することを要求される労働日の数を特定化し、彼らのコミュニティの労働責任を遂行しない者を規律づけた。彼らの忠告は、ただ乗りする者によって耕作されている土地を没収しうるという現実的な脅しによって裏づけられていた。それに加えて、男たちはアイニ（ayni）と呼ばれていた農業労働の互恵的な共同分担の伝統的慣習において、隣人たちを自発的に助けていた。共同耕作は、少なくともそれが始まったすぐ後には、農民たちの生活に関して少しの変化しかもたらさなかったことがわかる。ブラーテンは、大部分の農民たちは、彼らのコミュニティが「承認されていた」かどうか知らなかったと報告した。

しかしながら、一九九〇年代末には、個人の土地保有を私有化する公的に法律で規定された権利証書を導入することで、様相が劇的に変化し始めた。それは、耕作権の販売も含んでいた。初めて土地所有権の市場が存在するようになり、農民たちは土地を貸付に対する担保として使用することができた。二〇一一年までには、「特別土地耕作台帳プロジェクト」が一五〇〇万人の個人権利証書を発行した。しかし、その新しい法律は、承認されたコミュニティには適用されなかった。なぜならば、それらはすでに公式の集合的所有権をもっていたからである。ブラーテンが公共財ゲームの実験を実施するために高地に到着するまでに、各コミュニティの所有権上の地位は、よく知られており、「私的コミュニティ」と呼ばれていた個人的な耕作地域と集合的な耕作地域との相違は明らかなものとなっていた。

ブラーテンは土地所有の形態が農民（campesinos）の間の協力の度合いにおける相違と関連をもっているか否か知ろうとした。彼女は、五七〇人の人々にインタビューを行い、彼らに公共財の実験を実施した。半分は七つの共同所有されたコミュニティから、半分は八つの「私的な」コミュニティからの人々である。彼らの土地所有権の歴史の他は、コミュニティのそれら二つの集合は、識字率、家族当たりの土地面積、貧困度、平均所得、海抜の水準、そして信頼の度合い（「人々の大多数を信頼できるか」という標準的な調査文章の同意によって測定される）さえも、決して相違のあるものではなかった。しかし、集合的耕作地を保有している者と比べると、私的コミュニティの人々は、ファエナスの日数の半分以下だけ共同体的なプロジェクトに自発的に参加するのみで、アイニと呼ばれる互恵的農業のシステムには、大幅かつ顕著に少ない日数だけ参加するのみであった。

農民たちは、ブラーテンの公共財ゲームとファエナスとの類似性をただちに認識した。男たちの間では、共同所有権をもつ村からの者は、私的コミュニティからの者よりも、個人やコミュニティの属性をコントロールしても、実験の公共財に三分の一以上多く貢献したことが確認された（女性については、共同所有権のコミュニティからの者と私的コミュニティからの者とで相違が確認されなかった。それはブラーテンが、共同体的統治制度やファエナスやアイニなどの労働は、ほとんど完全に男の活動であるという事実のためであるとした発見である）。彼女は、「個人的土地所有権の近年の形成は……協力の伝統的形態を弱めた」と結論づけた。

個人的土地耕作に関してと同様に、ペルーの高地における近代的労働市場の発展は、共同体的労働の伝統的貢献を食うための活動へと転換させたことが明らかとなった。地域的労働市場によって与えられた退出という選択肢を利用する者は、かつてはコミュニティの規範であったものをただ無視することによって、彼らの利得を増加させた［★37］。インド、地中海の中世の交易者（すでに言及した）、メキシコ人とブラジル人の靴製造業者から得られる民族誌的・歴史的研究によって、ブラーテンの結論はより広範な妥当性をもっていることがわかるだろう［★38］。

ブラーテンの研究とその他の証拠から、より完備された契約を実現するために設計された土地所有権とその他の所有権の私有化と明確化が、そこに含まれているコミュニティの経済的発展に貢献するのに失敗すると推測するのは誤っている。しかし、市場の働きを完全なものにする努力は、よい統治にとって本質的なものである交換を支える規範や他の価値を学び、それを保持する程度を低くするという派生的な文化的効果をもつかもしれないのである。

立法者のジレンマ

立法者の経済学部への訪問は、インセンティブに関する五つの不快な事実を彼に残すことになる。すなわち、インセンティブは、よく統治された社会にとって本質的である。インセンティブは、もし人々が完全に利己的で非道徳的であるならば、経済資源の完全に効率的な使用を単独で実施することはできない。したがって、倫理的選好やその他の社会的選好は本質的である。少なくとも「害を与えない」ように設計されることがなければ、インセンティブは、「より良き人々を創り出す」のに障害となる。そして、その結果として、公共政策は、個人の選好の性質とインセンティブがその選好に悪影響を与えるかもしれない可能性に配慮しなければならない。最後の点は、リベラルな社会においては、政府は何らかの価値を育み、他の価値を抑制するという仕事に関わらないようにすべきだという考えをもつ者によっては賞賛されるべきものではない。しかし、立法者は、それがどのように回避されうるかを知らない。

立法者はまた、彼が直面する次善の世界において、これらの事実を鑑みれば、良い政策を考案することは、一つの挑戦となることを知っているのである。われわれの実験におけるインセンティブと同様に、悪人からなる経済において市場をより効率的に働かせるために経済学者によって提唱されるような政策は(おおむねすべてのものに価格をつけることによって行われる)、よりよく統治された社会にとって本質的なそれらの倫理的・他者考慮的な動機をまさに弱めることになるだろう。その結果として、市場それ自体の機能の仕方は、典型的には、履行強制が可能な契約によって交換のすべての内容を保証する方法が存在しないときには、これらの市場の改善を目指すはずの政策によって、質の悪化が生じるだろう。市場をよりよく働かせる経済学者による標準的な救済策は、市場の働きをより悪くす

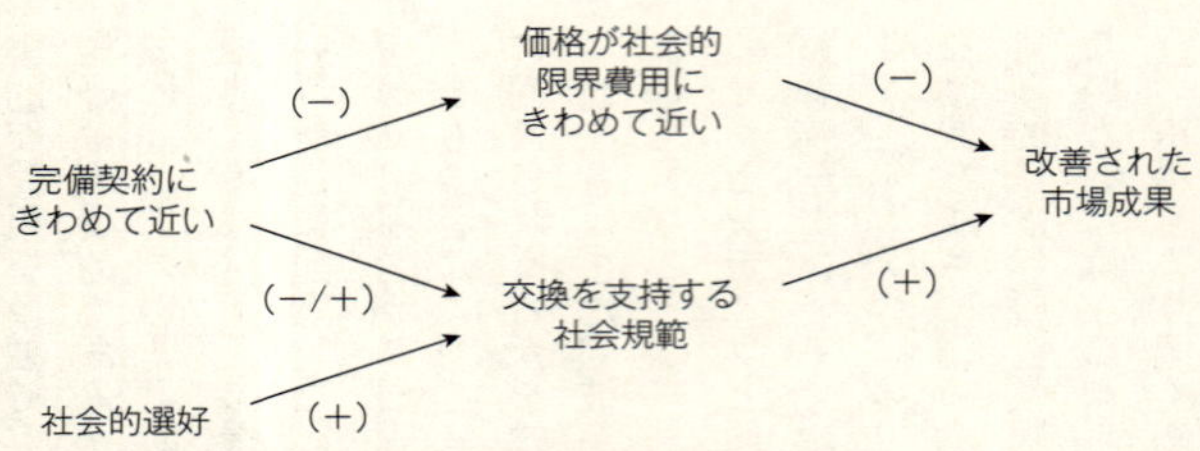

図6・2　市場成果の改善における立法者のジレンマ

るかもしれないのである。

これが、立法者のジレンマである。契約が完備契約であるときには市場がよりよく働く諸条件（すなわち、明確に定義された私的所有権、競争、柔軟性、移動性のような）を実現することは、契約が完備契約でないときには、相互に利益となる交換を可能とするそれらの社会規範を危うくすることになるかもしれないのである。しかし、これらの社会規範を促進する経済的および社会的諸制度は、市場の機能の仕方を阻害するかもしれない。なぜならば、そのような諸条件は、経済と見えざる手の理想的な世界との距離を拡げることになるからである。

この次善の世界の挑戦にどのように対処すべきかを明確にするために、アリストテレスの立法者は彼のもともとの領域に戻ることになる。

第7章　アリストテレスの立法者の使命

紀元前三二五年、アテナイの民会がギリシャのはるか西のアドリア海に植民地と軍港を建設することを決定したとき、彼らは何千もの人々と二八九隻の船を必要とする途方もないプロジェクトを開始した〔★1〕。また、彼らには時間の余裕もほとんどなかった。つまり、ペロポネソス半島周辺を安全に航行できる機会が失われるまで数週間の問題であった。当面、人も船も民会のもとにはなかった。植民者、こぎ手、航海士、兵士は市民から集められなければならなかった。船はこの任務のために用意された（騎兵隊も加わっていたため、馬を運ぶ船もあった）。民会の布告が保存されているおかげで、われわれは彼らがどのようにしてこれを成し遂げたかを知ることができる。

三段櫂のガレー船の指揮者（船長であり装備責任者）――アテナイの富裕層の中から指名された――は指定期日までに装備を整えた船をピレウスの港まで納めるよう求められた。不当な負担だと感じた人は自分の任務（リトゥルギアと呼ばれる）に抗議することができた。彼らの抗議は他のある人（おそらく富裕層）に挑戦することによって行われるが、それは、自分のリトゥルギアを引き受けさせるか、もしくはその人の実物の個人的保有資産のすべてを抗議する挑戦者と交換するか、このいずれかを突きつけるものであった。挑戦の対象者がそのいずれかを実施することを拒否した場合、人民陪審が、どちらの人の土地がより大きいか、したがってリトゥルギアの費用を負担すべきかを決定した。リトゥルギアの任務における不公平を緩和するため、こうした独創的な規定は、市民に自分自身の富と隣人の富に関する私的情報の利用を認めることによって、任務の遂行への反対を抑制した。

布告は続く。民会は「自分の船を〔ピレウスに〕納めた第一位の〔ガレー船の指揮者〕に五〇〇ドラクマの王冠、そして第二位の指揮者に三〇〇ドラクマの王冠、そして第三位の指揮者に二〇〇ドラクマの王冠」を名誉として与えると記している。そして「〔五〇〇ドラクマを携えた〕議会の使者は、市民に向けてガレー船の指揮者の……競争意欲が明白となるよう、タールゲリア〔お祭り〕のコンテストで王冠を発表する」とつけ加えられている。当時の熟練労働者の日当はおよそ一ドラクマであった。だからこうした褒賞は――リトゥルギア遂行の総費用のわずかな部分だとしても――かなりの額であった。時間どおりに任務を遂行した、他の人にも褒賞が与えられた。

こうしたインセンティブが促進する崇高な目的について何の疑念も生まれないように、布告はアドリア海軍基地の期待便益を詳しく述べていた。「ティレニア人〔エトルリアの海賊〕への警戒」はもちろんのこと、「市民が将来にわたり自身の穀物の貿易と輸送を行うことができる」、と。

そして名誉や報酬に心を動かされなかった者については、警告が与えられた。「誰であれ、こうしたことのそれぞれを命じられた者が、本布告に従ってそれを遂行しない場合には、執政官であれ、私人であれ、任務を遂行しない者は一万ドラクマの罰金が科される」。この収益はアテナイが受け取る（ピレウスの港への期限までの船の納入に対する賞金の受賞者であれば、アテナイに対する貢納としてそうした賞金を提供したことであろう）。

集団としては、アテナイのポリスは成功したメカニズム設計者であった。そしてそのメンバーであれば、物質的インセンティブと道徳感情とが単純に加法的だとする考えを一笑に付したであろう。彼らであれば、自分たちが提供するインセンティブがアテナイ人の市民的徳をクラウディングアウトするかもしれないという考えがなおいっそう笑いを誘うものだということに気づいたはずである。

船の装備を終えたガレー船の第一位の指揮者に「王冠」が約束されたが、それはサービスに対する料金ではなく、賞品である。そうした奨励とインセンティブは代替的ではなく、補完的である。アリストテレス自身が関係していたとする証拠は存在しないが、彼らは最初のアリストテレス的な立法者であった（アリストテレスはアドリアでの任務が開始された三年後に亡くなった）。

実験を思いだしてほしい。ハイファの託児所では子供のお迎えに遅れた親に罰金が科されたが、そのことがお迎えの遅刻数を倍増させることになった。今アテナイ人がタイムマシンを使ってハイファに行き、遅刻する親に対処する託児所の政策立案を手助けするよう求められたとしよう。

託児所がドアに掲示したポスターは次の通りである。「保護者の中には遅刻する方もいます。このためわれわれは、(イスラエルの民間託児所局の認可を受けたうえで)お子さんのお迎えに遅刻する保護者に罰金を科すことを決定いたしました。次の日曜日からお子さんのお迎えが一六時一〇分を過ぎた場合、つねに一〇イスラエル・シケル〔一イスラエル・シケルは当時およそ三ドル〕の罰金が科されることになります」。

アテナイ人が相談を受けていたならば、彼らは間違いなくこのポスターを認めなかったであろう。その代わりに、彼らのポスターは次のように告げていたはずである。「保護者協議会は時間どおりのお子さんのお迎えに感謝いたします。そうしていただくことで、子供がときおり感じる不安は和らぎ、また、われわれの職員は自分の家族と過ごすために時間通りに帰宅することができます。われわれは今後三カ月間一度も遅刻をしなかった保護者全員を表彰し、毎年開催の保護者と職員の年末パーティにおいて五〇〇イスラエル・シケルの報奨を授与します。ご自身の報奨は年間最優秀教員賞の学校祝賀会に寄付することもできます」。

しかし、これで終わりではない。「しかし、一〇分以上遅れた保護者には一〇〇〇イスラエル・シケルの罰金を支払っていただくことになりますが、罰金の支払いもまた年末パーティでみなさんの前で行われます。万一そのような罰金の機会が発生した場合には、その支払いも年間最優秀教員賞に利用させていただきます」。そしてメッセージは次の言葉で終わる。「もちろん、やむを得ない理由で時間どおりに到着することができないこともあります。そうした場合、保護者・職員委員会でその状況を説明することができます。そしてもし遅刻が避けることができなかった場合、あるいは罰金が大きな負担となる場合には、遅刻は公表されますが、罰金が科されることはありません」。

ハイファの託児所のために公正を期して言えば、親たちに罰金を通知する不可解なポスターは優れた公共政策に関する託児所の思いつきではなかった。それは、遅刻を道徳問題とする枠組みを回避しようとした実験デザインの一部であった。というのも、道徳問題が罰金の効果を複雑にしていたからである。しかし、その意図が、罰金そのものが遅刻に与える効果を発見することにあったとすれば、そのデザインは次のような仮定に基づかなければならなかったにちがいない。すなわち、罰金に対する親たちの反応が、新たな方針がどのように説明されるのかその方法に依存しない、という仮定である。

託児所のドアに、タイムトラベルしたアテナイ人が提案したようなメッセージ――遅刻の倫理的問題を説明するが、しかし、罰金を科すことを告げずにそうするメッセージ――が掲示されたならば、どのようなことが起こったであろうか。親たちはこのメッセージに心を動かされ、時間どおりに子供を迎えに来ただろうか。そしてそれから後に、メッセージが遅刻には罰金が科されるという警告も告げたならば、道徳的メッセージの重要性を高め、社会的選好をクラウディングインし、道徳的メッセージだけの場合よりも大幅に遅刻を減らすことができたであろうか。こうしたアテナイ人の実験バージョンは、道徳的フレーミングが形成されないときに発生するクラウディングアウトを逆転させたであろうか。

アテナイ人の実験はそうしたクラウディングアウトを逆転させたかもしれない。それが、われわれが第4～6章で理解した結論である。インセンティブの伝える情報が、インセンティブを課す人に関して不快感を引き起こす場合、もしくは利己的動機が受容可能である、それどころか利己的動機が求められるものだとして、インセンティブが問題の枠組みを構成する場合、もしくはインセンティブがそのターゲットの自律性を損なう場合——こうした三つの場合、クラウディングアウト問題が発生するかもしれない。問題はわれわれが見るように、インセンティブそのものではなく、情報なのかもしれない。またインセンティブによって伝えられる情報がより肯定的に受け止められる方法が存在するかもしれない。

われわれが理解したように、インセンティブが存在する場合、他人の手助けなどの寛大な行動が——実際にはそうではない場合でも——利己的行動だと誤解されるかもしれない。そしてこうした結果、人々はインセンティブが存在しない場合に比べ、利己的選好の採用を高めるかもしれない。しかし、インセンティブがときおり伝える負の情報のように、この問題は、アテナイの民会が行ったように、公共心に基づく動機を表現する機会を拡大することによって緩和されるかもしれない。

インセンティブそのものが実際に問題なのかどうか。あるいはクラウディングアウト問題を生み出すのがインセンティブを課す個人とその対象者との関係なのか、それともインセンティブの意味なのかどうか。立法者はこうしたことを考え始めている。もし立法者が自己の使命を政策設計者および「法を命ずる」者として描くのであれば、彼はインセンティブと社会的選好とが目的の食い違ったものとしてではなく、ともに機能するような、そういったケースを研究しなければならないであろう。そのさい彼は迷わず、悪党を律する立法に関するヒュームの原則を更新するであろう。

取得と構成

私は読者に、次の事実を後で利用するために控えておいてほしいとお願いしていた（第3章）。つまり、逐次的な囚人のジレンマゲームにおいては、ほとんどの場合、後手は先手を模倣する、つまり先手がとった手に応じて互恵的に協力するか、もしくは裏切るかで応えるということである。後手が互恵的に協力で応えるという事実は、ともに協力することそのものか、もしくは他のプレイヤー――このプレイヤーの信頼と協力は彼の先手において明らかである——が受け取る利得か、そのいずれかに後手のプレイヤーが正の主観的価値をおいていることを意味する。この価値は、後手が協力者を裏切ることで受け取る利得を相殺できるほど十分な大きさである。これが、彼らが協力する理由である。

後手が、裏切る先手を裏切るとき、彼らはそうした状況下で利得を最大化する行動をとっている。しかし、明らかに、取得動機だけから裏切るのではない。われわれが見たように、同じ個人が、協力者と協力するために利得を抑制することもある。しかし、裏切り者と協力することとは異なった意味をもつ。つまり、後手を「敗者」すなわちたやすく利用できる者として認定することになる。したがって、「先手を模倣する」パタンの背後にある動機の一端には、互恵的であることが第二の行為者自身について、「私は協力する人には報い、他者の協力を利用するような裏切り者には立ち向かう、そういった人間だ」ということを示すことにある。

人々が交易に携わり、財とサービスを生産し、貯蓄し投資し、投票を行い政策を支持するとき、自分自身の目から見ても他者の目から見ても、人々は物を得ようとするだけではなく、何者かになろうとしてもいる[★2]。われわれの動機は、言い換えれば、取得的であると同時に構成的である。

こうした考えは——心理学者や社会学者の間では一般的であるが——ジョージ・アカロフとレイチェル・クラントンが『アイデンティティ経済学』（二〇一〇年）において経済学

をそうした考えを扱えるように変える以前には、大半の経済学者によって見落とされてきた［★3］。ときおり構成動機と取得動機とは、アダム・スミスの商人のように、緊密に結びつく。アダム・スミスの商人は（想像するに）自分を正直な人として表現するように行動したいと考えている。すなわち、他者との収益的な交換を保証する評判である。同様に、裏切る先手を裏切る、逐次的囚人のジレンマゲームの後手は、自分がどのような人間であるかを宣言すると同時に、自分の利得を最大化してもいる。

これと似たケースにおいて、取得動機と構成動機とを識別し、どちらが働いているのかを決定できるとすれば、それは公共政策の提唱と設計に重要な意味をもちうる。ここに一つの例がある。貧困層への再分配が税金を通じて調達される場合、そうした再分配に対する支持者はたびたびそうしたプログラムを、所得分布の中間に位置する投票者にとっての一種の保険だと表現する［中位投票者モデルの想定］。今のところそうした投票者は便益を受け取っていない。おそらく、支持者がこの手のレトリックを採用しているのは、再分配プログラムに対する反対が投票者の利己心から生まれると考えているからである。この想定は、後手の裏切りをたんに利得最大化戦略だと見、その構成的側面を見過ごすに等しい。

しかし、アメリカやその他の国では、所得再分配に対する反対の大半は倫理的なものであり、利己的なものではないし、貧困層は所得再分配に値しないとする信念に基づいている。経済学者クリスティーナ・フォンによって分析されたアメリカのギャラップ調査では、自分の経済状況が改善すると期待していない貧しい人々の間で、努力しなかったことが貧困の原因だと信じる人々は再分配に反対する傾向にある［★4］。同様に、十分に裕福であり、将来において自分の所得が上昇すると期待する人々の間で、貧困が不運の結果だと信じる人々は再分配に対する強い支持を表明する。貧困層への再分配に対する支持は、アメリカにおいて成功するかどうかのチャンスにとって人種が重要だと信じている白人回答者の間でも高い。また、ジェンダーについて同じように感じている男性の間でも高い。

ここで、再分配から気候変動、外交政策、その他の大きな責任を伴うトピックの問題にまで広げると、政治的レトリックと政策の提唱をめぐって、立法者にとって二つの教訓が引き出される。第一の教訓は、社会的選好が問題の政策を支持するよう人々を促すことができるかもしれないのに、完全に利己心に基づいた訴えでは、そうした社会的選好を利用できないということである。ニューメキシコ州アルバカーキにおいて最低賃金の引き上げを求めて署名運動を行った運動員は、最低賃金の引き上げが地域経済を支えるだろうという理屈で入念に準備していた。しかし彼らは、署名を集める最も手っ取り早い方法が、単純に、住民に現行の最低賃金額を教えることだということに気づいた。すなわち、通例、不信、怒り、そして心からの署名と続く事実である［★5］。

第二の教訓はそれほど明瞭ではない。利己心に訴えることで投票者は、「それは自分にとって何の意味があるのか」と問うようになる。こうした効果は投票者の倫理的およびその他の社会的関心の重要性を低下させることになるかもしれない。この手の道徳的束縛からの解放は、第4章で検討された多くの実験において発生したと思われる。したがって、利己心に訴えることは市民の社会的選好を利用できなくするだけではない。それどころか、そうした選好を取り除くことになるのかもしれない。これは、われわれが冒頭で触れた、道徳感情と物質的利害の分離不可能性の問題のもう一つの例にすぎない。

ここでは、インセンティブの利用に関しても教訓が引き出される。行動の取得動機と構成動機とはときおり衝突することがあるかもしれない。そしてわれわれは実験から、また自分自身や他者を観察することから、善良であることが成功を駄目にすることがあるということを知っている。意図された通りに（すなわち利得を最大化する者として）インセンティブに反応することによって、そうした反応者が被害を受けるかもしれない。しかし、つねにそうだというわけではない。インセンティブに対する利己的反応は、行為者を善き市民あるいは聡明な買い物客として構成するかもしれない。これは構成動機と取得動機とが密接に関連しているということを示している。われわれが見るように、同じ考え方から、どのようにしてわれわれがインセンティブと社会的選好の相乗作用を生み出すことができるのかということが示される。

取得目的はどのようにして、J・S・ミルが経済学者に無視するように勧めた構成動機と相互作用するのか。こうしたことは、経済学者が純然たる利己心に基づいて予測するとおりに正確にインセンティブが機能することもあるし、機能しないこともある、そうした理由を説明できるかもしれない。フェールとロッケンバックによって実施された信頼ゲーム――このゲームでは受託者の反対移転額が十分なものでない場合、投資家は受託者に罰金を科すと告げる――において、そうした通告が受託者の互恵性水準を低下させたことを思いだしてほしい［★6］。受託者からの反対移転の水準は、罰金の威嚇のもとでは、より低いものとなった（図4・1）。

しかし、より立ち入って見ると、罰金の威嚇によって表現されるインセンティブは問題ではなかったようだ。受託者の中で誰がインセンティブに負に反応したかを確認するために実験データを見ると、強いクラウディングアウトはほぼもっぱらインセンティブそのものに対する反応ではなく、投資家のあからさまな強欲に対する反応であったようだ。受託者に要求された反対移転額によって共同の余剰（二人にとっての総利得）のほとんどが投資家に与えられたとき、クラウディングアウトが発生した。投資家が余剰のかなりの割合を投資家と受託者の両方に配分する反対移転を求め、威嚇として罰金を科したとしても、そうした罰金が反発を招くことはなかった。こうしたケースにおいては、明らかに公正心をもつ投資家が罰金を利用したとしても、反対移転額は、罰金が選択肢ではない実験でのそれと比較して、わずかばかり低下しただけであった。

重要な相違は罰金が送るメッセージである。要求された反対移転額が投資家のために余剰の大半を取るものであった場合、罰金は強欲を伝えた。反対移転額が余剰をより平等に分割する場合には、罰金は公正へのコミットメントを伝えた。そして、おそらく、受託者によって搾取されたくないとする投資家の考えを伝えたであろう。明らかに不正な要求を執行するために罰金を利用することは、受託者を取得動機に従わせることになった。しかし、受託者にとって、罰金の利用は譲歩の意味も転換させてしまったかもしれない。投資家の要求が穏当であった場合とは異なり、投資家の要求する反対移転に応じることはもはや受託者を協力的な、倫理的な人間にすることはなかった。それに応じることは受託者に、簡単に操れる人もしくはカモだというレッテルを貼ることになった[★7]。

したがって私は、威嚇に利用される罰金そのものではなく、投資家と受託者との関係こそが、強いクラウディングアウトの源泉ではないかと考えている。こうした考えは、懲罰つき公共財ゲームでの罰金に対する正反対の反応によって強められる。罰金を科したとしても個人的には何も利益を得ない同僚が罰金を科したとき、罰金は社会的選好をクラウディングインしたと考えられる。われわれはすでに(第5章において)、同僚の懲罰が働く証拠を確認している。しかし、この結果は単純に、被験者の経験に基づく価値にまったく影響を与えることなしに、拠出しようとする意思に与えるインセンティブの直接効果のために発生したのかもしれない。インセンティブが被験者の社会的選好の重要性を高め、それをクラウディングインしたかどうか、もしくは、それよりも同僚による懲罰に対する正の反応が単純に利己心に基づいているのかどうか、こうしたことをわれわれは知りたいと考えている。

思いだしてほしいのだが、このゲームにおいては、いったん公共財に対するそれぞれのメンバーの拠出が開示されると、仲間のグループ・メンバーが自分のグループの複数のメンバーに懲罰を科す（利得を低下させる）ために支払う（自分自身の利得を低下させる）機会をもつ。この実験のいくつかの異なったかたちにおいて、ゲームは多数回繰り返され、グループのメンバー構成はそれぞれの期間後に入れ替えられた。後に続く期間において、懲罰者が、自分の過去の懲罰対象者と同一のグループにとどまる可能性はきわめて低い。このいわゆる変動被験者実験法においては、懲罰者は、自分の懲罰対象者がその後により多く拠出することで反応する場合でも、便益を得ることができない。懲罰者もその対象者もこのことを知っている。より重要なことは、懲罰対象者が、懲罰者がこのことを知っているということを知っているということである。それゆえ懲罰対象者は、この場合の懲罰が、懲罰者を犠牲にして他者（将来期間における対象者グループのメンバー）に便益をもたらす利他的行動だということを知る。したがって、懲罰がパイのより大きな分割を得ようとする懲罰者の意図を示すサインだと理解されることはない。

図7・1が示しているのは、フェールとゲヒターが実施した公共財ゲームの変動被験者実験法における期間ごとの拠出である。最初の一〇期間は懲罰選択肢なしの標準的ゲーム

である。同僚の懲罰はそれ以降の期間において導入される。このゲームにおいては標準的なことであるが、懲罰が選択肢でなかったとき、拠出は当初きわめて寛大であった。しかし、それから一〇期間の終わりにおいては事実上ゼロにまで低下した。懲罰選択肢が導入されたとき、拠出は、懲罰なし実験法の第一期間水準周辺で始まった。しかし、それから着実に上昇していった（最初に、懲罰選択肢つきの一〇回がプレイされ、続いて標準的公共財ゲームの一〇回がプレイされた場合でも、結果は同じであった）。思いだしてほしいのだが、これは正確に、第5章で説明された異文化間研究における「英語圏」、「プロテスタント」および「儒教圏」の集団において発生したことである。しかし、「南ヨーロッパ」、「アラビア語圏」および「正教／旧共産主義圏」集団においては発生しなかった（図5・3）。

信頼ゲームにおいて支配的な投資家が罰金を科すときには罰金は反生産的となる。しかし、公共財ゲームにおいて同僚が罰金を科すときには多くの被験者プールにおいて罰金が効果的になる。これはなぜであろうか。一つの許容可能な説明は次のものである。懲罰を科すことで何の利益も得ない同僚が罰金を科したとき、プレイヤーは、罰金が、公共心に基づいた仲間のグループ・メンバーの社会的不承認のシグナルだと理解したということである。これが正しいとすれば、ターゲットのフリーライダーは恥を知り、彼らは拠出を増やすことによってそれを正そうとするのであろう。そうだとすれば、インセンティブ（同僚の科す罰金の見込み）は社会的選好をクラウディングインした（正の効果は懲罰を免れたフ

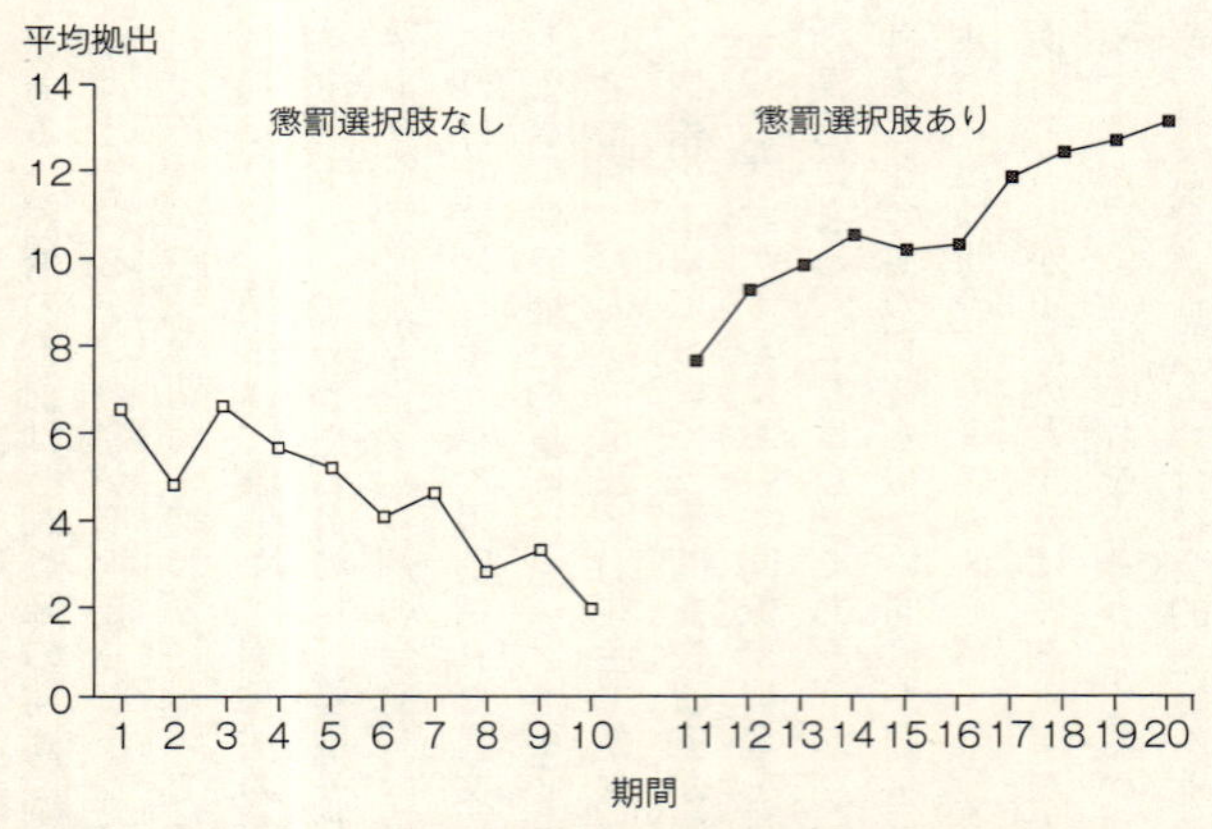

図7・1　公共財ゲーム（変動被験者実験法）における同僚の懲罰なし、および懲罰ありの拠出　平均利得を最大化する拠出は20である。懲罰なしの実験法では、個人の利得を最大化する拠出はゼロであり、これは他者の拠出がどのようなものであるかに関わりなく、妥当する（拠出しないことが支配戦略である）。（データの出所は Fehr and Gaechter 2000a）

リーライダーには一段と大きいものとなろう。それというのも、仲間のグループ・メンバーの社会的不承認という怒りを買うことなく道徳的メッセージを受け取るからである)。

しかし、このクラウディングインの説明は正しいのであろうか。

潜在的なフリーライダーが低水準の拠出に対する懲罰の可能性を考え、自分の利己心に基づいて拠出を拡大させたのかもしれない。このため、罰金が存在する場合、拠出の拡大が発生したと言うこともできる。そうだとすれば、これは罰金が社会的選好をクラウディングインした証拠にはならないであろう。むしろ拠出の上昇は、罰金が社会的選好に取って代わることがあるということを示していると言えよう。

興味深いことである。共著者と私はこの可能性を追究した。われわれの懲罰つき公共財実験において、ターゲットのフリーライダーの反応が利己心だけでは説明できない、ということを発見した［★8］。自分の同僚によって与えられた懲罰は、ただ乗りの利益を打ち消すほど十分なものではなかったし、期待利得を最大化する者に拠出の拡大を促すことはなかっただろう。それにもかかわらず、懲罰を受けるという経験はその後のフリーライダーの行動に強い影響を与えた。拠出が平均以下であり、そのために懲罰を受けた人々はその後にもっと多く拠出するようになった。こうしたことが発生したのは、かつてのフリーライダーが自分の利己的行動について道徳的なうしろめたさを感じたからにちがいないし、そしてそうした行動がすべての人に知られたために、心から恥じたのであった。こうした恥は拠出を増やすことによって軽減された。

追加的な直接的な証拠が引き出されるのは、純粋に口頭での不承認のメッセージがその後のフリーライダーの拠出に大きな正の効果を与えた実験からである［★9］。アビゲイル・バールは、彼女の考案した公共財ゲームをプレイしたタンザニア農村部の人々の間において、そうした効果を発見した。各ラウンド後に、被験者はゲームにおいて起こったことについてコメントする機会を与えられた。フリーライダーはしばしば他の被験者から口頭で非難された（「お前の家に立ち寄ったとき、なぜ一度も食べ物を出さなかったのか、今ではわかっている！」）。ターゲットはその後のラウンドにおいては拠出を増やした。非難を免れたフリーライダーはより積極的に反応した。

より標準的な懲罰つき公共財ゲームにおいて、明らかに公共心をもつ同僚が科す罰金のように、隣人からの非難は被験者の構成動機の重要性を引き上げたのかもしれない。いくぶん多くのタンザニア・シリングを持ち帰る以上に、隣人にも自分自身にも寛大さを肯定することがより重要となったのである。

ファルクとコスフェルトの「コントロール回避」実験のバリアント（第4章で説明）の結果もまた、クラウディングアウトがインセンティブ利用そのものから生じるのではなく、むしろ、インセンティブのターゲットと設計者との関係から、とりわけ、想定された設計者の意図から生じるという解釈と整合的である。思いだしてほしいのだが、コントロールそのものが「従業員」が不愉快だと受け止めたものではなかったのかもしれない。利益を求めない第三者が従業員の努力に下限を課したときには、従業員の負の反応は現れなかった。

公共政策の設計にとってより重要なことだが、（依頼人ではなく）代理人自身が自分の仲間のメンバーにコントロールを課したときにも、負のコントロール回避の反応は発生しなかった［★10］。どうやら、コントロールが同僚によって課されるとしても、特にそれが投票によって正当化された審議過程の結果である場合には、自分自身を自律的な個人として構成したいと望む人々に対してコントロールは威嚇とはならないようだ。実際、フリーライダーの乱用からそれぞれのメンバーを守る裁量や政策は、自己決定を重んじる個人にとって構成的プログラムの本質的部分であるのかもしれない。

こうした枠組みは立法者に政策指針を与えることができるのであろうか。

道徳的教え――インセンティブが悪いのか

第2章で私は利己心に基づく政策パラダイムの初期の例を引用した。すなわち、ジェレミー・ベンサムの助言である。「守ることが義務である行為を……遵守するのを各人の利害にせよ」。これは、公共の目的のため適切なインセンティブがどのようにして利己的な個人の目標を抑えるべきかの指針である。しかし、ベンサムも、行動の構成的側面を理解していたし、そして――ハイファの託児所の罰金と異なり――道徳感情に取って代わるのではなく、むしろ、それを補完するインセンティブを設計する必要性も理解していた。「刑罰が犯罪に刻む不名誉の理由によって、犯罪が関連していると思われる有害な習慣と気質に対する嫌悪感を人々に抱かせ、それによって反対の有益な習慣と気質を植えつけるように刑罰が計算されるとき、刑罰は……道徳的教えだと言うことができるかもしれない」［★11］。

「道徳的教え」として刑罰を理解する考えを追求する前に、簡単にその長い、多彩な歴史を思いだしてみよう。公開処刑とむち打ち、さらし台、水責め椅子、焼き印、さらには火あぶり、すべてがそうした理由で支持されてきた。アメリカのいくつかの司法管轄区では、被告を辱めるよう設計された処罰が、ビジネス犯罪と性犯罪（横領と売春）、また万引きのような軽犯罪について制度化されている。そうした犯罪歴を表すサインを大っぴらに示すことを要求される人々もいる。「私は盗みで有罪判決を受けました」、「私はコカイン所持で逮捕されました」あるいは「有罪：飲酒運転」、と［★12］。カンザスシティの住民向けTVチャンネルはジョンTVと呼ばれる人気番組を放映していたが、この番組は売春の勧誘で有罪判決を受けた男性の氏名と顔写真を公開していた。イギリスでは国営医療サービスが、患者の癌の初期症状を繰り返し見逃した一般開業医の名前――警告（レッドフラッグ）つき――をリストに掲示し、適切な時期に患者に専門医を受診することを勧めた記録をもつ医師には緑の評価が与えられると発表した［★13］。

こうした懲罰は、人々の尊厳を損なううえに、ベンサムが提唱した教育的役割を達成するために適切に設計されているとは思われない。ベンサムははっきりと、違法行為ではなく、違法行為の原因である「習慣と気質」に対する人々一般の嫌悪を奨励しようとしていた。

その他の型破りな懲罰の形態は、そうした目的により適合している。サンフランシスコの強制「ジョン・スクール［買春者に対する矯正プログラム］」では、売春婦だった人たちがその生活の苦境を説明している。強盗は、メンフィスの裁判官によって、犠牲者が（警察官同行のうえ）強盗の家に予告なしに入り、盗んだ物に等しい価値の品物を選び、それを持ち帰ることを許可するよう求められた。両方の処罰によって、既決囚にとって犯罪はより個人的なものとなり、鮮明なものとなった。こうしたことは――レーベンシュタインとスモールに従えば――犯罪を可能にしたとみられる道徳的束縛からの解放を修正したのであった［★14］。

これらの目を引く処罰から離れると、アリストテレスの立法者は一見手に負えないジレンマへと戻る。すなわち、インセンティブが優れた統治の不可欠な部分であると同時にその規範的基礎をつき崩すかもしれないという事実が提示するジレンマである。しかし、私が（第4章において）レパーたちが提起した理解にまた立ち返ると述べていたことを思いだしてほしい。そうした負の効果が「有形の報酬利用に特有な働き」ではないかもしれないという理解だ。レパーたちが言及しているのは、以前には活き活きとしていた幼い芸術家がその自律性を損なわれたということである。彼らは絵を描くことに本来的な喜びを感じていたが、そうした喜びが報酬の約束によって失われたということである。しかし、この理解はさらに大きな広がりをもつ。

二〇〇二年にアイルランドで制定されたビニールのレジ袋への少額の課税は、経済的観点からは、ハイファの託児所での遅刻に対する罰金に似ている。この課税は、そのインセンティブが抑えようとした行動のコストをわずかばかり引き上げた。しかし、その効果は際立っていた。その導入のちょうど二週間後、ビニール袋の利用は九四パーセント低下した[★15]。課税は社会的選好をクラウディングインしたのかもしれない。多くのアイルランド人男女にとって、ビニールのレジ袋を家に持ち帰ることはクローゼットの中の毛皮のコートを着用するという反社会的行動に参加したように思えたのであった。

遅刻の罰金とビニールのレジ袋税との相違は示唆に富む。ハイファでは、罰金の告知にはその懲罰を正当化するものは何も含まれていなかった。「道徳的教え」がまったく存在しなかったのである。罰金がはっきりと規範的に正当化されなかったために、既存の枠組みを招いてしまった。つまり、遅刻が売りに出されたのであった。おそらく、わずかな罰金は、親たちに遅刻は実際のところ学校にはそれほどコストがかからないということを伝えてしまったのであろう。さらに、他の親の目から見れば、遅刻する親は自分ではどうにもできない理由で遅刻するのかもしれず、遅刻が教員にもたらす不便を意図的に無視するから遅刻するのではない。罰金の告知は、遅刻して到着する「親もいる」ということを示している。こうしたことはおそらく親たちに次のように伝えることになったのであろう。遅刻したとしてもそれは珍しいことではない、したがって遅刻は一般的に観察される時間厳守という社会規範に対する特に深刻な違反ではない、と。最後に、少なくとも親たちの間では、他人の託児所への遅刻を見る観察者にすぎない人々自身も遅刻したのであった。

対照的に、アイルランドのビニールのレジ袋税ではその導入に先立って、環境に有害なレジ袋の役割を劇的に表現した大々的な広報活動と広範囲な公開審議が実施された。託児所でときおり見られる遅刻――これは親たちにはどうにもできないことかもしれない――とは異なり、ビニールのレジ袋の利用は、買い物客による意識的な、きわめて公共性の高い行動を必要とした。アイルランドのケースでは、金銭的インセンティブは明示的な社会的義務のメッセージと結びついており、そしてそのことが明らかに、人々にレジ袋の利用と処理の大きな社会的コストを思いださせたのであった。ハイファでは罰金は「遅刻はその代金を支払うかぎり問題ありません」と告げているように見えるのであり、アイルランドではメッセージは「エメラルド島［アイルランドの愛称］を汚すな」といったようなものであった。

二つのケースの違いを鮮明にするために、現代の行動経済学者に代わって、タイムトラベルしたアテナイの民会のメンバーが遅刻する親に対する託児所の政策を設計した場合、

	罰金なし	罰金（現実）	テストされる効果
道徳的メッセージなし（現実）	現状	最悪	メッセージなしの罰金
アテナイ人の道徳的メッセージ	改善	最善	メッセージありの罰金
テストされる効果	罰金なしのメッセージ	罰金ありのメッセージ	

表7・1　ハイファ託児所での遅刻：実際の実験と（想像上の）アテナイ人の実験との比較

註：「現状」のセルは罰金なしとメッセージなしの状況である。すなわち、託児所が保護者の遅刻に対処しようとする以前の状況である。（託児所が行ったように）罰金の導入は「最悪」の結果、すなわち遅刻の増加をもたらした。インセンティブと道徳的メッセージとがその効果において加法的である場合（すなわち、両者が分離可能である場合）、罰金の効果は、そこに道徳的メッセージが伴うかどうかからは独立であろう。これと同じように、メッセージの効果も、そこに罰金が伴うかどうかからは独立であろう。

どのようなことが起こるのかを考えてみよう。アテナイ人が時間に間に合い託児所に到着し、手を貸したとしよう。そのときどういったことが起こるのであろうか。表7・1はその点に対する私の推測と実際の実験とを対比している。

表の「アテナイ人の道徳的メッセージ」の行を見てみよう。メッセージだけでも、何らかの正の効果（「現状」ではなくむしろ「改善」）がもたらされるが、そのインパクトは——私の考えでは間違いなく——罰金によって高められるであろう。そして「罰金（現実）」の列においては、メッセージは罰金の効果を負から正へと変化させるであろう。言い換えれば、道徳的メッセージが与えられない場合、罰金は社会的選好をクラウディングアウトし、道徳的メッセージを伴った場合、親の倫理的関心がクラウディングインされる。この場合、罰金と道徳的メッセージとは代替的ではなく、補完的である。

表の「アテナイ人の道徳的メッセージ」行の項目はまったく非現実的というわけではない。類似したクラウディングイン過程はロベルト・ガルビアーティとピエトロ・ヴェルトヴァが実施した公共財実験において働いていたようだ[★16]。第3章で説明したカルデナスの実験では少額の罰金が与えられたことでクラウディングインが発生したが、これと整合的にガルビアーティとヴェルトヴァは次の点を見出した。すなわち公共財に一定額を拠出する（非拘束的な）義務規定の効果が、インセンティブが与えられなかったときよりも、弱い金銭的インセンティブと組み合わされたとき拡大した。しかし、より強い金銭的インセンティブは拠出額を引き上げなかったし、また、義務規定が存在しない場合の行動に何の効果も与えなかった。著者たちの解釈は、明示的なインセンティブが、規定された義務の重要性を高めた、というものである。これはまさに、カルデナスがコロンビア人農民を使った実験において同様の結果を説明した方法である（第3章）。

アリストテレスの立法者の使命

こうした実験が示しているのは、ベンサムの理論とともに、政策立案者が分離可能性問題を逆転させ、インセンティブと道徳とを代替的ではなく補完的とする方法を見出しうることもある、ということである。こうしたことは政策立案者に実際的な助言を与えるであ

立法者への助言	例、証拠
クラウディングアウトが発生する場合（それが「強力」でなければ）、クラウディングアウトが発生しない場合よりも、インセンティブの利用を拡大することは正しいことであるかもしれない。あるいは、ある他の政策（たとえば、社会的選好に訴えること）のためにインセンティブを放棄することが要求されるかもしれない。	効果の劣るインセンティブは、目標水準の効果を達成するために、その利用の拡大を必要とするかもしれない（第3章）。
社会的選好が存在しない場合に、市場が十分に機能するために必要な条件を完璧にする試み（たとえば、契約をより完備にすること、および「市場の欠落」を十分に定義された所有権と置き換えることによって）は完全には成功しないし、社会的選好をクラウディングアウトするかもしれないし、経済的パフォーマンスを低下させるかもしれない。	リベラル・トリレンマ。契約が不完備である場合の信頼と協力の進化。ペルー高地の土地改革。インセンティブ提供前と提供後の信頼ゲームと公共財ゲーム。
公共心を有する市民を、利己的個人による乱用から保護すること。人を信頼する、寛大な市民のために、起こるかもしれない最悪のケースの結果を最小化すること（法の支配、流動性および保険）。	公共財ゲームにおける怠惰な人に対する第三者の懲罰は寛大な動機に基づいて行動するよう人々を解放するかもしれない。
道徳的束縛からの解放を避けること。政策が市民によって承認されるような公共的な目的を有する場合、道徳的メッセージが明瞭となることを確実にすること。政策を提唱するさいには、利己心が市民からの支持の唯一の基礎だと仮定しないこと。	アドリア海の新植民地のためにアテナイの民会が資源を動員したこと。アイルランドのビニールのレジ袋税。ハイファにおける遅刻への罰金。
「悪いニュース」を避けること。ターゲットをコントロールしようとする、あるいは不正に利用しようとするために設計されたインセンティブは機能しないかもしれない。インセンティブの履行にあたっては公正を保証すること。	罰金つき信頼ゲームと同僚の懲罰つき公共財ゲームとの対照性。アテナイの民会。
コントロール回避を避けること。同僚によって履行される制約とインセンティブ（とりわけ、その社会的価値を明瞭にすることを慎重に考えた後のそれ）は負の反応を回避するかもしれない。	アイルランドのビニールのレジ袋税。処罰やコントロールに関する同僚の熟慮を含む実験ゲーム。

カテゴリー的クラウディングアウトが発生する場合、少額のインセンティブを避けること。	少額の罰金は両方の世界にとって最悪である：罰金の正の限界的インセンティブ効果（それがあったとして）を生み出さずに、カテゴリー的負の効果を招く。
自分の行動と同僚の懲罰の両方において、もしくは規範の侵害に対するコメントにおいて、人々が自分の親社会性を表明する機会を提供すること。とりわけ、それらが恥を引き出すだけではなく、教育するときにも、そうした機会を提供すること。	懲罰つき公共財ゲーム（口頭の懲罰を含む）。（たんなる恥よりもむしろ）教育的な、懲罰の形態。
社会的選好への訴えとインセンティブが代替的であるケースについては、一方もしくは他方に特化すること。両者が補完的である場合、両方を利用すること。	「義務」と罰金あり、なしの公共財ゲーム。アテナイの民会。
クラウディングアウトされる社会的選好がまったく存在しない場合、インセンティブへの標準的な経済的アプローチを採用すること。しかし、インセンティブが、社会的選好をもたない市民に対して予測通りに働くという事実は、選好が存在しないということ、あるいはクラウディングアウトが発生しないということを意味するものではない。	インセンティブが存在しない場合、公共財ゲームにおける被験者の行動は寛大である。インセンティブが与えられた場合、被験者はインセンティブの標準モデルが予測する通りに行動する。

表7・2　アリストテレスの立法者への助言

ろうか。

私はそのように考えている。

表7・2は、これまでの政策パラダイムが強調してきた物質的誘導と制約がインセンティブであると同時にメッセージだとする事実の主要な政策的含意を示している。すなわち、インセンティブが長期的には社会的選好の進化を阻害するかもしれないということ、そうした道徳感情が優れた統治の本質的基礎であるということ、そしてクラウディングアウトもインも、部分的には採用される政策次第で、発生しうるということである。

立法者は、社会的選好を後退させるインセンティブの利用を根絶しようとする自分の試みに誰もが拍手喝采すると期待すべきではない。確かな証拠を入手することは難しいが、社会的選好をクラウディングアウトするインセンティブはおそらくかなり一般的であろう。インセンティブを実行した人々が社会的選好とインセンティブとの分離不可能性にまったく気づいていないとすれば、もしくはインセンティブが経済的相互作用において利用可能な結合余剰を低下させることもあるということに気づいていないとすれば、それは驚くべきことであろう。

それではなぜわれわれは実際に、パイを縮小させるインセンティブを観察するのであろうか。パイの比喩は答えを明らかにしている。インセンティブを利用する個人は、パイには関心をもっておらず、自分自身の取り分に関心をもっているのである。インセンティブが、経済的相互作用——たとえば、ローンを組むことや労働者を雇うこと——と結びつく期待総余剰を低下させるとしても、インセンティブの利用がパイの縮小を補って余りあるほど十分に大きな取り分を依頼人に与えるかもしれない。

これはフェールとゲヒターがスイス人学生を使って行った実験で発生したことであった［★17］。実験はフェールとロッケンバックの信頼ゲームに類似していた。それは標準的な（「信頼」と呼ばれる）実験法と、罰金が認められるもう一つの実験法を含んでいる。利得は、被験者があたかも完全に自己考慮的選好をもつかのように反応した場合、結合余剰（雇用者と被雇用者の利得の合計）が信頼実験法のもとでよりもインセンティブ実験法のもとでは二倍以上になるような、そういった利得である。

しかし、インセンティブと社会的選好との間の負の相乗作用は強く、総余剰が信頼実験法すなわちインセンティブを利用しない場合にはるかに大きくなるほどであった。インセンティブが総余剰に与える反生産的効果は、依頼人が正確に、メカニズム設計者の推奨するような契約——つまり、被験者が完全に利己的だと考えられる場合に推奨するような契約——を提案した場合でも妥当した。

しかし、とにかく、ここになぜインセンティブが利用されたのかを示す理由が見られる。インセンティブ実験法においてそうした「最適な」契約を利用した雇用者は、信頼実験法での平均的雇用者の利潤に比べ、二倍以上の利得を受け取った。他方、インセンティブ実験法における被雇用者の利得は、信頼条件のもとで彼らが受け取った利得の半分を下回るものであった。インセンティブ実験法は雇用者に、労働努力の低下と余剰の縮小とを相殺できるほど賃金コストの節減を可能にしたのであった。雇用者の厚生は、パイが縮小したにもかかわらず、そのより大きなシェアをとることによって改善した。

こうして、構成的期待がときおり代理人をインセンティブに負に反応するように誘導すること──すなわち、意図された仕方でインセンティブに反応することが不均等に依頼人に便益をもたらすことの理由の一つは、次のことも説明する。それは、なぜそうしたインセンティブが、パイの縮小に行き着く場合でも、利潤最大化を目的とする依頼人によって利用されるのかということである。この場合、単純に依頼人に、自己の行動の結果がパイの縮小をもたらすと伝えることは有効ではない。相互に受け入れ可能なパイの分割が事前に決定できる(そして事後的に強制履行できる)とすれば、この問題は発生しないであろう。それというのも、インセンティブはそのさい、パイ全体のサイズを犠牲にしてパイの一切れを大きくし、それを奪うことに資するのではなく、パイのサイズの拡大だけに寄与できるからである。

立法者にとってのもう一つの挑戦が生まれるのは、人間集団がさまざまな利己心の混じり合いと多くの形態の社会的選好を有する個人から構成されるからである。立法者は「すべての人に妥当する」アプローチ以上のことができるであろうか。彼にはそうすることができるが、再びすべての人が拍手喝采すると期待すべきではない。

非現実的ではあるが、たった二種類の人間しかいないと考えてみよう。つまり、完全に利己的な人とある程度の利他主義をもつ人である。立法者は公共財への拠出を奨励したいと考えている。金銭的インセンティブ（たとえば、拠出者に対する補助金）は利己心に基づく拠出を奨励するであろう。しかし、インセンティブと社会的選好とが代替的である場合、インセンティブはそれほどうまく働かないかもしれない、それどころか利他主義者の間では逆効果を生むかもしれない。利他主義者は、公共財が他者に与える大きな便益に十分に反応し耳を傾けるかもしれない。しかし、この道徳的メッセージは利己主義者の間では無駄となってしまうであろう。

立法者にとっての明白な戦略は二つの集団を分離し、適切な政策でそれぞれに対応することである。しかし、こうしたことは難しいことである。立法者が個々人のタイプ（それは私的な情報である）を知ることもないし、喜んで個人が二つの明瞭な市民のカテゴリーに自分を分類することもないからである。しかし、自発的な分離戦略は——少なくとも近似的には——成功しうることもある。非営利公益団体の控えめなサラリーは、組織の使命に心を動かされない人々を引きつけないかもしれない。他方、その使命に奉仕できる期待は、献身的な人を引きつけるのに十分な追加的報酬である［★18］。

さまざまな動機をもつ集団において社会的行動を調整することは、一般的に「社会的選好」という項目のもとに分類される動機の多様性を考えると、ますます困難な課題となってきた。明らかに親社会的な、複数の動機をもつ集団に対する政策を設計するさい、立法者はすぐに、良いことすべてが同時にうまくいくわけではないということに気づくであろう。ここで彼が遭遇するのはアダム・スミスの見えざる手——公共の利益に沿って行動するように利己的な個人を誘導する——の反対のものである。むしろ、複数の社会的選好——たとえば、互恵性はもちろんのこと、利他主義——を抱える人間集団においては、奇妙な錬金術が善き動機を好ましくない社会的成果へと転換しうる。

ここに私がこのことを発見した方法がある。公共財ゲームの実験において、同僚と私は、(図7・1から期待されるように) 高い水準の協力が仲間の懲罰によって支えられることを見た。そのさい、われわれは次のようなタイプのプレイヤーを確認した。「利他主義者」、「互恵主義者」およびそのいずれとも異なるプレイヤーである。「互恵主義者」は自分のグループのメンバーが前のラウンドにおいて同じように寛大に拠出した場合には寛大に拠出するが、そうでなければほとんど拠出しない人間である。「利他主義者」は他者がどのように振る舞うかにかかわらず、寛大に拠出した。残りのプレイヤーはどのような条件下においてもほとんど拠出しなかった。

われわれの発見によれば、利他主義者の公共財への拠出は寛大であるが、利他主義者がフリーライダーに、仲間として処罰を科す可能性は低い。むしろ、拠出という社会規範を維持することに関して言えば、この利他主義者こそが、低い水準しか拠出しない人を罰する代価を支払うために自分自身の利得を犠牲にしようとする他のグループ・メンバーの意思にただ乗りしたのであった［★19］。

こうした結果に刺激されて、スン＝ハ・ホワンと私は、われわれが発見したパタンが珍しいことにすぎないのか、それとも立法者が懸念すべきことなのかどうかを知りたいと思い、このケースを詳細に検討した。われわれの結果を示した論文「利他主義は協力にとって悪いことなのか」は、きわめて許容可能な条件のもとにおいても、たしかに利他主義が悪いことになりうる、ということを示している［★20］（同論文のタイトルにおけるこのような比喩的疑問を見れば、その答えを推測できる）。個人がさまざまな程度で利他主義的であると同時に互恵的であるとき、彼らの利他主義の程度を高めることは公共財への平均拠出水準を低下させうる。これは、互恵的選好をもつ人間が利他主義的になるにつれて、フリーライダーを罰しようとする意思が低下し、この利他主義拡大の間接効果が、拠出水準を上昇させる利他主義の直接効果を相殺しうるからである。

立法者はこうした情報をどのように利用できるのか。

アテナイ人の先例のように、立法者が道徳的説得を行う計画をもつならば、立法者は市民の中に利他主義か、あるいは互恵性のいずれかを植えつけようと考えるかもしれない。しかし、両方は無理である。少なくとも同一の個人にその両方を植えつけることはできない。立法者はまた、「道徳的アパルトヘイト」に対する一般の人々の激しい怒りを買わずに人々を分離できるのであれば、そうした分離も考えるかもしれない。ここで分離がどのように役に立つのかを示そう。

立法者が、利己的タイプと互恵主義者とを一つの下位集団に分離し、利他主義者に独自のグループ形成を認める方法を見つけることができるとしよう。こうした場合には立法者は公共財への拠出額を増加させることができるであろう（私は、おそらく賢明なことではないが、このどれも集団における諸タイプの長期分布に影響を与えないと仮定している）。それぞれのグループは独自の支持政策をもちうる。しかし、分離そのもの以外には、これ以上どのような政策（インセンティブを含む）も必要とされないかもしれない。それというのも、利己的なただ乗りを罰しようとする互恵主義者の性向は、われわれが見たように、そのグループにおいて高い拠出水準を維持するかもしれないからだ。利他主義者の側を見れば、彼らは喜んで拠出するかもしれない。

しかし、こうした分離戦略の例がリベラルな感覚（私を含めて）にとってどれほど不快であろうとも、動機に応じて集団を分離し、そしてそれに応じてインセンティブと懲罰を設計することがまったく奇妙なことだとは考えないでほしい。法学者リン・スタウトは、欠陥品が原因の損害に対する適切な補償について、われわれが考える延長線上で次のように提案している。

大半の人々は「内在的な」動機――良心のかたちで――をもち、そうした動機から他人に危害を与えないように控えめに気をつけている。企業にはこうした動機が欠けているかもしれない……。

……被害者への補償が不完全だとしても、そうした被害者に対する伝統的な不法行為パタンは……われわれが人間を対象としている場合には、かならずしも問題ではない。それというのも、大半の人間が〔良心をもっている〕からだ。自然人については、部分的な責任だけで、良心という内面的制裁と相まって、他者に危害を加えないように、ほとんどの人々を十分に動機づけるかもしれない。

しかし、同一の不完全な補償パタンは、企業に適用されたときには、抑止となるには不十分であるかもしれない。……われわれは企業被告には、被害者の損害に対して、人間の被告が補償しなければならない以上に、より多くの補償を求めることができる。［★21］

スタウトの主張は、企業の意思決定を行う人間が他の人間に比べて非道徳的だということではない（コスタリカのCEOを思いだしてほしい）。そうではなく、他人に対する適切な配慮水準を決定する場合（たとえば、子供のおもちゃの設計において）、株主の利益のために利潤を最大化する経営者の責任としては、損害が発生した場合、経営者は損害の不完全補償の予測を考慮に入れるべきだ、というのが彼女の主張である。そして経営者が企業所有者の富を高める義務に忠実である場合、不完全な補償のために、経営者は設計の欠陥が製品ユーザーにもたらす損害コストを十分に考慮しなくなる。おそらくその結果、より安価に生産できるが、しかし、損害をもたらす可能性がより高い設計を選択することになるであろう。スタウトはたんに、ミルトン・フリードマンのエッセイ「企業の社会的責任とは利潤追求である」における有名な主張、すなわち、「責任を負うことができるのは人間だけだ」を繰り返しているにすぎない［★22］。

既述の実験の証拠に基づけば、スタウトは、分散した意思決定過程の責任と、企業の存続をかけた経営者の直面する競争圧力とが同一の方向で働くとつけ加えたかもしれない［★23］。

立法者にとっての最後の挑戦は次のような観察から生まれる。すなわち、立法者の政策介入の成果が、集団の中のそれぞれの人間タイプに特徴的な諸行動の単純な平均だということはほとんどありえないということである。むしろその成果は、個人の行動がどのようにして集計的な成果に積み上げられていくかを決定する、集団の構成と社会制度——インフォーマルなルールを含む——に依存する。

こうした着想は、ときおり、いくぶん過度に単純化され、「全体は単純にその部分の総和ではない」として要約されるが、これは新しい発想ではない。そうした考えは、アダム・スミスが――見えざる手の錬金術を使って――酒屋、パン屋、肉屋の利己心がどのようにしてテーブルに他の誰かの夕食を用意するのかを説明して以来、経済学の中に居座っている。そしてそれよりはるかに長く政治哲学の中心に位置してきた。十分秩序だったマキャベリの社会は、市民の特質を単純に集計したものではなく、政府システム全体の創発性であった（われわれはこの点を第2章で考察した）。

マキャベリの「創発性としての優れた統治」アプローチが立法者に突きつける挑戦は、こうした点である。あるいくつかのルール――たとえば、公共財ゲーム（懲罰なし）――のもとでは、利己的な人々の行動に誘発されて、公共心をもった人々でさえ、あたかも自分自身の利益だけしか考えていないかのように行動するようになる。立法者にとって好機は、ルールがそれほど異ならないもとでも逆のことが発生するということである。

われわれはすでに懲罰つき公共財実験においてこの点を見た（図7・1）。同僚の懲罰機会が存在しない場合、かなりの額を拠出する性向をもつ人々でも、最終的には、利己的な人々であるかのように行動するようになった。しかし、いったんフリーライダーに対する同僚による懲罰が認められると、その同じ集団がかなりの大きさの拠出水準に収束した。この水準は、その後のゲームの期間では、ひどいただ乗りがほぼ消滅してしまったため、きわめて少額の現実の懲罰によって維持された。懲罰を回避しようとするインセンティブと懲罰を経験した恥辱とが結びついたことで、利己的な人々は「自分が善き人であるかのように」行動するようになったようだ。

このような状況における立法者の目的は、利己的な人々にではなく、公共心を有する人々に成果を決定することを認めるルール――懲罰つき公共財ゲームのようなそれ――を設計することである。このために何が必要か、その基本的なことを理解するために、たった二人の市民しか存在しないと想定しよう。彼らは対称的な囚人のジレンマゲームにおいて一度相互作用する（対称的とは、ゲームの利得行列がそれぞれのプレイヤーにとって同一だということを意味する）。そうしたプレイヤーの一人はゲームにおいて（立法者と他のプレイヤーの両方によって）単純に自己の利得を最大化したいと考えていることが知られている。他のプレイヤーは互恵的選好をもつ（これもまたすべての人によって知られている）。彼は協力するであろうが、それは他のプレイヤーが協力する場合にかぎってである。

読者はすでに、逐次的囚人のジレンマゲームの結果から、立法者が、効率的で平等な分配成果――両者とも協力する――が発生するように、このゲームのルールをどのようにひねり出したのかを知っている。通常のゲーム（二人が同時に選択を行うとき）においては、両方とも裏切るであろう（互恵主義者は他のプレイヤーが裏切ることを知っている。それというのも、裏切りがそのプレイヤーにとって支配戦略だからである。こうして彼も裏切ることになる）。しかし立法者は、利己的プレイヤーが先手となるようルールを変えることもできる。

利己的プレイヤーは、互恵主義者が後手となり、自分がどのような行動をとろうとも、互恵性から自分の行動を模倣するため、今ではゲームの結果が二つしか可能でないということを知る。すなわち、両者とも協力する（そして両者ともより高い利得を取得する）か、あるいは両者とも裏切る（そして両者とも利得を低下させる）かである。協力することによって、利己的な市民は前者の結果を生み出すことができる。利己的な市民は協力し、もう一人の市民がそれに互恵的に応える。

われわれは完全な循環論に陥ってしまったのだろうか。これは結局、ヒュームが、優れた立法が悪党の強欲を抑えると想像したときに念頭においたことではなかったか。そうではない。というのも、逐次的な囚人のジレンマゲームにおいて、また公共財ゲームにおいても、満足いく結果にとって本質的なことは、少なくともいく人かの倫理的な、もしくは他者考慮的市民が存在するということであり、彼らに誘発されて、適切なルールのもとで、「悪人」があたかも悪人でないかのように行動するからである。こうした理由で、私が本書の副題で示しているように、優れたインセンティブでも善き市民に取って代わることはできないのである。

適切なインセンティブ、法およびその他のゲームのルールが持続的に社会的選好を――クラウディングアウトするのではなく――クラウディングインしうる可能性は、次のことを示している。立法者は、「人間をあるがままのものとして、法律をありうべきものとして」取り上げるルソーの明らかに賢明な教え――この教えからわれわれは（第1章においうことである。立法者がバンパーステッカーを必要とするならば、法と道徳性に関する著作のためにスタウトが選んだ副題を利用できるかもしれない――良き法は善き人々を生む。

て）この研究を始めた――にとどまることなく、それ以上のことを望むのかもしれないと

ありうべき市民のためのありうべき法律

ベスリーの「良い人々を創り出すこと」と同じく、スタウトの教え、「善き人々を生み出す」は挑発的な表現である。しかし、それは斬新な考えではない。親は、教師、宗教指導者等のように、そうしたことを行おうとする。善き人々の形成を目的とした活動が広範に行われていないような社会が存続可能だとは想像しがたい。徳に関わりなく成功した社会の民族誌的・歴史的記録がまったく存在しないということは疑う余地がない。

立法者の計画において斬新な点（少なくともリベラルな社会にとって）は何かと言えば、それは善き人々の育成が公共政策の目的であるべきだという着想である。義務教育は社会規範を教える方法として支持され続けており、そしてそれがある程度の成功を収めていることは明らかである。成人ではなく子供に関連しているという事実だけで、多くの人々は選好の問題において義務教育が中立性へのリベラルなコミットメントに矛盾しないと考え

ているようだ。しかし、人口全体について文化的転換を目指した国家プロジェクトの歴史的経験は楽観的材料を少しも提供しない。

多くの共産党支配社会のように、ドイツ民主共和国（旧東ドイツ）はより連帯感の強い、非利己的市民の育成に向けてかなりの資源を投下した。しかし、最近の実験において、金銭的利益を得るために不正を働く回数は、東ドイツ生まれの成人が西ドイツ生まれの成人の二倍であった。この結果は特にベルリンの壁崩壊前に成人に達していた人々にあてはまった［★24］。

それにもかかわらず、立法者によるルソーの教えの修正は現在驚くべきほどさまざまなところで、そして「新しい社会主義的人間」とはまったく異なった目的追求において採用されつつある。

二〇〇八年に住宅バブルが崩壊し、金融危機が始まったとき、アメリカの住宅所有者は自分の財産の価値が銀行に対する住宅ローンの担保以下だということに気づいた。そうした「含み損を抱えた所有者」の中には計算ずくで戦略的にローンの不履行を実行した者もいる。つまり、銀行に家の鍵を与え、歩き去ったのである。二〇年前の『ニューヨーク・タイムズ』紙の社説（第2章で引用された「強欲を禁ずる？ ノー。それを活かせ」）と異なり、連邦住宅抵当貸付公社フレディマックの取締役副社長ははっきりと経済の中に道徳的行動を求めるアリストテレス的主張を行った。「個人的な金融戦略は戦略的債務不履行を訴えることであるかもしれないが、その結果としてコミュニティ全体や将来の住宅購入者が損害を受けることになる。こうした理由で、われわれの広範囲な社会的・政策的利害に資する最善の貢献は、そうした戦略的債務不履行を思いとどまらせることである」［★25］。市場は、価格を適正にすることによって、自分の行動の外部効果を内部化するよう人々に働きかける。こうした市場の働きに信をおくよりもむしろ、フレディマックは「戦略的債務不履行を考えている借り手に、自分の行動が他の人々に与える有害なインパクトを認識する」よう働きかけたのであった。要するに、フレディマックは道徳が価格の働きをすることを望んだのである。

この問題については十分な道徳的根拠が示されている。アンケート調査では、大多数の人々が、戦略的債務不履行は道徳的ではないと述べている［★26］。大半の債務不履行は少しも戦略的なものではなかった。彼らは、失職やその他の不運に見舞われてそうせざるを得なかった。しかし、含み損を抱えた債務者に道徳性を求めるフレディマックの訴えは、金融機関がダブル・スタンダードをとっていると批判した人々には、それほど説得的ではなかったであろう。数十年間ひたすら自分自身の利益だけを追い求めてきた後で、危なっかしい銀行経営が崩れたとき、彼らは住宅所有者に道徳的に行動するように哀願したのであった。戦略的債務不履行の主要な決定要因は経済的要因であった。つまり、財産がどれだけの含み損を抱えているかということである。しかし、こうしたことを大目に見る多くの人々は、際立った理由として道徳的問題――たとえば、公正や略奪的銀行経営――を挙げた。

フレディマック型の道徳的奨励だけでは、より反響の大きい「道徳的教え」を伝える政策――ベンサムの懲罰に触発されたそれ――を超える効果を上げることはできそうにない。おそらく、ベンサムは初期の近代ヨーロッパのシャリヴァリ［民族的な嘲笑儀礼の一つであり、共同体の伝統的な規範を破った者を罰する行為］を念頭においていたのであろう。つまり、隣人、典型的には女性が、女遊びをする夫、価格をつり上げるパン屋、あるいは商売上の利益のために自分の地位を悪用する地方高官の家を取り囲み、それからポットや鍋を打ち鳴らし、自分たちの道徳的怒りを表現するものである［★27］。こうした伝統は今も生き続けている。インドのラージャムンドリ市（アーンドラ・プラデーシュ州）の市管理官は一〇人の太鼓奏者を採用し、税の滞納者の家の周りで太鼓を鳴らし続けるよう命じた［★28］。太鼓奏者たちは何も言わなかったが、彼らに徴税官や他の市職員がつき添っていた事実は明瞭なメッセージを伝えていた。この政策は効いたが、それは明らかに、社会規範の違反に対して税滞納者に恥の感情を起こさせることによってであった。

ボゴタ市では、アンタナス・モックス――二期務めた市長――が何百人もの白塗りのピエロの格好をしたパントマイムを集めて混乱状態の都市交通の中に送り込み、交通ルールを無視する歩行者をからかい、「ゼブラ」と呼ばれる白黒の歩行者用横断歩道を違反走行するドライバーを嘲らせた。タクシードライバーは特にその乱暴な運転で評判が悪かった［★29］。市民は歩行者に優しい運転をするタクシードライバーを推薦するよう依頼され、最初に推薦された一四〇人のドライバーは「ゼブラの騎士」の創設メンバーとなった。就任式において市長モックス——数学者であり哲学者——はそれぞれの騎士に、彼もしくは彼女のタクシーのバックミラーに掲げるプラスチック製のゼブラを授与した（その通り、少なくとも一人のゼブラの淑女がいたのである）。

二期目（二〇〇一—〇三年）においてモックスは、市民文化プログラムの四つの重要な構想の一つが、「ルールに円満に従うように他人を奨励する能力を、市民の間で向上させる」ことだと説明している［★30］。これを促進するために、彼は数十万枚もの「ノー」カードを配った。これは、サッカーのレフリーがファウルを犯した選手にレッドカードを掲げるように、交通規則を破ったことをドライバーに積極的にその場で伝えるものであった。優しい運転行為を認めるために「イエス」カードもあった。同時に、市は交通規則をより厳格に執行するよう警察官に命じた。

市長が職に就いたその年は、交通事故関連の死亡を伴う事故発生率は全国平均を大幅に超えていた。モックスが市長職を終えるときには、発生率は低下し、全国平均を大きく下回っていた。彼が市長職を去った後も、相対的にも絶対的にも低下し続けた。数年でちょうど以前の水準の三分の一に達した。

同様に効果的だったのは、市に水を送るトンネルの崩壊で深刻な水不足が発生したときの節水キャンペーンであった。モックスの訴えには、モックス市長とその妻がシャワーを一緒に使い、石鹸で洗う間は水を止めるテレビCMも含まれていた。市は節水につなげた人には褒賞を与え、水を浪費する者は呼び出し、多くの人々に知られることになる（しかし穏当なものであるが）罰を与えた。水の消費量は二カ月で一四パーセントも低下した。

モックス市長の市民文化プログラムとの因果的なつながりを確認することはできないが、未発表のサンドラ・ポラニア゠レイエスの実験の注目すべき結果に基づけば、社会規範を侵害する人々を非難する権限を市民に与えようとする市長の試みはインパクトをもつものだということがわかる。ポラニア゠レイエスは懲罰つき公共財ゲームを実施した。これはベネディクト・ハーマンたちによって利用されたものと同じである（第5章に示されている図5・3と図5・4参照）。ボゴタのロス・アンデス大学の被験者は、モックス市長在任中に、自分の青年期の大半を過ごした。このゲームをプレイした「アラビア語圏」、「南ヨーロッパ」および「正教／旧共産主義圏」の集団とは異なり、しかし、ボストン、コペンハーゲンおよびソウルの学生と同じように、ボゴタの学生は注意深く、懲罰のためにフリーライダーを標的とした。そうしたフリーライダーは正の反応を示し、最後には世界の学生集団の中で最も協力的である水準と同等の協力水準を示した。

広報活動とともに実施されたアイルランドのビニールのレジ袋税やインドの税滞納者か

らの太鼓を使った徴税のように、市長が実施したボゴタの交通抑制キャンペーン、また節水キャンペーンは実に効果的であったが、それは公的な執行と物資的インセンティブに、さらによりインフォーマルな同僚の圧力に、次のような明白な道徳的メッセージをつけていた。乱暴な運転はクールじゃない、というのがそれだ。取水トンネルが修復されるまで、洗車でも眉をひそめられた（洗車は水の消費の中でも際立ったものであった）。

これは、アテナイの民会がアドリア海の任務を開始するさいに行ったことである。四つのすべてのケースにおける目的はアリストテレスの立法者にとって価値のあることである。すなわち、物質的利害と道徳感情の両方に訴えることによって市民の行動を奨励することである。そのさい両者が食い違うことなく相乗的に機能するようにその枠組みが形成される。もちろん、限界もある。すべての補助金が賞品として与えられるわけではないし、すべてのペナルティがレフリーのレッドカードのように即座に提示されるわけでもない。

より根本的な限界もある。

聖人を望む世界は、最初に悪党のための立法という着想がどのようにして生み出され、なぜそれがかくも広く受け入れられているのかということを考えるかもしれない。この過程の重要な部分（われわれが第2章で見たように）は、悪党に取って代わる者が聖人だけではないという理解である。たとえば、狂信者も存在する。すなわち、自分たちとよそ者に分け、よそ者となった人々に対して抑えの効かない不寛容と憎悪を抱える人々である。

ヒュームと彼に従う経済学者は、優れた立法が公益（common good）に資するために悪党の強欲を抑制することができると確信している（われわれが見たように、過度に確信している）。しかし、狂信者の情熱を抑えることはまったく異なった問題であった。

経済学者チャールズ・シュルツが、「市場のような枠組みが哀れみ、愛国心、同胞愛および文化的連帯の必要性を低下させる」と記したとき、彼はこれが欠陥ではなく、一つの特長だと考えていた［★31］。シュルツに同意できるとすれば、それは、見知らぬ者同士の経済では、アリスが恐れてささやき声で公爵夫人に答えたように、「世界を動かす」には愛だけでは不十分だという理由からである。だが、それだけではない。社会秩序がその適切な機能のために、たとえば、愛国心と文化的連帯を必要とするのであれば、そうした秩序も対立と不寛容の感情を正当化するかもしれないと懸念されるからだ。これは、見えざる手を支持する主張が、以前に七つの大罪の中に数えられていた動機の社会的受容に役立ったのとちょうど同じである。

悪党のための立法という着想は、スミスよりずいぶん以前のものであった。しかし、見えざる手に関する彼の理論は重要な点につながった。すなわち、私有財産の競争的交換と、市場が価格の適正化に失敗した場合、それを適正化することを目的とした公共政策とを組み合わせることを通じて——不完全ではあるものの——利己心を公共的な目的へと方向づけるためのメカニズム（より正確には、メカニズム一式）である。スミスからアローとドブリューにいたる経済学者、さらに現代のメカニズム・デザインのおかげで、われわれは悪党のための立法がどのようなものであるかを知っている。

そして今やわれわれは、そうした立法を機能させるために何が必要であるかを理解している。そうである以上、われわれは、リベラルな社会において効率的な資源の利用を履行できないという点からだけではなく、そのありうる社会的文化的効果からも、そうした立法がまだ十分ではないということを知っている。他者考慮的および倫理的動機が大半の人間集団において一般的であることを示す近年の証拠は、実行可能な政策介入の空間を大幅に拡大する。そうした介入に含まれるのは、たとえば、正のインセンティブ・懲罰と道徳的教えとの賢い組み合わせである。アテナイの民会の布告が訴える動機のミックスが示すような組み合わせである。したがってわれわれは悪党のための立法に代わるものを必要としているが、しかし、まだ悪党、聖者および狂信者から構成される集団のための立法に関しては、悪党の立法に類似した何らかの構想を得ていない。そうした集団においては、立法は、結果として出現する統治の質に影響を与えるだけではなく、われわれの社会生活の登場人物を構成する諸タイプの比率にも影響を与えるであろう。

このように動態的に考察すると、また、社会的選好の陰の面を考えると、立法者の挑戦はヒュームの原則に従う以上にはるかに困難なものである。社会的選好の中には利己心以上に、社会的に価値ある目的、あるいは少なくとも無害な目的へとつなげることが難しいものがあるかもしれない。そして寛大さ、公共心および市民的徳といった正の社会的選好は政策立案者には脆弱な資源である。つまり、立法者と公共政策によって強められるかもしれないし、あるいは不可逆的に弱められるかもしれない、そういった資源である。こうしたことは、悪党に関するヒュームの原則を次のように拡張することを提案する。優れた政策と立法とは、利己心を抑制することだけではなく、公共心に基づく動機を呼び覚まし、育成し、そして強めることによって社会的に価値ある目的を支えるものである。

それはバンパーステッカーとしては役立たないであろう。しかし、こうした路線に従ったものが必要だということはアローの主張（第2章）——すなわち、契約が交換の当事者にとって重要なすべてのことをカバーできない場合、社会規範が相互利益的な経済的相互作用を促進するという主張——に照らして明らかである。こうした例に含まれるのは、従業員の労働倫理、ソフトウェア・エンジニアの独創性および借り手や資産マネジャーの誠実さである。諸国民の富が、契約で規定しやすい鉄鋼、穀物およびその他の財からシフトし、無形の知識の生産と分配、子供と高齢者のケアおよび「重量なき経済」と呼ばれるものに特徴的なその他の富の形態へと移るにつれて、アローの議論の説得力が増していく可能性は高まる。

同じ結論は次の事実から引き出される。現在、世界が直面している最大の挑戦の多く——伝染病、気候変動、個人の安全および知識基盤経済の統治——を生み出しているのは、グローバルな、そしてその他の大規模な人間の相互作用である。つまり、インセンティブと制裁――これを与えるのが私的な契約であれ、政府の命令であれ――を使って、正しいことを行うように完全に利己的な市民を導くことでは適切に統治することができない、そうした相互作用だということである。世界の主要な経済において経済的不平等が拡大しているため、今では、われわれを安心させるジョンソン博士の言葉――「お金を稼ぐには、ごく単純に雇われるより他に手はない」――には疑問が投げかけられるかもしれない。悪党の経済という着想は今は決して無害ではないようだ。

私には、こうした挑戦に適した立法、インセンティブおよび制裁への対処が生み出されるかどうかはわからない。しかし、われわれには挑戦する以外の選択肢はない。立法者の使命は出発点である。

原註

第1章

1 Rousseau 1984.
2 Gneezy and Rustichini 2000.
3 Gasiorowska, Zeleskiewicz, and Wygrab 2012.
4 Warneken and Tomasello 2008, 1787.
5 Sandel 2012; 2013, 121.
6 Satz 2010.
7 Horace 2004, 199.
8 Kahneman and Tversky 2000; Kahneman 1994; Thaler and Sunstein 2008.
9 Kahneman 1994.

第2章

1 Belkin 2002.
2 Greenberger 2003.
3 同じ立場が、Dumont（1977）とHirschman（1977）による研究において見事なかたちで（私が詳しく述べようと思う物語とはまったく違う方法ではあるが）取り上げられている。

4 Aristotle 1962, 103.
5 Confucius 2007, 20.
6 Hayek 1948, 12.
7 *New York Times* 1988.
8 Buchanan 1975, 71.
9 Holmes 1897.
10 Hayek 1948, 11.
11 Machiavelli 1984, 69-70.
12 Strauss 1988, 49.
13 Machiavelli 1984, 109.
14 Ibid., 71.
15 Benner 2009での引用。
16 Machiavelli 1984, 174, 180.
17 Mandeville 1924, 24.
18 Mandeville 1988a, 366.
19 Ibid., 369.
20 Smith 1976a, bk. 4, ch. 2.
21 Ibid., bk. 1, ch. 2.
22 Hume 1964, 117–18
23 Bentham 1962, 380.

24 Smith 1976b, 3.
25 Holmes 1897.
26 Machiavelli 1984, 103, 121; Benner 2009.
27 Aristotle 2006, 1382b 7–9.
28 Bloomfield 1952, 95.
29 Boswell 1980, 597.
30 Hobbes 2005, 104 (ch. 13).
31 Machiavelli 1900, 92.
32 Spinoza 1958, 261.
33 Mandeville 1988b, 407.
34 Smith 1976a, bk. 4, ch. 9.
35 Mandeville 1924, 37.
36 Mill 1844, 97.
37 Edgeworth 1881, 104.
38 Arrow 1972, 351.
39 Wrzesniewski et al. 2014.
40 Carroll 2000, 92.
41 Smith 1976b, bk. 1, ch. 10.
42 Gauthier 1986, 84, 96. 彼の主張については、彼は「すべての契約が完備的であると仮定して」というのを追加すべきであった。これは、彼が私に断言し、彼が意図していたことであった。

43 Durkheim 1967, 189.
44 Bowles 2004.
45 Arrow and Hahn 1971, vi–vii.
46 Durkheim 1967, 189.
47 Arrow 1971, 22.
48 Schumpeter 1950, 448.

第3章

1 Laffont and Matoussi 1995; Lazear 2000. 同じことは多くの実験、たとえば、Falkinger et al.（2000）の研究の公共財実験において妥当する。
2 Angrist and Lavy 2009.
3 Fryer 2011.
4 Holmas et al. 2010.
5 Besley, Bevan, and Burchardi 2008.
6 Ginges et al. 2007.
7 Frey and Jegen 2001.
8 Wilkinson-Ryan 2010.
9 Fehr and Fischbacher 2002, C16.
10 私は次章の冒頭でこうした行動実験から個人の社会的選好を推測するさいのいくつかの課題を説明する。社会的選好を測定するために実験ゲームを利用する点については優れたサーベイがCamerer

and Fehr（2004）によって与えられている。社会的行動に関する主要な実験の結果に対する簡単なレビューは Bowles and Gintis（2011）の第3章に示されている。

11 Fehr and Gaechter 2000b; Camerer 2003.

12 Loewenstein, Thompson and Bazerman 1989, 433.

13 Andreoni 1990. 社会的選好の性格と大きさに関する実験の証拠は Bowles and Gintis（2011）の研究においてまとめられている。

14 Cardenas, Stranlund, and Willis 2000.

15 Irlenbusch and Ruchala 2008.

16 Bowles and Polania-Reyes 2012.

17 Heyman and Ariely 2004.

18 Cardenas 2004.

19 Hwang and Bowles 2014; Bowles and Hwang 2008. 人々が社会的選好によって動機づけられるとき、類似したインセンティブ問題を扱った関連研究に、Benabou and Tirole（2006）, Seabright（2009）, Bar-Gill and Fershtman（2005）, Bar-Gill and Fershtman（2004）および Heifetz, Segev, and Talley（2007）がある。

20 スン＝ハ・ホワンと私は、以下の三論文において（クラウディングアウト問題の性格に応じて）素朴な立法者によるインセンティブの過少利用が発生する条件を探求している。Hwang and Bowles 2014, Bowles and Hwang 2008, Hwang and Bowles 2016.

21 Falk and Heckman 2009; Levitt and List 2007.

22 Benz and Meier 2008.

23 Baran, Sapienza, and Zingales 2010.
24 Carpenter and Seki 2011.
25 Gneezy, Leibbrandt, and List 2015.
26 Fehr and Leibbrandt 2011.
27 Rustagi, Engel, and Kosfeld 2010.
28 ここで示された行動実験の外的妥当性に関するさらなる証拠はBowles and Gintis（2011）の研究にある。
29 Fehr and List 2004.

第4章

1 Packard 1995, 135.
2 Bowles and Polania-Reyes 2012.
3 Andreoni and Miller 2002.
4 われわれのデータセットはわれわれが探すことのできたすべての経済的実験を含むが、それによって分離可能性の仮定に関する本テストやその他のいくつかのテストが可能となる。
5 Hayek 1945, 1937.
6 Ross and Nisbett 1991; Tversky and Kahneman 1981.
7 Healy 2006.
8 Lepper et al. 1982, 51; 小文字のローマ数字を加えた。
9 Benabou and Tirole 2003; Fehr and Rockenbach 2003.

10 Fehr and Rockenbach 2003.

11 インセンティブによって伝えられる「悪いニュース」が原因で発生するクラウディングアウトの同様のケースはスイス、アメリカ、イタリア、フランスおよびコスタリカ（同様にドイツも）における学生の被験者プールを使った実験において、また、贈与交換、公共財および独裁者ゲームに類似した慈善事業の設定を含むさまざまなゲームにおいて見られる。コスタリカのビジネスマンもまた、インセンティブが伝える悪いニュースに負に反応した。

12 Bandura 1991; Shu, Gino, and Bazerman 2011, 31.

13 Zhong, Bohns, and Gino 2010.

14 Kaminski, Pitsch, and Tomasello 2013.

15 Fiske 1991, 1992.

16 Falk and Szech 2013a.

17 Hoffman et al. 1994.

18 Ellingsen et al. 2012.

19 Schotter, Weiss, and Zapater 1996, 38.

20 Barr and Wallace 2009; Henrich et al. 2010.

21 Grant 2012.

22 Lepper and Greene 1978; Deci and Ryan 1985; Deci, Koestner, and Ryan 1999.

23 Deci 1975.

24 Lepper, Greene, and Nisbett 1973, 7.

25 Warneken and Tomasello 2008, 1788.

26 Lepper, Greene, and Nisbert 1973.
27 Lepper et al. 1982, 62.
28 Falk and Kosfeld 2006.
29 Burdin, Halliday, and Ladini 2015.
30 Li et al. 2009.
31 Greene 2014. 邦訳一七四頁。
32 Greene et al. 2001; Loewenstein, O'Donoghue, and Sudeep 2015; Sanfey et al. 2006.
33 Sanfey et al. 2006; 以前の研究は Sanfey et al.（2003）である。
34 Camerer, Loewenstein, and Prelec 2005.
35 Small, Loewenstein, and Slovic 2007.
36 Skitka et al. 2002.
37 Loewenstein, O'Donoghue, and Sudeep 2015.
38 Bowles and Gintis 2011.
39 Cohen 2005.
40 Loewenstein, O'Donoghue, and Sudeep 2015.
41 私はこうした文化的衰退の悪循環がどのようにして発生するかをモデル化し説明し、さらになぜそれがリベラル社会のたどる運命ではなかったのか、その理由を示した。Bowles 2011 を参照。

第5章

1 Marx 1956, 32.

2 Fisman and Miguel 2007.
3 Burke 1955, 86.
4 Montesquieu 1961, 81.
5 そのいくらかは、Bowles（1998）における研究でサーベイされている。
6 Kohn 1969; Kohn and Schooler 1983; Kohn 1990.
7 Kohn et al. 1990, 967.
8 Ibid.
9 Kohn 1990, 59.
10 Barry, Child, and Bacon 1959.
11 Ibid.
12 スン＝ハ・ホワンと私は、この説明をより詳細に発展させてきた（Hwang and Bowles 2015）。
13 Bowles 2004; Cavalli-Sforza and Feldman 1981; Boyd and Richerson 1985.
14 Zajonc 1968.
15 Lepper et al. 1982.
16 もちろん、インセンティブは、多数の利己的な人々をあたかも寛大であるかのように行為させることが可能である。このことは、観察者によるひっくり返った理解の誤りをもたらす。
17 Falkinger et al. 2000.
18 Gaechter, Kessler, and Koenigstein 2011.
19 Frohlich and Oppenheimer 2003.
20 Ibid., 290.

21 Arrow 1972, 3.
22 Frohlich and Oppenheimer 2003, 290.
23 Henrich et al. 2005.
24 Henrich et al. 2006; Henrich et al. 2010.
25 Woodburn 1982.
26 Herrmann, Thoni and Gaechter 2008a.
27 Fehr and Gaechter 2000a.
28 これらの統計とその以下の統計は、Herrmann, Thoni and Gaechter（2008b）によって報告されたデータから計算されている。
29 Mahdi 1986; Wiessner 2005.
30 Ertan, Page, and Putterman 2009.
31 Mahdi 1986; Boehm 1984.
32 Gellner 1988, 144-45.
33 Voltaire 1961, 18.
34 Smith 2010, 254-55.
35 Bowles 2004, 232-49.
36 D'Antoni and Pagano 2002: Bowles and Pagano 2006; Bowles 2011.
37 Elias 2000.
38 Rawls 1971, 336.
39 Shinada and Yamagishi 2007.

40 Bohnet et al. 2008.
41 Yamagishi, Cook, and Watabe 1998; Yamagishi and Yamagishi 1994; Ermisch and Gambetta 2010.
42 Tabellini 2008.
43 Alesina and Giuliano 2011.
44 Greif 1994.
45 Gellner 1983.

第6章

1 その論文の注意深い読者は、彼が実際に次のように言っていたのを知るだろう。「自由経済の優位性は抵抗しがたく、数学的に示すことができる」（Debreu 1984; 私の訳）。
2 Arrow 1972; Solow 1971; Bliss 1972.
3 二年後のコーネル大学の博士論文（Upton 1974）は、金銭的インセンティブは、高い動機をもった献血提供者の数を大きく減少させることを示唆していた。しかし、この仕事はまったく出版されず、ほとんど読まれなかった。
4 Lucas 1976, 41–42.
5 Hirschman 1985, 10.
6 Taylor 1987.
7 このプロジェクトの私の論文（Bowles 1989）は、ユニバーシティ・カレッジ・ロンドンの哲学部門において開催されたセミナーでは発表したとき、十分に受け入れられた。しかし、そこで私が提出した主要な主張は、実証的な裏付けを欠いていた（実験経済学は、まだ萌芽的な段階であった）

ので、私はそれを脇に置いた。

8 Aaron 1994.

9 Frey 1997.

10 Ostrom 2000.

11 Mellstrom and Johannesson 2008. 他の経済学者は、社会的選好とインセンティブを分離することができない場合における法律と公共政策の問題に向かった。

12 Laffont 2000; Maskin 1985; Hurwicz, Schmeidler, and Sonnenschein 1985.

13 Gibbard 1973; Hurwicz 1972, 1974.

14 Dworkin 1985, 191; Goodin and Reeve 1989 も参照。

15 Jones 1989, 9.

16 Machiavelli 1984, 69–70.

17 Becker 1974, 1080.

18 Bergstrom 1989.

19 Royal Swedish Academy of Science 2007, 9.

20 Gibbard 1973; Laffont and Maskin 1979.

21 Chatterjee 1982.

22 チャタジーの結果は、ダブル・オークションに応用され、公共財に対して選好が顕示される場合において、d'Aspremont and Gerard-Varet（1979）によって同様の結果が示された。彼らのメカニズムのもとで、真の顕示は、インセンティブ両立的であるが、そのメカニズムは、参加が強制されていることを要求するものである。

23 Hwang and Bowles（2016）は、その理由を説明している。
24 Machiavelli 1984, 111.
25 Royal Swedish Academy of Science 2007, 6.
26 Besley 2013, 492.
27 Lipsey and Lancaster 1956–57.
28 Weber 1978, 636.
29 Parsons 1967, 507.
30 Ouchi 1980; Sahlins 1974; Durkheim 1967; Tonnies 1963.
31 Loewenstein and Small 2007.
32 Kollock 1994, 341.
33 Brown, Falk, and Fehr 2004.
34 これは、Axelrod and Hamilton（1981）によって研究された。彼らは、Shubik（1959）, Trivers（1971）, Taylor（1976）の初期の洞察を刷新し拡張した。
35 Ostrom 1990.
36 私の説明は、Braaten（2014）によっている。
37 Mallon 1983.
38 パランプル村（インドのウッタル・プラデーシュ州にある）において、労働市場の拡大（と結果としてもたらされる地理的移動性の増大）は退出費用を、したがって評判の価値を低下させ、そのために貸付契約の非公式の履行強制を掘り崩すようになったことが示された（Lanjouw and Stern 1998, 570）。一層の移動性、したがって取引者の一層の匿名性が、市場的インセンティブによって引き起こされ促進された同様の場合においては、初期の近代ヨーロッパにおける遠距離交易者によってもたらされた契約を履行強制するそれ以前に存在した規範を支えていた倫理的・他者考慮的な社会規範を掘り崩した（Greif 1994, 2002）。そして、ブラジルとメキシコの靴製造業者たちについても同様であった（Woodruff 1998; Schmitz 1999）。

第7章

1 この説明は Ober（2008, 124–34）および Christ（1990）に基づく。

2 Cooley 1902; Yeung and Martin 2011.

3 Akerlof and Kranton 2010.

4 Bowles 2012; Fong 2001.

5 私はこの情報を Chelsey Evans から得た。彼女がこの運動をコーディネートしていた。

6 Fehr and Rockenbach 2003.

7 しかし、要求される反対移転額が大きくなればなるほど、その要求に応じる費用が上昇するから、この「不公正な意図」以外の解釈も可能である。したがって、より大きな要求水準に対して（被験者の多くがそうしたように）、単純にまったく何も戻さないこと、および罰金を支払うことが利己的な被験者には魅力的であったのかもしれない。というのも、そうした利己的な被験者であれば、彼らが低水準の要求に直面した場合、その要求に応じることによって利得を最大化したはずだからである。この実験や類似した実験に基づくと、公正な成果を実現するために罰金が科される場合でも、罰金を利用する意思決定を下すのが投資家ではなく、むしろ偶然である場合でも、罰金は負の効果をもたらすかもしれない（Fehr and List 2004; Houser et al. 2008）。こうしたケースにおいては、罰金は受託者の自律性感情を損なったようだ。しかし、実験は、利己的な方法で配置された威嚇が反発を招きうるという理解とも整合的である。被験者がそうした威嚇に反発するとき、その理由はおそらく、不公正な扱いを受け入れることが、簡単には利用されない個人として自らを構成しようとする個人のプロジェクトと矛盾するからであろう。

8 Carpenter et al. 2009.

9 Barr 2001; Masclet et al. 2003.

10 Schnedler and Vadovic 2011. 他の多くの実験は、実験者によってでなく、雇用者や投資家役の依頼人によってでもなく、インセンティブのターゲットの意思決定が課したインセンティブについて、正の効果を見出している。次の研究を参照されたい。Kocher et al.（2008）; Cardenas, Stranlund, and Willis（2005）; Tyran and Feld（2006）; Ertan, Page, and Putterman（2009）; Mellizo, Carpenter, and Matthews（2014）.

11 Bentham 1970, 26.

12 Garvey 1998.

13 *Times*（London）2014.

14 Loewenstein and Small 2007.

15 Rosenthal 2008.

16 Galbiati and Vertova 2014. 私の分類では、彼らの結果はカテゴリー的クラウディングのケースである。Galbiati and Vertova 2008 も参照。

17 Fehr and Falk 2002 において報告されている。

18 Besley and Ghatak 2005.

19 Carpenter et al. 2009.
20 Hwang and Bowles 2012.
21 Stout 2011, 171-72.
22 Friedman 1970.
23 Schotter, Weiss, and Zapater 1996; Falk and Szech 2013b.
24 Ariely et al. 2015.
25 Bisenius 2010.
26 こうした説明は Guiso, Sapienza and Zingales（2013）および White（2010）に基づいている。
27 Tilly 1981.
28 Farooq 2005.
29 この説明は以下の研究に基づいている。World Bank 2015, 176-77; Martin and Ceballos 2004; Mockus 2002; Humphrey 2014; Riano 2011.
30 Mockus 2002, 24.
31 Schultze 1977.

訳者あとがき

本書は、Samuel Bowles, *The Moral Economy: Why Good Incentives Are No Substitute for Good Citizens*, Yale University Press, 2016 の全訳である。

本書の著者サミュエル・ボウルズは、現在、サンタフェ研究所研究教授・行動科学プログラムのディレクターの職にある。一九六五年に、ハーバード大学で経済学博士の学位（博士論文のタイトルは「教育における効率的資源配分：北ナイジェリアへの計画モデルの応用」）を取得した後、ハーバード大学で教員としてのキャリアをスタートさせたボウルズは、過去五〇年以上にわたりミクロ経済学のイノベーターとして研究・教育活動を行ってきた。彼の最初の著作は、線型計画法を応用して教育システムの計画化を論ずる *Planning Educational Systems for Economic Growth*（Harvard University *Press*, 1969）であり、一九七〇年には博士課程大学院生向けの上級ミクロ経済学の教科書である *Notes and Problems in Microeconomic Theory*（Markham Publishing Company, 1970）をデヴィッド・ケンドリックと共に著した。

わが国において、ボウルズがアメリカン・ラディカル・エコノミストの俊英として知られるようになったのは一九七〇年代に入ってからである。彼にとっての研究上の最初の転機は、ハーバード大学からマサチューセッツ大学アマースト校への移籍にあったと言える。彼やハーバート・ギンタス、リチャード・エドワーズ、ステファン・レズニック、リチャード・ウォルフの移籍に伴い、UMass. Amherst では、新古典派経済学に加えてポスト・ケインズ派経済学、マルクス経済学、制度派経済学やその他の政治経済学を含む多様な見方を大学院生に提供するこれまでにない博士課程プログラムが開設されたという。

一九七〇年代における研究業績として特筆すべきなのが、教育の経済学へのネオ・マルクシアン・アプローチの適用を試みたギンタスとの共著『アメリカ資本主義と学校教育』(*Schooling in Capitalist America*, Basic Books, 1976) である。資本主義的な階級構造の進化と教育制度との間には、彼らが「対応原理」と呼ぶ関係があり、教育制度は階層的構造、階級的不平等、資本主義経済を特徴づける疎外された動機づけの体系を採用する傾向があるという視点を提起した。

続いて一九八〇年代前半には、デヴィッド・ゴードン、トマス・ワイスコフとの共同研究プロジェクトが着手される。この研究プロジェクトで最初に問題にされたのは、一九六五年以降のアメリカ経済における生産性の減速に関する理論的・計量的な解明であり、そこで用いられたのが、生産過程における階級関係のミクロ経済学モデルであった。その成果の集約が、一九八三年の共著論文 "Hearts and Minds: A Social Model of U.S. Productivity Growth" である。これはその後、「社会的蓄積構造理論」へと展開され、八〇年代の右派経済学に対抗する民主的代替政策を提起する二つの共著（『アメリカ衰退の経済学』(*Beyond the Waste Land*, Anchor Press, 1983); *After the Waste Land*, Routledge, 1990）の出版に至ることになった。

ボウルズの研究が大きく飛躍するのは、一九八五年の記念碑的論文 "The Production Process in a Competitive Economy: Walrasian, Neo-Hobbesian, and Marxian Models" によってである。この論文を契機に、ギンタスとの共同作業が再開され、ギンタスによる労働交換に関する業績とボウルズ自身による生産過程に関する研究とに基づいて、「資本主義の政治経済学のための新しいミクロ的基礎」という研究プロジェクトが提起されることになる。その中心となる理論が「抗争交換の理論」である。労働市場と信用市場に不完備契約理論を適用し、市場は競争均衡においても需給一致を保証しないという結論を導く。この場合、市場のショート・サイドに位置する主体は彼らが望むだけの取引を実現できるが、市場のロング・サイドに位置する主体の一部は彼らが望む取引を実現できず、数量の割当て（失業や信用割当て）を受ける。このように市場においては、ショートサイダーとロングサイダーとの間に非対称性が生じ、これが前者による後者に対するパワーの行使の源泉となる。市場における取引関係は明らかに、ワルラシアンが想定するような対等・平等な関係にあるのではない。かくして、一九九〇年代以降、彼はワルラシアン経済学に対する「ポスト・ワルラシアン政治経済学」("Post-Walrasian Political Economy," in Bowles, S. et al. eds., *Markets and Democracy* (Cambridge University Press, 1993), "The Revenge of Homo-Economicus: Post-Walrasian Economics and the Revival of Political Economy" (1993))として自らの経済学を特徴づけることになる。

ところで、一九八〇年代後半には、フランス・レギュラシオン学派を代表するロベール・ボワイエとの共同研究も行われた。この共同研究では、ラディカル経済学による労働過程のミクロ経済学的モデル化とカルドア、カレツキに由来する総需要問題を統合するマクロ経済モデル("Labor Discipline and Aggregate Demand" (1988), "A Wage-Led Employment Regime" in Marglin, S. A. and Schor, J. B. eds., *The Golden Age of Capitalism*, Oxford University Press, 1990, 磯谷明徳・植村博恭・海老塚明監訳『資本主義の黄金時代』東洋経済新報社、一九九三年, "Labour Market Flexibility and Decentralization as Barriers to High Employment?" (1990))が開発された。この共同研究で明らかにされようとしたのは、高賃金とより効率的な団体交渉制度が、より大きな雇用保障を促す可能性を生むということであった。

さらに一九九〇年代後半でのギンタスとの共同作業の中で注目すべきは、「現実的ユートピア・プロジェクト」という研究プロジェクトにおいて提起された「資産ベースの再分配戦略」を通じた「根本的に平等主義的な市場経済」構築の構想("Efficient Redistribution:

New Rules for Markets, States and Communities," in Wright, E. O. ed., *Recasting Egalitarianism* (Verso, 1998)(『平等主義の政治経済学』)である。ここでは、市場のもたらす否定的な結果(いわゆる「調整の失敗」)を回避すると同時に、市場の利点を制限する足かせになるものをいかに適切に設計すべきかという問題提起がなされる。この問題に対する回答の彼らの理論的前提は、市場取引における不完備契約論であり、取引における基本資産がある特定の方法でプリンシパルからエージェントに広範囲に再分配されるならば、平等の維持・向上とともに経済的効率性の維持も同時に達成しうるというものである。これは、新自由主義的な市場礼賛の思想に対する挑戦である一方、ケインズ左派的な平等主義戦略からの訣別でもあった。二〇〇〇年代のボウルズへ引き継がれる適切に設計された制度・ルールのもとでの市場を活用した平等主義の実現という発想の原点はここにあるということができる。もうひとつの重要な発想の原点がある。ホモ・エコノミクスからホモ・リシプロカンス(Homo reciprocans)へという経済主体像の転換が提唱されたことである。ホモ・リシプロカンスは、無条件の利他主義者でもなければ、新古典派が想定する道具主義的で利己的な主体でもない。それは条件つきの協力者(conditional cooperators)である。この時期、一九九七年から二〇〇八年まで続くマッカーサー財団の支援による学際的共同研究プロジェクト(Network on Economic Environments and the Evolution of Individual Preferences)がまさに始まろうとしていた。これは、ゲーム理論という共通の語彙と行動科学の一貫した方法論に依拠して、経済学、人類学、進化生物学、社会心理学、社会学といった学問分野を結びつけることを意図する、文字通り、学問分野の境界を越えるtransdisciplinaryな研究プロジェクトであった。こうした試みが、ボウルズを二〇〇〇年代の新たな研究のステージへと導いていったと言える。

二〇〇〇年代に入り、ボウルズは長年教鞭をとってきたマサチューセッツ大学アマースト校からサンタフェ研究所に移籍する。この時期のサンタフェ研究所は、行動科学と複雑系に関する学際的研究の一大拠点となっていた。彼はここで多くの刺激的な共同研究を遂行する。その中のひとつが前述の一九九七年に始まる「選好ネットワーク(The Preferences Network)」である。このネットワークでは、人類学者であるロバート・ボイドとギンタスが共同ディレクターとなり、そのメンバーにはボウルズの他に、コリン・カメラー、エルンスト・フェール、エドワード・グレイサー、サイモン・ゲヒターが、さらにはジョージ・アカロフ、アブナー・グライフ、ダニエル・カーネマン、ポール・ローマーも含まれていた。このプロジェクトから生まれた衝撃的な成果のひとつが、一五の小規模社会で最後通牒ゲームの実験を行ったものである("In Search of Homo Economicus: Behavioral Experiments in 15 Small-Scale Societies" (2001), *Foundations of Human Sociality: Economic Experiments and Ethnographic Evidence from Fifteen Small-Scale Societies* (Oxford University Press, 2004))。これは実験ゲームを通じて社会的選好や協力行動の文化差を測定しようというものであり、実験経済学におけるフィールド実験に先鞭をつけるものだった。さらにこのプロジェクトからはもうひとつの重要な成果が生み出された。ボウルズとギンタスが主張する協力行動を引き起こす要因としての「強い互恵性（strong reciprocity）」という社会的選好を議論の中心に据え、協力の行動生態学、強い互恵性のモデル化と検証、さらに強い互恵性モデルの社会政策への応用を論ずる論文集、*Moral Sentiments and Material Interests: The Foundations of Cooperation in Economic Life*（MIT Press, 2005）が編まれたことである。

こうした新たな研究の積み重ねの中から、ボウルズは主流派経済学が前提とするワルラシアン・パラダイムに代替する「進化社会科学」という新しいパラダイムを構想するに至り、これが『制度と進化のミクロ経済学』（*Microeconomics: Behavior, Institutions, and Evolution*（Princeton University Press, 2004））の刊行へとつながるのである。この著作は進化社会科学という総合的な社会科学を目指すボウルズの理論的集大成の書であり、それに対して、本書『モラル・エコノミー』は、進化社会科学という新たなパラダイムを提唱するに至る彼自身の経済思想的な基盤を全面的に展開したものである。この意味で『制度と進化のミクロ経済学』と『モラル・エコノミー』とは相互補完的な関係にある。これら両方の著作を読むことによって、読者の方々には総合的な社会科学者としてのボウルズの現在の立ち位置と彼の理論的・思想的な深みと広さをより良く理解してもらえるものと確信する。

さて、本書の翻訳について簡単に触れておこう。序文、第1章、第2章については磯谷が、第3章、第4章、第7章については遠山が、そして日本語版への序文、第5章、第6章については植村が翻訳を担当した。訳語の統一や言い回しの統一については、訳者三名による合議によって可能な限りの統一を行った。また翻訳全文の検討においては、三名が複数回にわたってNTT出版の会議室に集まって改訂の作業を行った。その際には本書の編集担当である柴俊一氏にも同席いただき、この作業に加わっていただいた。

本書の翻訳を開始した経緯は、二〇一五年秋に経済理論学会第63回大会（一橋大学）の招待講演者としてボウルズが来日したとき、植村と磯谷がすでに出版を予定されていた本書の内容について詳しく話す機会をもったことによる。そして偶然にも、これとほぼ同時に今回編集を担当いただいたNTT出版の柴俊一氏から本書の翻訳の相談があった。さらにもうひとつの想い出ぶかい縁として、柴俊一氏には、三〇年ほど前の一九八〇年代半ばに植村と磯谷が参加した翻訳書の編集を担当してもらったことがある。当時のわれわれはまだ駆け出しの研究者と編集者であった。今回が二度目の共同作業である。今回もまた丁寧な編集作業と翻訳そのものについての貴重なアドバイスをいただいた。心からの感謝を申し上げたい。

以下では、『モラル・エコノミー』の内容について、いくつかの重要な論点に焦点を合わせて紹介し、簡単な解説を行うことにしたい。

1．ボウルズの経済思想は、どのようなものか

本書においては、半世紀以上におよぶボウルズの経済思想の発展の成果が、まさに全面的に展開されている。ここには、たんに経済学者ボウルズにとどまらず、総合的な社会科学者としてのその深い思想が示されていると言ってよい。彼は、その理論的集大成であった『制度と進化のミクロ経済学』において、「進化社会科学」という研究プログラムを提起したが、本書ではそれと補完的関係にある経済思想を説得的に展開している。それでは、ボウルズの思想は、どのようなものだろうか。それは、おそらく一言で言えば、アメリカにおけるリベラリズムの系譜の思想を現代的に深化させているものと言えるが、そのような思想的環境を土壌とし、かつてラディカル派経済学者（ラディカル・エコノミスト）の旗手として自由な観点からマルクスに接し、いまはそのマルクスをも相対化しつつ、独自の経済思想を発展させている。特に、現代ミクロ経済学と実験経済学・行動科学の成果を援用しつつ、アリストテレス、ヒューム、スミス、マルクスなどの古典思想を独自の観点から統合している点に本書の特徴がある。

本書におけるボウルズの研究がもつ広がりと深さを理解するうえで、ボウルズの思想的遍歴とその到達点を考えてみるのは有効かもしれない。先に説明したボウルズの経歴からもわかるように、ボウルズはかつてラディカル派経済学の中心的理論家として活躍したの

で、わが国では新古典派理論を活用するマルクシアンといったイメージが根強くもたれてきた。しかし、二〇〇〇年代にサンタフェ研究所に移籍して以降のボウルズは、そのイメージにはおさまりきれない独自の社会科学の体系を構築していったと理解する必要がある。そして、特に本書で示された経済思想は、むしろアメリカのリベラル思想の延長線上にあると言えよう。一九七〇年代・八〇年代においては、たしかに「ラディカルな」経済思想家であり、民主主義と資本主義との関係を問い続けたが、その底流においても、アメリカン・デモクラシーの思想は重要な影響をもっていたのである。したがって、その意味では、現在のボウルズにとっては、マルクスは多くの重要な思想的源泉のひとつにすぎないように思われる。むしろ、本書においては現代経済学と現代社会科学とのすべての英知が総合されていると理解すべきである。まさにボウルズの経済思想の集大成である。

ボウルズの思想を深く理解するうえで、手がかりとなるのは、"liberal"という言葉である。ただし、この"liberal"という言葉はきわめて多義的であり、また日本においては独特の使用の仕方もあるので、その含意を正確に伝えるのは容易ではない。そのため、本書の翻訳では、たんに「リベラルな」と訳すことにした。ボウルズが本書の思想を示すうえでキーワードとしているのは、"liberal civic"という概念である。この"liberal civic"とは、自由主義者の意味でもなく、また日本でしばしば含意されるたんなる左翼進歩派の意味でもない。あえて言えば、良識と社会規範を重んじ公正観念を体現した市民がもっている社会的心性を意味するものと言えるのではないだろうか。その点は、本書では、「リベラルな市民文化（liberal civic culture）」（第5章）として丁寧に説明されている。

日本においては、本書が扱っている経済思想はむしろなじみ深いものかもしれない。本書を一読して、読者の脳裏に浮かぶのは日本における市民社会思想の研究との類似性であろう。スミス、ヒューム、そしてマルクスといった研究は、戦後日本においてこそ開花してきたものであった。日本の研究においては、スミスにおける「経済学の生誕」の意味が深く吟味され、スミスにおける分業・交換そして同感の世界と、マルクス『資本論』の世界との関係が問い続けられた。また、スミスにおける利己心の体系と同感の体系とがどのような関係にあるのかも問われてきた。スミスの思想と公共の利益を重視する「シビック・ヒューマニズム」との関係、さらには「立法者の科学」に関する思想史的研究も発展してきた。本書におけるボウルズの研究は、まさに日本におけるこのような近代思想史研究と通底するものである。日本では、資本主義的市場経済と市民社会との位相関係、そこにおける利己心と同感との関係、そして市民的徳の役割についてなど、さまざまな議論が展開されてきた。その意味では、ボウルズによる本書を、日本の読者は市民社会思想の研究書として読むことができる。しかし、本書にはそのような観点からの理解ではおさまりきれない理論的な緻密さと思想的な奥深さがある。ボウルズの研究の最大のオリジナリティは、現代ミクロ経済学、特に不完備契約論とメカニズム・デザイン理論の豊富な成果を十二分に活用し、さらに実験経済学・行動科学の成果に基づきつつ、経済思想に堅固な社会科学的基礎を与えている点である。その意味で、現代経済学・現代社会科学の批判的総合でもあると言える。特に、ボウルズが、市民的な社会的選好の内生的形成とそれを促進する法の支配や市民的諸制度の有効性について、きわめて緻密な分析を行っている点は、特筆すべきものがある。このように、経済思想と現代経済学・実験経済学・行動科学の成果とを積極的に架橋し総合しようとする試みは、これまで日本ではほとんど行われてこなかった。

2 実験経済学・行動科学に基づく社会認識の深化

本書の読者はどのページを開いても、西欧市民社会思想と実験経済学の研究を目にするであろう。これは、ボウルズが市民社会思想および自己の思想を、つねに実験経済学の研究成果とつき合わせながら検討していることによる。彼にとって実験経済学は社会認識を深化させる梃子(てこ)である。自己の思想をたんに思想としてではなく、実験経済学・行動科学の成果に基づいて確固とした社会科学として展開している点が本書の魅力のひとつである。

本書は「あるがままの人間」(ルソー)の検討から始まる。ボウルズは実験経済学・行動科学実験の結果を踏まえ、人々が利己的な、自己考慮的な行動をとると期待される場面でも、そうした行動をとることは稀であり、むしろ、倫理的に動機づけられた他者考慮的な行動をとる、ということを示している。実験経済学・行動科学実験の結果は、ホモ・エコノミクス——利己的で非道徳的な人間——が「あるがままの人間」の正確な描写ではないことを明らかにする。

「あるがままの人間」の世界は不完備契約の世界である。ボウルズは早くから不完備契約論を援用し、現代の資本主義経済の多くの領域において「見えざる手」の想定する完備契約の仮定が侵害されることを明らかにしてきた。市場経済は、不完備契約の世界であり、次善の世界である。だが、そうした世界にあっても、社会的選好——倫理的な動機や互恵的動機に加え、たとえば他者を助けることそれ自体に喜びを感じるような内発的動機——を有する「あるがままの人間」が存在し、それが相互利益的交換や社会生活の持続を可能にする社会的基礎を与えるという。これが、ボウルズが多くの実験経済学・行動科学研究プロジェクトの成果を援用して描く社会である。

ところが、新古典派経済学にとって、不完備契約とそれが原因で発生する市場の失敗は、市場の特長と受け止められてきた効率的な資源配分が市場において実現されない、ということを意味する。「見えざる手」には政府の手助けが必要となる。だが、それは市場に取って代わるようなケインジアン的な大きな政府としてではない。価格メカニズムを補い、個々人を望ましい社会的成果へと誘導するインセンティブ——市場の失敗を軽減し、排除する一連の社会的ルール——を設計する設計者としてである。こうした考え方は、社会の個々のメンバーの利己的な動機に訴えるインセンティブを考慮に入れ、何らかの特定の社会的目標を遂行できるようなメカニズムを設計しようとする、現代のメカニズム・デザインの基本的な思考法である。

しかし、ボウルズが読者に——そしてメカニズム・デザインにも——驚きをもたらすのは、不完備契約の世界を完備契約の世界に近づけようとインセンティブを利用したとき、インセンティブそれ自体が社会的選好をクラウディングアウトしてしまう、という実験結果である。ヒュームの言う悪党（利己的行動）を律する立法そのものが、悪党（利己的行動）を生み出すという逆説である。したがって、「悪党のための立法」から現代のメカニズム・デザインにまで連なる利己心の原則に基づく公共政策の設計は、むしろ、その政策が意図した成果を得ることができない可能性が高い。

なぜインセンティブは、そうした社会的選好をクラウディングアウトしてしまうのであろうか。行動科学実験の結果を手にしたボウルズの答えは説得的である。選好が状況依存的であり、内生的だというのがそれである。選好は、インセンティブが与えられたとき、それにどのように反応すべきかを教えるが、その選好それ自体が、インセンティブに依存するからである。だが、ボウルズはここに別の可能性も見出している。選好が状況依存的であり、内生的であるからこそ、選好と共進化する制度、文化、立法の設計如何で社会的選好が育成される可能性も開かれる。

実験経済学・行動科学は、社会的選好が一般的であり、相互利益的な交換やその他の社会生活の基礎を保証することを明らかにした。しかし、そうした動機をインセンティブが拠って立つ社会的基盤を浸食することになる。それどころか、失われた倫理的・他者考慮的選好を補うために、さらにインセンティブの利用が拡大されるかもしれない。しかし、現実には、こうした悪循環は、どの市場ベースの経済においても深刻な問題としては出現していない。インセンティブが社会的選好に与える腐食効果は存在するが、そうした悪循環は――実験経済学・行動科学に基づくボウルズの理解によれば――堅固な市民文化およびそれを促進する社会過程によって相殺されてきたからである。

しかし、ボウルズは、こうしたインセンティブと社会的選好の代替性の問題を提起するだけでは終わらない。実際、ボウルズは、実験経済学・行動科学の実験結果を証拠に、インセンティブそのものがクラウディングアウトの犯人だという考えをとっていない。インセンティブの伝えるメッセージが、たとえば、利己的行動が期待されるといった内容を伝えることから、あるいはインセンティブの設計者とその対象者との関係から、クラウディングアウトが発生すると見る。したがって、インセンティブが伝える情報を変えることによって、クラウディングアウトが回避される、あるいはクラウディングイン（インセンティブと社会的選好との補完性）の可能性が見出される。

こうした行動科学実験の成果を手に、ボウルズは西欧社会思想をたどり、アリストテレスの立法者を再発見する。それは、インセンティブが社会的選好をクラウディングアウトするのではなく、クラウディングインすること、言い換えれば、道徳とインセンティブとの相乗効果を知る立法者である。ボウルズが読者に訴えるのはこうした社会認識である、しかも実験経済学をはじめとする行動科学的研究に裏付けられた社会認識である。したがって、本書はまさしく、インセンティブと道徳とは代替的ではなく、補完的であることを提起する「モラル・エコノミー」である。

3.「リベラルな社会」における市民の社会的選好と立法者の役割

次に、ボウルズの理論的思考の中心的なテーマである市場、社会的選好、法の支配やリベラルな諸制度の相互関係について説明することにしよう。ボウルズは、市場経済において、価格を通じた調整が自己考慮的な利己的選好を強化し、他者考慮的な社会的選好をクラウディングアウトする場合もあれば、適切な制度とルールとによって社会的選好が育成されクラウディングインが生じる場合もあると主張する。したがって、市場経済の発展が社会に与える効果について、市場が社会的選好を弱体化させ、社会的基盤を掘り崩すとのみ考えるのは一面的であるが、市場がつねに市民的な社会的選好を強化すると考えるのも、また一面的だとするのである。本書は、具体的に、市場が市民的文化を醸成させるという

「市場の市民化効果（the civilizing effects of the market）」という問題を取り上げ、これに一定程度賛成しつつも、しかしそれを無条件で賞賛するわけではない。ボウルズが示唆しようとしているのは、近代の「リベラルな社会（liberal society）」における市場の効果は、両義性をもつということである。ここに、ボウルズが、市場経済の発展が社会に与える効果について否定的にとらえる傾向のあるマルクスと市場の積極的側面を賞賛するスミスをともに相対化し、近年の実験経済学の成果に基づいて、自らの精緻な分析を深化させていることを見て取ることができる。

ボウルズが問題とする社会は、近代の「リベラルな社会（liberal society）」である。これは、本書の中心的概念のひとつであるが、日本ではさほど親しみやすいものではない。あえて言えば、それは日本でしばしば「市民社会（civil society）」という言葉に含意されてきたものに近いが、もちろん「市民社会」という概念自体がきわめて多義的である。ボウルズ自身は「リベラルな社会」に、次のような独自の定義を与えている。それは、経済的な財やサービスの配分が主として市場によって行われ、政治的権利の形式的平等性や法の支配が重視され、職業選択や地理的移動に対する障壁が低い社会であると説明される。職業および地理的移動性は、市民の被るリスクを軽減し、また近年では社会保険もこの役割を果たしている。このような社会は、長期的に人々の選好に影響を与えるが、市場経済における利己的選好の発展と市民文化の発展に関しては、両義的な性格が存在している。

市場経済の発展は、もっぱら自己考慮的な利己的選好を発展させ、社会を掘り崩すこともあれば、そうではなく、市場経済の発展と市民的選好とが相互補完的に作用し、市民的徳（civic virtue）を実現することもあるとされるのである。市場での契約は不完備契約を含むので、そのような好ましい結果が生じるか否かは、市場とリベラルな諸制度（職業選択や地理的移動の自由、法の支配）との相乗作用がうまく働くか否かにかかっており、うまく働く場合には、市民的徳を涵養することで、社会的選好のクラウディングインを実現することができるのである。

このような不完備契約における社会的選好のクラウディングインの可能性については、特に不完備契約が顕著な労働市場と信用市場について、ボウルズ独自の理論的深化が見られる。もともとボウルズは、一九八〇年代末より「抗争交換（contested exchange）理論」として、この問題を理論化してきたが、『制度と進化のミクロ経済学』における理論の深化を経て、本書ではいっそうの展開を示している。特に、労働市場について言えば、次のような理論構成となっている。労働市場においては、依頼人（principal）である雇用者と代理人（agent）である被雇用者との間の非対称的関係が存在し、そこでの契約は労働内容や労働条件、そして労働努力の水準のすべてを契約で規定することができないという意味で不完備契約となっている。このような関係においては、「効率賃金」のような賃金を手段とした金銭的インセンティブだけでなく、労働と賃金に関する公正規範や労働者が被るリスクを低減する法制度、さらに社会保障制度などが重要な役割を果たすのである。しかも、不完備契約の労働市場においては、パワーの行使と制度化とがその動態を規定する。「リベラルな社会」においては、先に見たように職業選択の自由と労働市場は最も重要な構成要素のひとつであるが、労働市場における契約は不完備な性格が強いからこそ、労働者を保護する適切な法制度とそれによって育まれる労働と賃金に関する公正規範が重要なものとなるのである。また、信用市場においても、貸付から返済に至る過程において契約は不完備であり、返済を保証しリスクを低減する法的諸制度や借り手に対する信頼関係が重要な役割を演じている。そしてさらに、信用市場の機能の仕方とそれがもたらす結果は、金融資産の所有関係にも深く関わることになる。

労働市場のみならず、信用市場やその他の市場において、社会的選好のクラウディングインを実現するためには、適切な立法の役割が重要となる。その場合、それはどのような立法であろうか。マキャベリ以来の発想である利己的な悪党に対して有効な立法を課すというパラダイムは、現在では、L・ハーヴィッツやE・マスキンなどのノーベル賞経済学者によって構築されたメカニズム・デザイン理論として発展することとなった。それは利己的個人を前提にして、立法者が有効なルールとインセンティブを与えることによって市場だけでは達成できないより効率的な結果を導くことのできる条件を論証するという試みである。しかし、これまでのメカニズム・デザインの研究で明らかになったことは、「パレート効率性」、「選好の中立性」、「自発的参加」という三つの条件を同時に満たすことはできないということであり、それをボウルズは「リベラル・トリレンマ」と呼んでいる。「パレート効率性」の定義は経済学において広く共有されているものと同じであるが、「選好の中立性」の意味は立法者が個人の選好に介入しないこと、「自発的参加」とは、社会経済関係への参加は個人の自発的選択によるものであって、立法者はこれを強制しないということである。「リベラル・トリレンマ」は、立法者が、利己的個人と完備契約の仮定のみに基づき、「選好の中立性」と「自発的参加」を追求するならば、それによってパレート効率的な状態を実現することはできないことを意味する。そのため、立法者は、「あるがままの人間」が持っている社会的選好を内生的に形成する可能性と市民の他者考慮的な社会的選好の積極的な役割を認識しつつ、「次善の世界」で立法を行わなければならないのである。このことが、まさに本書の原書の副題である「優れたインセンティブが善き市民に代われない理由（why good incentives are no substitute for good citizens）」である。

このようにボウルズの分析は、市場経済と市民の社会的選好との相互関係から、社会的選好とインセンティブとの分離不可能性のもとで社会的選好のクラウディングインをもたらす立法の役割まで、きわめて体系的に展開されている。しかし、あえて言えば、最後に登場する「立法者」については、さらにその先にきわめて重要な社会科学的・政治学的分析が必要な領域が残されているようにも思われる。なぜならば、本書で登場する立法者が、どのような民主主義的手続きを経て選ばれているのか、立法者の立法行為と市民の対応について、政治的領域においてどのような相互作用が存在するのか、明示的に示されていないからである。立法者が市場の外にいて市場に対して立法や政策で関わることはその通りであるが、立法者が政治的領域としての「市民社会」とそれを支える人々の市民文化とによっていかなる形で規定されるのかという問題を解明することが、今後の課題として残されている。

4. ボウルズの「モラル・エコノミー」が社会科学と現実社会に提起するもの

ボウルズの経済思想は、現代の社会科学に対してどのような意義をもっているのか。また、現実の政治経済に対してどのような意義をもっていると言えるのか。最後にこの点に触れておくことにしたい。

まず、現代の社会科学にとっての意義であるが、ボウルズの思想の主張の中で重要なのは、経済学だけでなく、すべての社会科学は自己考慮的で利己的な個人のみを前提にして理論を組み立てるべきではなく、自己考慮的個人と他者考慮的個人とが多様なかたちでともに存在し、彼らの選好が内生的に形成され、変化するという「あるがままの」事実から出発すべきであるとする点である。しかも、インセンティブと社会的選好とは分離不可能である。これは、自己考慮的で利己的な合理的個人というパラダイムを相対化することを意味するものであり、合理的選択の前提が経済学だけでなく、社会学や政治学においても強い影響力をもっている現状からすると、きわめて重要な示唆を与えていると言えよう。特に、ボウルズが、状況依存的選好と長期的な内生的選好形成とを明確に区別した理論的枠組みを構築している点は、社会科学全体にとって大きな貢献となっているように思われる。

他方、現実の政治経済に対しては、次のような示唆をくみとることができるだろう。現代の「リベラルな社会」においては、経済と政治とは不可分に結びついているが、その関連を実際にどのように認識するかということである。ボウルズの経済思想の核心はリベラリズムにあるということができるが、実験経済学の成果を援用しつつ、そのリベラリズムに堅固な社会科学的基礎を与えている点に、ボウルズの理論の強みがある。すなわち、現代の社会は、自己考慮的で利己的な諸個人によって社会が分断される傾向とリベラルで市民道徳をもった諸個人によって社会が維持される力とがともに働き、そこに複雑で対抗的なダイナミズムが存在している。その際、どのような制度と立法があれば市民の社会的選好が強化され、安全で安定的な社会を作り上げることができるのか、本書でボウルズはまさにこの点を問題としていると言えよう。

現在、米国でもヨーロッパ諸国でも、リベラルな市民社会と民主主義の積極的な発展に対して逆行する動きが顕在化しつつある。特に、金融取引の拡大に伴って、社会経済的な不平等とリスクの拡大がもたらされ、自己考慮的で利己的な動機が蔓延している。それによって、ナショナリズムやポピュリズムなどといった傾向が見られ、われわれは民主主義の形骸化と社会の分断化の危機にさらされているように見える。このような時だからこそ、どのように社会経済制度と法制度を構築し政策を立案すれば、市民的な規範と文化を発展させることができ、安定したリベラルな社会を実現することができるのか、ボウルズの経済思想は、現代に生きるわれわれにそのことを問うていると言えるだろう。

磯谷明徳・植村博恭・遠山弘徳

文庫版への謝辞

二〇一七年三月に翻訳・出版された本書の文庫化にあたっては、何よりもまず、筑摩書房の藤岡泰介氏ならびに行本篤生氏に心より感謝申し上げたい。藤岡氏は、文庫化を提案してくださり、当初は編集も担当される予定であったが、部署の異動に伴い、その作業は行本氏に引き継がれた。行本氏には、本書の全てを細部にわたって読んでいただき、文章の表現や説明の不正確な箇所など、丁寧な指摘とともにその解消のための提案を数多くしていただいた。本書が、著者ボウルズの主張を的確かつ分かりやすく伝えていると、読者の方々に認めていただけるとすれば、それはひとえに行本氏の献身的な編集作業のおかげである。

また、研究・教育で多忙な中、本書の解説を執筆するという労を取っていただいた亀田達也氏にも、心よりのお礼を申し上げたい。経済学者としてだけにとどまらず、総合的な社会科学者として、実験経済学や行動科学に基づいた社会認識を深化させようとする著者ボウルズと、利他性や共感性、モラルなど、人の社会を支える人間本性を「実験社会科学」という新しい総合的学問の観点から探究しようとする亀田氏とでは、その発想は多くの点で共鳴し合うであろう。事実、亀田氏からは、本書について実験社会科学の観点から論考するという解説を寄せていただいた。特に、ポストコロナ社会での「秩序のゆらぎ」を考える際の最重要な著作の一つだと本書を評価され、その上で、クラウディングアウトからクラウディングインに向けて「アリストテレスの立法者」をリベラリズムのもとでどう実現するかという問題提起は、今日の社会科学全体にとってアクチュアルな意味を持つという指摘には大いに同感する。同時に、この問いはわれわれ訳者にとっても大きな宿題である。見事な解説を寄せていただいた亀田氏には重ねて感謝を申し上げる次第である。

訳者一同

補遺 4

信頼とリベラルな法の支配

これは、リベラルな国家と信頼の関係に関するモデルであり、第５章の末尾における主張を描写するものである。

人々がランダムに選ばれた相手と相互作用をもち、機会主義的に行動する（例えば、互いの財を盗む）か、あるいは彼らの互いの利益のために財を交換するという交換に携わる多数の人々からなる集団を考えよう。これらの戦略を、「裏切り」と「協力」と呼ぶことにし、それらはコーディネーション・ゲーム（保証ゲームとも呼ばれる）を記述する利得をもつ。それは、図Ａ・４における上のほうの利得行列で表されている。ゲームの構造は、次のようなものである。もし、プレイヤーが、相手が協力すると知っているならば、その利得最大化戦略もまた、協力することである（そのとき、双方が４を獲得する）。しかし、もし相手が裏切り者であると知られるなら、そのときはまた、利得は裏切りによって最大化される（そのときは、双方が２を獲得する）。したがって、そこでは２つの均衡が存在し、双方が裏切りを行うか、双方が協力を行うかである（利得表における影のかかったセルであり、右の図表では四角で囲まれた利得である）。

協力と裏切りに対する期待利得は、相手が協力するということに関するプレイヤーの主観的確率（p）に依存しており、それは右側の図において π_C と π_D と表示されている。それらは、ともに（p）に関して増加する。少なくともある確率 p^* で相手が協力すると信じるとき、期待利得を最大化することを望むプレイヤーは協力する。このいわゆる臨界値は、二つの利得関数の交点によって決定される（p^* の右側では、協力する方が期待利得は高くなる)。法の支配が存在しないときには（図の太線)、臨界値 p^* は２分の１を上回っているので、裏切りはリスク支配的戦略と名づけられる。すなわち、それは相手も同程度に協力か裏切りを行うと信じる個人の期待利得を最大化するものである。法の支配（細線）は、協力戦略をとる者を裏切ることの利得を減少させ、それはまた、相手が裏切ることによって生じる協力戦略をとる者の費用を減少させる。これによって、臨界値は p^* から p^- に低下する。プレイヤーに協力を行わせるよう動機づけるために相手のプレイヤーが協力することが必要とされる確率を減少させることによって、これらの変化は、協力をリスク支配的戦略とし、したがって協力することを維持しやすいものとする。

	C	D
協力	4,4	0,3
裏切り	3,0	2,2

	C	D
協力	4,4	1,2
裏切り	2,1	2,2

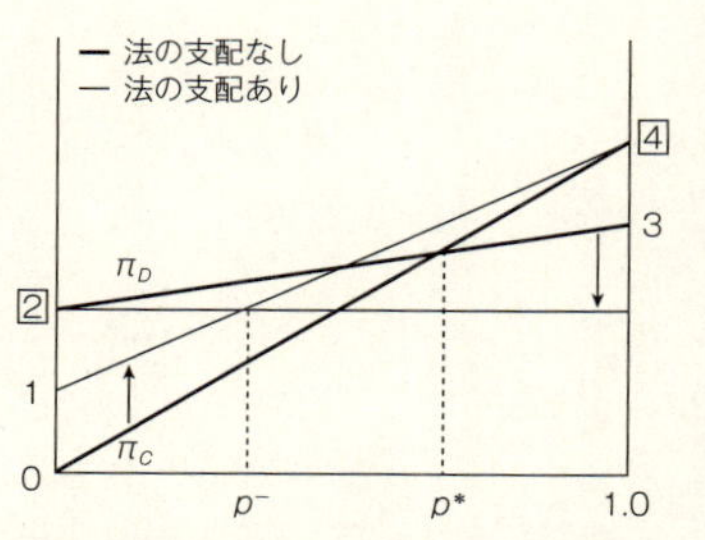

図Ａ・４　法の支配と協力的規範　左の図表：交換ゲームにおける利得（上の表は法の支配が存在しない場合であり、下の表は法の支配が存在する場合である)。行プレイヤーの利得は各セルの第一項である。右の図表：相手のタイプに基づく期待利得（太線は法の支配が存在しない場合、細線は法の支配が存在する場合である)。

補遺 3

Irlenbusch and Ruchala（2008）の実験における補助金の総効果、直接効果および間接効果

効果のタイプ	計算方法	60 のボーナス	12 のボーナス
直接的	補助金×分離可能性直線の傾き	25（＝60×0.417）	5（＝12×0.417）
間接的カテゴリー的	ボーナスεによる拠出の変化	−2.48（＝34.56−37.04）	−2.48（＝34.56−37.04）
間接的限界的	傾きの変化×補助金	−6.54（＝[0.308−0.417]60）	−1.31（＝[0.308−0.417]12）
間接効果の総和		−9.02	−3.79
総効果		15.98	1.21

第三者懲罰	AとBは独裁者ゲームをプレイする。CはSのどれだけの額がBに配分されるか観察する。CはAを罰することができる。しかし、処罰はCにとってコストのかかるものである。	他者の受容不可能な取り扱いに対する社会的不承認。	AはBに少しも配分しない。CはAを決して罰しない。	Bに対するAの配分が低下するにつれてAに対する処罰が上昇する。	Cの利得が分配ノルムの侵害から損失を被ることがないとしても、Cはその侵害に制裁を科す。

表の出所：Camerer and Fehr（2004）から採用された。

ゲームの出所：囚人のジレンマ：Dawes 1980（サーベイ）；公共財：Ledyard 1995（サーベイ）；最後通牒：Güth, Schmittberger, and Schwarze 1982（ゲームの紹介）、Camerer 2003（サーベイ）；独裁者：Kahneman, Knetsch, and Thaler 1986（ゲームの紹介）、Camerer 2003（サーベイ）；信頼：Berg, Dickhaut, and McCabe 1995（ゲームの紹介）、Camerer 2003（サーベイ）；贈与交換：Fehr and Fishbacher 2001（ゲームの紹介）；第三者懲罰：Fehr, Kirchsteiger, and Riedl 1993（ゲームの紹介）。

独裁者	最後通牒ゲームと似ているが、応答者は拒否できない。すなわち、提案者は（$S-x, x$）を命令する。	思いがけない利益の慈善的分配（宝くじの当選者が見知らぬ人に匿名で与える）。	分配は発生しない、すなわち$x=0$。	平均で、提案者は$x=0.2S$配分する。実験ごと、個人ごとで強いばらつきがある。実験の実施手順の詳細に感応的であるため、こうしたばらつきが目立つ。	純粋な利他主義。
信頼	投資家は初期資産Sを持ち、0とSの間のyを移転する。受託者は$3y$受け取り、0と$3y$の間の任意のxを送り返す。投資家は$S-y+x$、受託者は$3y-x$を得る。	拘束力ある契約を伴わない逐次的交換（eBayでの販売者からの購買）。	受託者は少しも返さない：$x=0$。投資家はこのことを予測し、まったく投資しない：$y=0$。	平均で、$y=0.5S$であり、受託者のお返しは$0.5S$をわずかばかり下回る。xはyの増加関数である。	受託者は正の互恵性を示す。
贈与交換	使用者は労働者に賃金wを提案し、望ましい努力水準$\hat{e}$を告げる。労働者が（$w, \hat{e}$）を拒否した場合、両者が得るのは0である。もし労働者が受け入れるのであれば、労働者は1と10の間の任意のeを選択できる。それから使用者は$10e-w$を、労働者は$w-c(e)$を得る。$c(e)$は努力コストであり、eの厳密な増加関数である。	労働者もしくは販売者のパフォーマンス（努力、財の品質）の契約不可能性もしくは強制履行不可能性。	労働者は$e=1$を選択する。使用者は最小の賃金を支払う。	努力は賃金とともに上昇する。使用者は最低額をはるかに上回る賃金を支払う。労働者は低賃金の提案を受け入れるが、$e=1$で応答する。	労働者は寛大な賃金提案に互恵的に応える。使用者は寛大な賃金を提案することで労働者の互恵性に訴える。

補遺 2　社会的選好を測る実験ゲームとインセンティブの効果

ゲーム	ゲームの定義	現実生活の例	自己考慮的プレイヤーについての予測	実験の規則性	実験結果の解釈
囚人のジレンマ	2人のプレイヤー、そのそれぞれが協力するか、裏切るかする。利得は以下の通りである。 協力(C) 裏切(D) C H, H S, T D T, S L, L H>L, T>H, L>S, S＋T<2H	負の外部性（公害）の生産、拘束的契約を伴わない交換、ステータス競争。	裏切る	50%が協力することを選択する：コミュニケーションが協力の頻度を上昇させる。	予想される協力に互恵的に応える。
公共財	N人のプレイヤーが同時に自分の拠出額g_i（$0 \leqq g_i \leqq y$）を選択する。yはプレイヤーの初期資産。各プレイヤーiは$\pi_i = y - g_i + mG$取得する。そこでGはすべての拠出の総和であり、$m < 1 < mn$である。	チーム報酬、小規模社会における協力的生産、共有資源(たとえば、水、漁場）の過剰利用。	それぞれのプレイヤーがまったく拠出しない。すなわち、$g_i = 0$。	プレイヤーは1回かぎりのゲームにおいてはyの50%を拠出する。拠出は長期的に低下する。大多数が最終期間では$g_i = 0$を選択する。コミュニケーションは拠出を著しく上昇させる。個人的な処罰の機会は拠出を大幅に上昇させる。	期待される協力に互恵的に応える；拠出しない者がいるとき、拠出を低下させることによって互恵的に応える。
最後通牒	提案者と応答者への固定貨幣額Sの分割。提案者はxを提案する。応答者がxを拒否する場合、両者の受け取りは0である。xが受け入れられた場合、提案者は$S - x$、応答者はxを得る。	傷みやすい商品の独占価格づけ；締め切り直前の「土壇場」決着の提案；交渉。	$x = \varepsilon$を提案する。εは最小の貨幣単位である。いかなる$x > 0$も受け入れられる。	大半の提案が$0.3S$から$0.5S$の間である；$x < 0.2S$はたびたび拒否される。提案者間の競争は強い、x-引き上げ効果をもつ；応答者の間の競争は著しくxを低下させる。	応答者は不公正な提案を罰する；負の互恵性。

補遺1　加法分離可能性とその侵害の分類

	間接効果　Δ^{I}	用語
$\Delta^{T}=\Delta^{D}$	なし	加法的分離可能性、分離可能性、加法性
$\Delta^{T}>\Delta^{D}$	正	補完性、相乗効果、優加法性、クラウディングイン
$\Delta^{T}<\Delta^{D}$	負	代替性、負の相乗効果、劣加法性、クラウディングアウト
$\Delta^{T}<0$	負、直接効果を相殺する以上の大きさ	強いクラウディングアウト。インセンティブは反生産的である

註：Δ^{T}、Δ^{D} および Δ^{I} はそれぞれ、インセンティブが行動に与える総効果、直接効果および間接効果である。また $\Delta^{T}=\Delta^{D}+\Delta^{I}$ である。

sonality and Social Psychology Monograph Supplement 9, no. 2, pt. 2: 1–27.
· Zhong, Chen-Bo, Vanessa Bohns, and Francesca Gino. 2010. "Good Lamps Are the Best Police: Darkness Increases Dishonesty and Self-Interested Behavior." *Psychological Science* 21, no. 3: 311–14.

the Psychology of Choice." *Science* 211, no. 4481: 453–58.

· Tyran, Jean-Robert, and Lars Feld. 2006. "Achieving Compliance When Legal Sanctions Are Non-Deterrent." *Scandinavian Journal of Economics* 108, no. 1: 135–56.

· Upton, William Edward, III. 1974. "Altruism, Attribution, and Intrinsic Motivation in the Recruitment of Blood Donors." *Dissertation Abstracts International* 34, no. 12: 6260–B.

· Voltaire. 1961. "Sur Les Presbyteriens." In *Melanges*, edited by Jacques van den Heuvel, 16–18. Paris: Gallimard, 1961.

· Warneken, Felix, and Michael Tomasello. 2008. "Extrinsic Rewards Undermine Altruistic Tendencies in 20-Month-Olds." *Developmental Psychology* 44, no. 6: 1785–88.

· Weber, Max. 1978. *Economy and Society: An Outline of Interpretive Sociology.* Berkeley: University of California Press. Orig. pub. 1922.

· White, Brent. 2010. "Take This House and Shove It: The Emotional Drivers of Strategic Default." *SMU Law Review* 63: 1279–1318.

· Wiessner, Polly. 2005. "Norm Enforcement among the Ju/'Hoansi Bushmen: A Case of Strong Reciprocity?" *Human Nature* 16, no. 2: 115–45.

· Wilkinson-Ryan, Tess. 2010. "Do Liquidated Damages Encourage Efficient Breach: A Psychological Experiment." *Michigan Law Review* 108: 1–43.

· Woodburn, James. 1982. "Egalitarian Societies." *Man* 17: 431–51.

· Woodruff, Christopher. 1998. "Contract Enforcement and Trade Liberalization in Mexico's Footwear Industry." *World Development* 26, no. 6: 979–91.

· World Bank. 2015. *World Development Report: Mind, Society, and Behavior.* Washington D.C.: World Bank.

· Wrzesniewski, Amy, Barry Schwartz, Xiangyu Cong, Michael Kane, Audrey Omar, and Thomas Kolditz. 2014. "Multiple Types of Motives Don't Multiply the Motivation of West Point Cadets." *Proceedings of the National Academy of Sciences of the United States of America* 111, no. 30, 10990–95.

· Yamagishi, Toshio, Karen S. Cook, and Motoki Watabe. 1998. "Uncertainty, Trust, and Commitment Formation in the U.S. and Japan." *American Journal of Sociology* 104: 165–94.

· Yamagishi, Toshio, and Midori Yamagishi. 1994. "Trust and Commitment in the United States and Japan." *Motivation and Emotion* 18: 9–66.

· Yeung, King-To, and John Levi Martin. 2011. "The Looking Glass Self: An Empirical Test and Elaboration." *Social Forces* 93, no. 3: 843–79.

· Zajonc, Robert B. 1968. "Attitudinal Effects of Mere Exposure." *Journal of Per-*

pub. 1776. アダム・スミス『国富論』(I–III) 大河内一男監訳、中公文庫、1978など
· ———. 1976b. *Theory of Moral Sentiments.* Edited by D. D. Raphael and A. L. Macfie. Oxford: Clarendon. Orig. pub. 1759. アダム・スミス『道徳感情論』水田洋訳、岩波文庫、2003など
· ———. 2010. *Lectures on Justice, Police, Revenue, and Arms.* Edited by Edwin Cannan Whitefish. Montana: Kessinger. Orig. pub. 1896.
· Solow, Robert. 1971. "Blood and Thunder." *Yale Law Journal* 80, no. 8: 1696–711.
· Spinoza, Benedict de. 1958. *The Political Works.* Edited and translated by A. G. Wernham. Oxford: Clarendon. スピノザ『国家論』畠中尚志訳、岩波文庫、1976
· Stout, Lynn. 2011. *Cultivating Conscience: How Good Laws Make Good People.* Princeton, N.J.: Princeton University Press.
· Strauss, Leo. 1988. *What Is Political Philosophy?* Chicago: University of Chicago Press. レオ・シュトラウス『政治哲学とは何か』石崎嘉彦訳、昭和堂、1992
· Tabellini, Guido. 2008. "Institutions and Culture." *Journal of the European Economic Association* 6, no. 2: 255–94.
· Taylor, Michael. 1976. *Anarchy and Cooperation.* London: Wiley.
· ———. 1987. *The Possibility of Cooperation.* New york: Cambridge University Press.
· Thaler, Richard, and Cass Sunstein. 2008. *Nudge: Improving Decisions about Health, Wealth, and Happiness.* New Haven, Conn.: Yale University Press. リチャード・セイラー、キャス・サンスティーン『実践 行動経済学』遠藤真美訳、日経BP社、2009
· Tilly, Charles. 1981. "Charivaris, Repertoires, and Urban Politics." In *French Cities in the Nineteenth Century,* edited by John M. Merriman, 73–91. New York: Holmes and Meier.
· *Times* [London]. 2014. "Doctors Who Miss Cancer to Be Named." June 30.
· Titmuss, Richard. 1971. *The Gift Relationship: From Human Blood to Social Policy.* New York: Pantheon.
· Tonnies, Ferdinand. 1963. *Community and Society.* New York: Harper and Row. テンニエス『ゲマインシャフトとゲゼルシャフト』(上・下) 杉之原寿一訳、岩波文庫、1957–58
· Trivers, R. L. 1971. "The Evolution of Reciprocal Altruism." *Quarterly Review of Biology* 46: 35–57.
· Tversky, Amos, and Daniel Kahneman. 1981. "The Framing of Decisions and

· Sanfey, Alan, James Rilling, Jessica Aronson, Leigh Nystrom, and Jonathan Cohen. 2003. "The Neural Basis of Economic Decision-Making in the Ultimatum Game." *Science* 300: 1755–58.
· Satz, Debra. 2010. *Why Some Things Should Not Be for Sale: The Moral Limits of Markets.* Oxford: Oxford University Press.
· Schmitz, Hubert. 1999. "From Ascribed to Earned Trust in Exporting Clusters." *Journal of International Economics* 48: 138–50.
· Schnedler, Wendelin, and Radovan Vadovic. 2011. "Legitimacy of Control." *Journal of Economics and Management Strategy* 20, no. 4: 985–1009.
· Schotter, Andrew, Avi Weiss, and Inigo Zapater. 1996. "Fairness and Survival in Ultimatum and Dictatorship Games." *Journal of Economic Behavior and Organization* 31, no. 1: 37–56.
· Schultze, Charles L. 1977. *The Public Use of Private Interest.* Washington, D.C.: Brookings Institution.
· Schumpeter, Joseph. 1950. "The March into Socialism." *American Economic Review* 40, no. 2: 446–56.
· Seabright, Paul. 2009. "Continuous Preferences and Discontinuous Choices: How Altruists Respond to Incentives." *BE Journal of Theoretical Economics* 9, article 14.
· Shinada, Mizuho, and Toshio Yamagishi. 2007. "Punishing Free Riders: Direct and Indirect Promotion of Cooperation." *Evolution and Human Behavior* 28: 330–39.
· Shu, Lisa, Francesca Gino, and Max H. Bazerman. 2011. "Dishonest Deed, Clear Conscience: When Cheating Leads to Moral Disengagement and Motivated Forgetting." *Personality and Social Psychology Bulletin* 37, no. 3: 330–49.
· Shubik, Martin. 1959. *Strategy and Market Structure: Competition, Oligopoly, and the Theory of Games.* New York: Wiley.
· Skitka, Linda, Elizabeth Mullen, Thomas Griffin, Susan Hutchinson, and Brian Chamberlin. 2002. "Dispositions, Scripts, or Motivated Correction? Understanding Ideological Differences in Explanations for Social Problems." *Journal of Personality and Social Psychology* 83: 470–87.
· Small, Deborah, George Loewenstein, and Paul Slovic. 2007. "Sympathy and Callousness: The Impact of Deliberative Thought on Donations to Identifiable and Statistical Victims." *Organizational Behavior and Human Decision Processes* 102: 143–53.
· Smith, Adam. 1976a. *An Inquiry into the Nature and Causes of the Wealth of Nations.* Edited by R. H. Campbell and A. S. Skinner. Oxford: Clarendon. Orig.

- Packard, David. 1995. *The HP Way: How Bill Hewlett and I Built Our Company*. New York: Collins. デービッド・パッカード『HPウェイ――シリコンバレーの夜明け』伊豆原弓訳、日経BP社、2000
- Parsons, Talcott. 1967. *Sociological Theory and Modern Society*. New York: Free Press.
- Rawls, John. 1971. *A Theory of Justice*. Cambridge: Harvard University Press. ジョン・ロールズ『正議論［改訂版］』川本隆史・福間聡・神島裕子訳、紀伊國屋書店、2010
- Riano, Yvonne. 2011. "Addressing Urban Fear and Violence in Bogota through the Culture of Citizenship." In *Ethnicities: Metropolitan Cultures and Ethnic Identities in the Americas*, edited by Martin Butler, Jens Martin Gurr and Olaf Kaltmeier, 209–25. Tempe, Ariz.: Bilingual Review Press.
- Rosenthal, Elisabeth. 2008. "Motivated by a Tax, Irish Spurn Plastic Bags." *New York Times*, February 2.
- Ross, Lee, and Richard E. Nisbett. 1991. *The Person and the Situation: Perspectives of Social Psychology*. Philadelphia: Temple University Press.
- Rousseau, Jean-Jacques. 1984. *"Of the Social Contract" and "Discourse on Political Economy."* Translated by Charles M. Sherover. New York: Harper and Row. Orig. pub. 1762.
- Royal Swedish Academy of Sciences. 2007. "Mechanism Design Theory." Stockholm: Royal Swedish Academy of Sciences. Available at www.nobelprize.org/nobel_prizes/economic-sciences/laureates/2007/advanced-economicsciences2007.pdf.
- Rustagi, Devesh, Stefanie Engel, and Michael Kosfeld. 2010. "Conditional Cooperation and Costly Monitoring Explain Success in Forest Commons Management." *Science* 330: 961–65.
- Sahlins, Marshall. 1974. *Stone Age Economics*. Chicago: Aldine. マーシャル・サーリンズ『石器時代の経済学』山内昶訳、法政大学出版局、1984
- Sandel, Michael. 2012. *What Money Can't Buy: The Moral Limits of Markets*. New York: Farrar, Straus and Giroux. マイケル・サンデル『それをお金で買いますか』鬼澤忍訳、早川書房、2014
- ———. 2013. "Market Reasoning as Moral Reasoning: Why Economists Should Re-Engage with Political Philosophy." *Journal of Economic Perspectives* 27: 121–40.
- Sanfey, Alan, George Loewenstein, Samuel McClure, and Jonathan Cohen. 2006. "Neuroeconomics: Cross-Currents in Research on Decision-Making." *Trends in Cognitive Sciences* 10, no. 3: 108–16.

Presentment of the Grand Jury of Middlesex." In *The Fable of the Bees,* edited by F. B. Kaye, 381–412. Indianapolis: Liberty Fund. マンデヴィル「本書の弁明」泉谷治訳、『蜂の寓話』法政大学出版局、2015所収
· Martin, Gerard, and Miguel Ceballos. 2004. *Bogota: Anatomia de una Transformacion: Politicas de Seguridad Ciudadana, 1995–2003*. Bogota: Editorial Pontificia Universidad Javeriana.
· Marx, Karl. 1956. *The Poverty of Philosophy.* Moscow: Foreign Language Publishing House. Orig. pub. 1847. マルクス『哲学の貧困』山村喬訳、岩波文庫、1950など
· Masclet, David, Charles Noussair, Steven Tucker, and Marie-Claire Villeval. 2003. "Monetary and Non-Monetary Punishment in the Voluntary Contributions Mechanism." *American Economic Review* 93, no. 1: 366–80.
· Maskin, Eric. 1985. "The Theory of Implementation in Nash Equilibrium: A Survey." In *Social Goals and Social Organization: Essays in Memory of Elisha Pazner,* edited by Leonid Hurwicz, David Schmeidler and Hugo Sonnenschein, 173–341. Cambridge: Cambridge University Press.
· Mellizo, Philip, Jeffrey Carpenter, and Peter Hans Matthews. 2014. "Workplace Democracy in the Lab." *Industrial Relations Journal* 45, no. 4: 313–28.
· Mellstrom, Carl, and Magnus Johannesson. 2008. "Crowding Out in Blood Donation: Was Titmuss Right?" *Journal of the European Economic Association* 6, no. 4: 845–63.
· Mill, John Stuart. 1844. *Essays on Some Unsettled Questions of Political Economy*. London: Parker.
· Mockus, Antanas. 2002. "Coexistence as Harmonization of Law, Morality, and Culture." *Prospects* 32, no. 1: 19–37.
· Montesquieu, Charles-Louis de Secondat, baron de. 1961. De *l'Esprit des Lois.* Paris: Garnier. Orig. pub. 1748. モンテスキュー『法の精神』(上・中・下)野田良之他訳、岩波文庫、1989など
· New York Times. 1988. "Ban Greed? No: Harness It." Editorial. January 20.
· Ober, Josiah. 2008. *Democracy and Knowledge: Innovation and Learning in Classical Athens.* Princeton, N.J.: Princeton University Press.
· Ostrom, Elinor. 2000. "Crowding Out Citizenship." *Scandinavian Political Studies* 23, no. 1: 3–16.
· ———. 1990. *Governing the Commons: The Evolution of Institutions for Collective Action.* Cambridge: Cambridge University Press.
· Ouchi, William. 1980. "Markets, Bureaucracies, and Clans." *Administrative Science Quarterly* 25: 129–41.

・Levitt, Steven D., and John List. 2007. "What Do Laboratory Experiments Measuring Social Preferences Reveal about the Real World." *Journal of Economic Perspectives* 21, no. 1: 153–74.
・Li, Jian, Erte Xiao, Daniel Houser, and P. Read Montague. 2009. "Neural Responses to Sanction Threats in Two-Party Economic Exchanges." *Proceedings of the National Academy of Science* 106, no. 39: 16835–40.
・Lipsey, Richard, and Kelvin Lancaster. 1956–57. "The General Theory of Second Best." *Review of Economic Studies* 24, no. 1: 11–32.
・Loewenstein, George, Ted O'Donoghue, and Bhatia Sudeep. 2015. "Modeling the Interplay between Affect and Deliberation." *Decision* 2, no. 2: 55–81.
・Loewenstein, George, and Deborah Small. 2007. "The Scarecrow and the Tin Man: The Vicissitudes of Human Sympathy and Caring." *Review of General Psychology* 11, no. 2: 112–26.
・Loewenstein, George, Leigh Thompson, and Max H. Bazerman. 1989. "Social Utility and Decision Making in Interpersonal Contexts." *Journal of Personality and Social Psychology* 57, no. 3: 426–41.
・Lucas, Robert E., Jr. 1976. "Econometric Policy Evaluation: A Critique." *Carnegie-Rochester Conference Series on Public Policy* 1: 19–46.
・Machiavelli, Niccolo. 1984. *Discorsi sopra la Prima Deca Di Tito Livio*. Milan: Rizzoli. Orig. pub. 1513–17. Translations from this work are by the present author. ニッコロ・マキァヴェッリ『ディスコルシ「ローマ史」論』永井三明訳、ちくま学芸文庫、2011など
・———. 1900. *Il Principe*. Edited by Giuseppe Lisio. Florence: Sansoni. Orig. circulated 1513. Translations from this work are by the present author. ニッコロ・マキアヴェッリ『君主論』河島英昭訳、岩波文庫、1998など
・Mahdi, Niloufer Qasim. 1986. "Pukhutunwali: Ostracism and Honor among Pathan Hill Tribes." *Ethology and Sociobiology* 7, no. 3–4: 295–304.
・Mallon, Florencia E. 1983. *The Defense of Community in Peru's Central Highlands: Peasant Struggle and Capitalist Transition, 1860–1940*. Princeton, N.J.: Princeton University Press, 1983.
・Mandeville, Bernard. 1924. *The Fable of the Bees, or Private Vices, Publick Benefits*. Oxford: Clarendon. バーナード・マンデヴィル『蜂の寓話——私悪すなわち公益』泉谷治訳、法政大学出版局、2015
・———. 1988a. "A Search into the Nature of Society." In *The Fable of the Bees*, edited by F. B. Kaye, 323–70. Indianapolis: Liberty Fund. マンデヴィル「社会の本質についての考究」泉谷治訳、『蜂の寓話』法政大学出版局、2015所収
・———. 1988b. "A Vindication of the Book, from the Aspersions Contain'd in a

· Kohn, Melvin L. 1969. *Class and Conformity.* Homewood, Ill.: Dorsey.
· ———. 1990. "Unresolved Issues in the Relationship between Work and Personality." In *The Nature of Work: Sociological Perspectives,* edited by Kai Erikson and Steven Peter Vallas, 36–68. New Haven, Conn.: Yale University Press.
· Kohn, Melvin L., Atsushi Naoi, Carrie Schoenbach, Carmi Schooler, and Kazimierz Slomczynski. 1990. "Position in the Class Structure and Psychological Functioning in the U.S., Japan, and Poland." *American Journal of Sociology* 95, no. 4: 964–1008.
· Kohn, Melvin L., and Carmi Schooler. 1983. *Work and Personality: An Inquiry into the Impact of Social Stratification.* Norwood, N.J.: Ablex.
· Kollock, Peter. 1994. "The Emergence of Exchange Structures: An Experimental Study of Uncertainty, Commitment, and Trust." *American Journal of Sociology* 100, no. 2: 313–45.
· Laffont, Jean Jacques. 2000. *Incentives and Political Economy.* Oxford: Oxford University Press.
· Laffont, Jean Jacques, and Eric Maskin. 1979. "A Differentiable Approach to Expected Utility-Maximizing Mechanisms." In *Aggregation and Revelation of Preferences,* edited by Jean Jacques Laffont, 289–308. Amsterdam: North Holland.
· Laffont, Jean Jacques, and Mohamed Salah Matoussi. 1995. "Moral Hazard, Financial Constraints, and Share Cropping in El Oulja." *Review of Economic Studies* 62, no. 3: 381–99.
· Lanjouw, Peter, and Nicholas Stern, eds. 1998. *Economic Development in Palanpur over Five Decades.* Delhi: Oxford University Press.
· Lazear, Edward. "Performance Pay and Productivity." 2000. *American Economic Review* 90, no. 5: 1346–61.
· Ledyard, J. O. "Public Goods: A Survey of Experimental Research." In *The Handbook of Experimental Economics,* edited by A. E. Roth and J. Kagel, 111–94. Princeton, N.J.: Princeton University Press. 1995.
· Lepper, Mark R., and David Greene. 1978. *The Hidden Costs of Reward: New Perspectives on the Psychology of Human Motivation.* Hillsdale, N.J.: Erlbaum.
· Lepper, Mark R., David Greene, and Richard E. Nisbett. 1973. "Undermining Children's Intrinsic Interest with Extrinsic Reward: A Test of the 'Overjustification' Hypothesis." *Journal of Personality and Social Psychology* 28, no. 1: 129–37.
· Lepper, Mark R., Gerald Sagotsky, Janet Defoe, and David Greene. 1982. "Consequences of Superfluous Social Constraints: Effects on Young Children's Social Inferences and Subsequent Intrinsic Interest." *Journal of Personality and Social Psychology* 42, no. 1: 51–65.

· Hume, David. 1964. *David Hume: The Philosophical Works.* Edited by Thomas Hill Green and Thomas Hodge Grose. 4 vols. Darmstadt: Scientia Verlag Aalen. Reprint of the 1882 London ed. デイヴィッド・ヒューム『道徳・政治・文学論集［完訳版］』田中敏弘訳、名古屋大学出版会、2011
· Humphrey, Michael. 2014. "Violence and Urban Governance in Neoliberal Cities in Latin America." *Arena Journal* 41–42: 236–59.
· Hurwicz, Leonid. 1972. "On Informationally Decentralized Systems." In *Decision and Organizations,* edited by Roy Radner and B. McGuire, 297–336. Amsterdam: North-Holland Press.
· ———. 1974. "The Design of Mechanisms for Resource Allocation." In *Frontiers of Quantitative Economics,* vol. 2, edited by M. D. Intrilligator and D. A. Kendrick, 3–42. Amsterdam: North Holland Press.
· Hurwicz, Leonid, David Schmeidler, and Hugo Sonnenschein, eds. 1985. *Social Goals and Social Organization: Essays in Memory of Elisha Pazner.* Cambridge: Cambridge University Press.
· Hwang, Sung-Ha, and Samuel Bowles. 2012. "Is Altruism Bad for Cooperation?" *Journal of Economic Behavior and Organization* 83: 340–41.
· ———. 2014. "Optimal Incentives with State-Dependent Preferences." *Journal of Public Economic Theory* 16, no. 5: 681–705.
· ———. 2016. "Incentives, Socialization, and Civic Preferences." Working paper, Santa Fe Institute.
· Irlenbusch, Bernd, and G. K. Ruchala. 2008. "Relative Rewards within Team-Based Compensation." *Labour Economics* 15: 141–67.
· Jones, Peter. 1989. "The Neutral State." In *Liberal Neutrality,* edited by Robert Goodin and Andrew Reeve, 9–38. London: Routledge.
· Kahneman, Daniel. 1994. "New Challenges to the Rationality Assumption." *Journal of Institutional and Theoretical Economics* 150, no. 1: 18–36.
· Kahneman, Daniel, Jack L. Knetsch, and Richard Thaler. 1986. "Fairness as a Constraint on Profit Seeking: Entitlements in the Market." *American Economic Review* 76: 728–41.
· Kahneman, Daniel, and Amos Tversky. 2000. *Choices, Values, and Frames.* Princeton, N.J.: Princeton University Press.
· Kaminski, Juliane, Andrea Pitsch, and Michael Tomasello. 2013. "Dogs Steal in the Dark." *Animal Cognition* 16: 385–94.
· Kocher, Martin, Todd Cherry, Stephan Kroll, Robert Netzer, and Matthias Sutter. 2008. "Conditional Cooperation on Three Continents." *Economic Letters* 101: 175–78.

795–855.
· Henrich, Joseph, Jean Ensminger, Richard McElreath, Abigail Barr, Clark Barrett, Alexander Bolyanatz, Juan Camilo Cardenas, Michael Gurven, Edwins Gwako, Natalie Henrich, et al. 2010. "Markets, Religion, Community Size and the Evolution of Fairness and Punishment." *Science* 327: 1480–84.
· Henrich, Joseph, Richard McElreath, Abigail Barr, Jean Ensminger, Clark Barrett, Alexander Bolyanatz, Juan Camilo Cardenas, Michael Gurven, Edwins Gwako, Natalie Henrich, et al. 2006. "Costly Punishment across Human Societies." *Science* 312: 1767–70.
· Herrmann, Benedikt, Christian Thoni, and Simon Gaechter. 2008a. "Antisocial Punishment across Societies." *Science* 319, no. 7: 1362–67.
· ———. 2008b. "Supporting Online Material for 'Antisocial Punishment across Societies.'" *Science* 319, no. 7: 1362–67.
· Heyman, James, and Dan Ariely. 2004. "Effort for Payment: A Tale of Two Markets." *Psychological Science* 15, no. 11: 787–93.
· Hirschman, Albert O. 1977. *The Passions and the Interests: Political Arguments for Capitalism before Its Triumph.* Princeton, N.J.: Princeton University Press.
· ———. 1985. "Against Parsimony: Three Easy Ways of Complicating Some Categories of Economic Discourse." *Economics and Philosophy* 1, no. 1: 7–21.
· Hobbes, Thomas. 2005. *Leviathan.* Edited by G. A. J. Rogers and Karl Schuhmann. 2 vols. London: Continuum. Orig. pub. 1651. ホッブズ『リヴァイアサン』（全4巻）水田洋訳、岩波書店、1982–92など
· Hoffman, Elizabeth, Kevin McCabe, Keith Shachat, and Vernon L. Smith. 1994. "Preferences, Property Rights, and Anonymity in Bargaining Games." *Games and Economic Behavior* 7, no. 3: 346–80.
· Holmas, Tor Helge, Egil Kjerstad, Hilde Luras, and Odd Rune Straume. 2010. "Does Monetary Punishment Crowd Out Pro-Social Motivation? A Natural Experiment on Hospital Length of Stay." *Journal of Economic Behavior and Organization* 75, no. 2: 261–67.
· Holmes, Oliver Wendell, Jr. 1897. "The Path of the Law." *Harvard Law Review* 10, no. 457: 457–78.
· Horace. 2004. *Odes and Epodes.* Edited and translated by Niall Rudd. Cambridge, Mass.: Harvard University Press. ホラーティウス『歌章』藤井昇訳、現代思潮社、1973など
· Houser, Daniel, Erte Xiao, Kevin McCabe, and Vernon Smith. 2008. "When Punishment Fails: Research on Sanctions, Intentions, and Non-Cooperation." *Games and Economic Behavior* 62: 509–32.

Routledge.
· Grant, Ruth. 2012. *Strings Attached: Untangling the Ethics of Incentives*. Princeton, N.J.: Princeton University Press.
· Greenberger, Scott. 2003. "Sick Day Abuses Focus of Fire Talks." *Boston Globe*, September 17.
· Greene, Joshua. 2014. *Moral Tribes: Emotion, Reason, and the Gap between Us and Them*. London: Penguin. ジョシュア・グリーン『モラル・トライブズ』(上・下) 竹田円訳、岩波書店、2015
· Greene, Joshua, R. Brian Sommerville, Leigh E. Nystrom, John M. Darley, and Jonathan D. Cohen. 2001. "An fMRI Investigation of Emotional Engagement in Moral Judgement." *Science* 293: 2105–8.
· Greif, Avner. 1994. "Cultural Beliefs and the Organization of Society: An Historical and Theoretical Reflection on Collectivist and Individualist Societies." *Journal of Political Economy* 102, no. 5: 912–50.
· ———. 2002. "Institutions and Impersonal Exchange: From Communal to Individual Responsibility." *Journal of Institutional and Theoretical Economics* 158, no. 1: 168–204.
· Guiso, Luigi, Paola Sapienza, and Luigi Zingales. 2013. "The Determinants of Attitudes toward Strategic Default on Mortgages." *Journal of Finance* 67: 1473–515.
· Güth, Werner, Rolf Schmittberger, and Bernd Schwarze. 1982. "An Experimental Analysis of Ultimatum Bargaining." *Journal of Economic Behavior and Organization*, 3: 367–88
· Hayek, Friedrich A. 1937. "Economics and Knowledge." *Economica* 4, no. 13: 33–54.
· ———. 1945. "The Use of Knowledge in Society." *American Economic Review* 35, no. 4: 519–30.
· ———. 1948. *Individualism and Economic Order*. Chicago: University of Chicago Press, 1948. フリードリヒ・ハイエク『個人主義と経済秩序』(ハイエク全集 I-3)【新版】嘉治元郎・嘉治佐代訳、春秋社、2008
· Healy, Kieran. 2006. *Last Best Gifts*. Chicago: University of Chicago Press.
· Heifetz, A., E. Segev, and E. Talley. 2007. "Market Design with Endogenous Preferences." *Games and Economic Behavior* 58: 121–53.
· Henrich, Joseph, Robert Boyd, Samuel Bowles, Colin Camerer, Ernst Fehr, Herbert Gintis, Richard McElreath, Michael Alvard, Abigail Barr, Jean Ensminger, et al. 2005. " 'Economic Man' in Cross-Cultural Perspective: Behavioral Experiments in 15 Small-Scale Societies." *Behavioral and Brain Sciences* 28:

· Gaechter, Simon, Benedikt Herrmann, and Christian Thoni. 2010. "Culture and Cooperation." *Philosophical Transactions of the Royal Society B* 365: 2651–61.
· Gaechter, Simon, Esther Kessler, and Manfred Koenigstein. 2011. "The Roles of Incentives and Voluntary Cooperation for Contractual Compliance." Discussion Paper 2011–06. Centre for Decision Research and Experimental Economics, School of Economics, University of Nottingham, http://www.nottingham.ac.uk/cedex/news/papers/2011–06.aspx.
· Galbiati, Roberto, and Pietro Vertova 2008. "Obligations and Cooperative Behavior in Public Good Games." *Games and Economic Behavior* 64, no. 1: 146–70.
· ———. 2014. "How Laws Affect Behaviour: Obligations, Incentives and Cooperative Behavior." *International Review of Law and Economics* 38: 48–57.
· Garvey, Stephen P. 1998. "Can Shaming Punishments Educate?" *University of Chicago Law Review* 65: 733–94.
· Gasiorowska, Agata, Tomasz Zaleskiewicz, and Sandra Wygrab. 2012. "Would You Do Something for Me? The Effects of Money Activation on Social Preferences and Social Behavior in Young Children." *Journal of Economic Psychology* 33, no. 3: 603–8.
· Gauthier, David. 1986. *Morals by Agreement.* Oxford: Clarendon. デイヴィド・ゴティエ『合意による道徳』小林公訳、木鐸社、1999
· Gellner, Ernest. 1983. *Nations and Nationalism.* New Perspectives on the Past. Ithaca, N.Y.: Cornell University Press. アーネスト・ゲルナー『民族とナショナリズム』加藤節監訳、岩波書店、2000
· ———. 1988. "Trust, Cohesion, and the Social Order." In *Trust: Making and Breaking Cooperative Relations,* edited by Diego Gambetta, 142–57. Oxford: Basil Blackwell.
· Gibbard, Allan. 1973. "Manipulation of Voting Schemes: A General Result." *Journal of Economic Theory* 41, no. 4: 587–601.
· Ginges, Jeremy, Scott Atran, Douglas Medin, and Khalil Shikaki. 2007. "Sacred Bounds on Rational Resolution of Violent Political Conflict." *Proceedings of the National Academy of Science* 104, no. 18: 7357–60.
· Gneezy, Uri, Andreas Leibbrandt, and John List. 2015. "Ode to the Sea: Workplace Organizations and Norms of Cooperation." *Economic Journal.* doi: 10.1111/ecoj.12209.
· Gneezy, Uri, and Aldo Rustichini. 2000. "Pay Enough or Don't Pay at All." *Quarterly Journal of Economics* 115, no. 2: 791–810.
· Goodin, Robert E., and Andrew Reeve, eds. 1989. *Liberal Neutrality.* London:

· ———. 2002. "Why Social Preferences Matter." *Economic Journal* 112, no. 478: C1–C33.
· Fehr, Ernst, and Simon Gaechter. 2000a. "Cooperation and Punishment in Public Goods Experiments." *American Economic Review* 90, no. 4: 980–94.
· ———. 2000b. "Fairness and Retaliation: The Economics of Reciprocity." *Journal of Economic Perspectives* 14, no. 3: 159–81.
· Fehr, Ernst, Georg Kirchsteiger, and Arno Riedl. 1993. "Does Fairness Prevent Market Clearing? An Experimental Investigation." *Quarterly Journal of Economics* 114: 817–68.
· Fehr, Ernst, and Andreas Leibbrandt. 2011. "A Field Study on Cooperativeness and Impatience in the Tragedy of the Commons." *Journal of Public Economics* 95, nos. 9–10: 1144–55.
· Fehr, Ernst, and John List. 2004. "The Hidden Costs and Returns of Incentives: Trust and Trustworthiness among CEOs." *Journal of the European Economic Association* 2, no. 5: 743–71.
· Fehr, Ernst, and Bettina Rockenbach. 2003. "Detrimental Effects of Sanctions on Human Altruism." *Nature* 422, no. 13 March: 137–40.
· Fiske, Alan Page. 1991. *Structures of Social Life: The Four Elementary Forms of Human Relations.* New York: Free Press.
· ———. 1992. "The Four Elementary Forms of Sociality: Framework for a Unified Theory of Social Relations." *Psychological Review* 99, no. 4: 689–723.
· Fisman, Raymond, and Edward Miguel. 2007. "Corruption, Norms, and Legal Enforcement: Evidence from Diplomatic Parking Tickets." *Journal of Political Economy* 115, no. 6: 1020–48.
· Fong, Christina. 2001. "Social Preferences, Self-Interest and the Demand for Redistribution." *Journal of Public Economics* 82, no. 2: 225–46.
· Frey, Bruno. 1997. "A Constitution for Knaves Crowds Out Civic Virtues." *Economic Journal* 107, no. 443: 1043–53.
· Frey, Bruno, and Reto Jegen. 2001. "Motivation Crowding Theory: A Survey of Empirical Evidence." *Journal of Economic Surveys* 15, no. 5: 589–611.
· Friedman, Milton. 1970. "The Social Responsibility of Business Is to Increase Its Profits." *New York Times Magazine,* September 13.
· Frohlich, Norman, and Joe A. Oppenheimer. 2003. "Optimal Policies and Socially Oriented Behavior: Some Problematic Effects of an Incentive Compatible Device." *Public Choice* 117: 273–93.
· Fryer, Roland. 2011. "Financial Incentives and Student Achievement: Evidence from Randomized Trials." *Quarterly Journal of Economics* 126, no. 4: 1755–98.

社学術文庫、1989
· Dworkin, Ronald. 1985. *A Matter of Principle.* Cambridge, Mass.: Harvard University Press. ロナルド・ドゥオーキン『原理の問題』森村進・鳥澤円訳、岩波書店、2012
· Edgeworth, F. Y. 1881. *Mathematical Psychics: An Essay on the Application of Mathematics to the Moral Sciences.* London: Kegan Paul.
· Elias, Norbert. 2000. *The Civilizing Process.* Oxford: Blackwell. Orig. pub. Basel, 1939. ノルベルト・エリアス『文明化の過程』(上・下) 赤井慧爾・中村元保・吉田正勝・波田節夫・溝辺敬一・羽田洋・藤平浩之訳、法政大学出版局、1977–78
· Ellingsen, Tore, Magnus Johannesson, Johanna Mollerstrom, and Sara Munkhammar. 2012. "Social Framing Effects: Preferences or Beliefs?" *Games and Economic Behavior* 76, no. 1: 117–30.
· Ermisch, John, and Diego Gambetta. 2010. "Do Strong Family Ties Inhibit Trust?" *Journal of Economic Behavior and Organization* 75, no. 3: 365–76.
· Ertan, Arhan, Talbot Page, and Louis Putterman. 2009. "Who to Punish? Individual Decisions and Majority Rule in Mitigating the Free-Rider Problem." *European Economic Review* 3: 495–511.
· Falk, Armin, and James Heckman. 2009. "Lab Experiments Are a Major Source of Knowledge in the Social Sciences." *Science* 326, no. 5952: 535–38.
· Falk, Armin, and Michael Kosfeld. 2006. "The Hidden Costs of Control." *American Economic Review* 96, no. 5: 1611–30.
· Falk, Armin, and Nora Szech. 2013a. "Morals and Markets." *Science* 340, no. 6133: 707–11.
· ———. 2013b. "Organizations, Diffused Pivotality, and Immoral Outcomes." University of Bonn Discussion Papers 15S, http://www.econ2.uni-bonn.de/members-of-the-chair/szech/pivotality_falk_szech_dp.pdf.
· Falkinger, Josef, Ernst Fehr, Simon Gaechter, and Rudolf Winter-Ebmer. 2000. "A Simple Mechanism for the Efficient Provision of Public Goods." *American Economic Review* 90, no. 1: 247–64.
· Farooq, Omer. 2005. "Drumming Tax Sense into Evaders." BBC News, March 11. http://news.bbc.co.uk/go/pr/fr/-/2/hi/south_asia/4340497.stm.
· Fehr, Ernst, and Armin Falk. 2002. "Psychological Foundations of Incentives." *European Economic Review* 46, nos. 4–5: 687–724.
· Fehr, Ernst, and Urs Fischbacher. 2001. "Third Party Punishment and Social Norms." Working Paper no. 6. Institute for Empirical Research in Economics, University of Zurich.

Endogenous Sentiments, and Redistribution." *Journal of Public Economics* 94, nos. 9–10: 612–27.
· Chatterjee, Kalyan. 1982. "Incentive Compatibility in Bargaining under Uncertainty." *Quartely Journal of Economics* 97, no. 1: 717–26.
· Christ, Matthew. 1990. "Liturgy Avoidance and Antidosis in Classical Athens." *Transactions of the American Philological Association* 10: 147–69.
· Cohen, Jonathan. 2005. "The Vulcanization of the Human Brain: A Neural Perspective on Interactions between Cognition and Emotion." *Journal of Economic Perspectives* 19, no. 4: 3–24.
· Confucius. 2007. *The Analects of Confucius.* Transleted by Burton Watson. New York: Columbia University Press. 孔子『論語』
· Cooley, Charles Horton. 1902. *Human Nature and the Social Order.* New York: Scribner's Sons. C. H. クーレー『社會と我——人間性と社會秩序』納武津訳、日本評論社、1921
· D'Antoni, M. and Ugo Pagano. 2002. "National Cultures and Social Protection as Alternative Insurance Devices." *Structural Change and Economic Dynamics* 13: 367–86.
· d'Aspremont, Claude, and Louis-Andre Gerard-Varet. 1979. "On Bayesian Incentive Compatible Mechanisms." In *Aggregation and Revelation of Preferences,* edited by Jean Jacques Laffont, 269–88. Amsterdam: North Holland.
· Dawes, Robyn M. 1980. "Social Dilemmas." *Annual Review of Psychology* 31: 169–93.
· Debreu, Gerard. 1984. "La Supériorité du Libéralisme Est Mathématiquement Démontrée." *Le Figaro,* March 10.
· Deci, Edward L. 1975. *Intrinsic Motivation.* New York: Plenum. エドワードL. デシ『内発的動機づけ——実験社会心理学的アプローチ』安藤延男・石田梅男訳、誠信書房、1980
· Deci, Edward L., Richard Koestner, and Richard M. Ryan. 1999. "A Meta-Analytic Review of Experiments Examining the Effects of Extrinsic Rewards on Intrinsic Motivation." *Psychological Bullentin* 125, no. 6: 627–68.
· Deci, Edward L., and Richard M. Ryan. 1985. *Intrinsic Motivation and Self-Determination in Human Behavior.* New York: Plenum.
· Dumont, Louis. 1977. *From Mandeville to Marx: The Genesis and Triumph of Economic Ideology.* Chicago: University of Chicago Press.
· Durkheim, Emile. 1967. *De la Division du Travail Social. Bibliothèque De Philosophie Contemporaine.* Paris: Presses universitaires de France. Orig. pub. 1902. エミール・デュルケーム『社会分業論』（上・下）井伊玄太郎訳、講談

· Burke, Edmund. 1955. *Reflections on the Revolution in France.* Chicago: Gateway Editions. Orig. pub. 1790. エドマンド・バーク『フランス革命の省察』半澤孝麿訳、みすず書房、1997 など
· Camerer, Colin. 2003. *Behavioral Game Theory: Experimental Studies of Strategic Interaction.* Princeton, N.J.: Princeton University Press.
· Camerer, Colin, and Ernst Fehr. 2004. "Measuring Social Norms and Preferences Using Experimental Games: A Guide for Social Scientists." In *Foundations of Human Sociality: Economic Experiments and Ethnographic Evidence from Fifteen Small-Scale Societies,* edited by Joe Henrich, Samuel Bowles, Robert Boyd, Colin Camerer, Ernst Fehr, and Herbert Gintis, 55–96. Oxford: Oxford University Press.
· Camerer, Colin, George Loewenstein, and Drazen Prelec. 2005. "Neuroeconomics." *Journal of Economic Literature* 43, no. 1: 9–64.
· Cardenas, Juan Camilo. 2004. "Norms from Outside and from Inside: An Experimental Analysis on the Governance of Local Ecosystems." *Forest Policy and Economics* 6: 229–41.
· Cardenas, Juan Camilo, John K. Stranlund, and Cleve E. Willis. 2000. "Local Environmental Control and Institutional Crowding-Out." *World Development* 28, no. 10: 1719–33.
· Cardenas, Juan Camilo. 2005. "Groups, Commons, and Regulations: Experiments with Villagers and Students in Colombia." In *Psychology, Rationality, and Economic Behavior: Challenging the Standard Assumptions,* edited by Bina Agarwal and Alessandro Vercelli, 242–70. London: Macmillan.
· Carpenter, Jeffrey, Samuel Bowles, Herbert Gintis, and Sung-Ha Hwang. 2009. "Strong Reciprocity and Team Production: Theory and Evidence." *Journal of Economic Behavior and Organization* 71, no. 2: 221–32.
· Carpenter, Jeffrey, and Erika Seki. 2011. "Do Social Preferences Increase Productivity? Field Experimental Evidence from Fishermen in Toyama Bay." *Economic Inquiry* 49, no. 2: 612–30.
· Carrol, Lewis. 2000. *The Annotated Alice: The Definitive Edition of "Alice's Adventures in Wonderland" and "Through the Looking-Glass" by Lewis Carroll.* New York: Norton. ルイス・キャロル『不思議の国のアリス』河合祥一郎訳、角川文庫、2010 など
· Cavalli-Sforza, L. L., and Marcus W. Feldman. 1981. *Cultural Transmission and Evolution: A Quantitative Approach.* Monographs in Population Biology 16. Princeton, N.J.: Princeton University Press.
· Cervellati, Matteo, Joan Esteban, and Laurence Kranich. 2010. "Work Values,

· ———. 1998. "Endogenous Preferences: The Cultural Consequences of Markets and Other Economic Institutions." *Journal of Economic Literature* 36, no. 1: 75–111.
· ———. 2004. *Microeconomics: Behavior, Institutions, and Evolution.* Princeton, N.J.: Princeton University Press. サミュエル・ボウルズ『制度と進化のミクロ経済学』塩沢由典・磯谷明徳・植村博恭訳、NTT 出版、2013
· ———. 2011. "Is Liberal Society a Parasite on Tradition?" *Philosophy and Public Affairs* 39, no. 1: 47–81.
· ———. 2012. *The New Economics of Inequality and Redistribution.* Cambridge: Cambridge University Press. サミュエル・ボウルズ『不平等と再分配の新しい経済学』佐藤良一・芳賀健一訳、大月書店、2013
· Bowles, Samuel, and Herbert Gintis. 2011. *A Cooperative Species: Human Reciprocity and Its Evolution.* Princeton, N.J.: Princeton University Press. サミュエル・ボウルズ／ハーバート・ギンタス『協力する種』竹澤正哲監訳、大槻久・高橋伸幸・稲葉美里・波多野礼佳訳、NTT 出版、2017
· Bowles, Samuel, and Sung-Ha Hwang. 2008. "Social Preferences and Public Economics: Mechanism Design When Social Preferences Depend on Incentives." *Journal of Public Economics* 92, no. 8–9: 1811–20.
· Bowles, Samuel, and Ugo Pagano. 2006. "Economic Integration, Cultural Standardization, and the Politics of Social Insurance." In *Globalization and Egalitarian Redistribution,* edited by Samuel Bowles, Pranab Bardhan, and Michael Wallerstein, 239–305. Princeton, N.J.: Princeton University Press.
· Bowles, Samuel, and Sandra Polania-Reyes. 2012. "Economic Incentives and Social Preferences: Substitutes or Complements?" *Journal of Economic Literature* 50, no. 2: 368–425.
· Boyd, Robert, and Peter J. Richerson. 1985. *Culture and the Evolutionary Process.* Chicago: University of Chicago Press.
· Braaten, Ragnhild Haugli. 2014. "Land Rights and Community Cooperation: Public Goods Experiments from Peru." *World Development* 61: 127–41.
· Brown, Martin, Armin Falk, and Ernst Fehr. 2004. "Relational Contracts and the Nature of Market Interactions." *Econometrica* 72, no. 3: 747–80.
· Buchanan, James. 1975. *The Limits of Liberty.* Chicago: University of Chicago Press.
· Burdin, Gabriel, Simon Halliday, and Fabio Landini. 2015. "Third-Party vs. Second-Party Control: Disentangling the Role of Autonomy and Reciprocity." Institute for the Study of Labor (IZA) Discussion Paper No. 9251. Available from SSRN: http://papers.ssrn.com/sol3/papers.cfm?abstract_id=2655291.

· ———. 1970. *An Introduction to the Principles of Morals and Legislation.* Edited by J. H. Burns and H. L. A. Hart. London: Athlone. Orig. pub. 1789. J. ベンサム「道徳および立法の諸原理序説」山下重一訳『世界の名著（49）ベンサム /J. S. ミル』中央公論新社、1979
· Benz, Matthias, and Stephan Meier. 2008. "Do People Behave in Experiments as in the Field? Evidence from Donations." *Experimental Economics* 11, no. 3: 268–81.
· Berg, Joyce, John Dickhaut, and Kevin McCabe. 1995. "Trust, Reciprocity, and Social History." *Games and Economic Behavior* 10: 122–42.
· Bergstrom, Theodore C. 1989. "A Fresh Look at the Rotten Kid Theorem—and Other Household Mysteries." *Journal of Political Economy* 97: 1138–59.
· Besley, Timothy. 2013. "What's the Good of the Market: An Essay on Michael Sandel's *What Money Can't Buy.*" *Journal of Economic Literature* 1: 478–93.
· Besley, Timothy, Gwyn Bevan, and Konrad Burchardi. 2008. "Accountability and Incentives: The Impacts of Different Regimes on Hospital Waiting Times in England and Wales." London School of Economics, http://econ.lse.ac.uk/staff/tbesley/papers/nhs.pdf.
· Besley, Timothy, and Maitreesh Ghatak. 2005. "Competition and Incentives with Motivated Agents." *American Economic Review* 95: 616–36.
· Bisenius, Don. 2010. "A Perspective on Strategic Defaults." Available at: www.freddiemac.com/news/featuredperspectives/20100503_bisenius.html.
· Bliss, Christopher J. 1972. "Review of R. M. Titmuss, *The Gift Relationship: From Human Blood to Social Policy.*" *Journal of Public Economics* 1: 162–65.
· Bloomfield, Morton. 1952. *The Seven Deadly Sins.* East Lansing: Michigan State University Press.
· Boehm, Christopher. 1984. *Blood Revenge: The Enactment and Management of Conflict in Montenegro and Other Tribal Societies.* Lawrence: University Press of Kansas.
· Bohnet, Iris, Fiona Greig, Benedikt Herrmann, and Richard Zeckhauser. 2008. "Betrayal Aversion: Evidence from Brazil, China, Oman, Switzerland, Turkey, and the United States." *American Economic Review* 98, no. 1: 294–310.
· Boswell, James. 1980. *Life of Johnson.* Edited by R. W. Chapman. Oxford: Oxford University Press. Orig. pub. 1791. J. ボズウェル『サミュエル・ジョンソン伝 1, 2, 3』中野好之訳、みすず書房、1981–1983
· Bowles, Samuel. 1989. "Mandeville's Mistake: Markets and the Evolution of Cooperation." Paper presented to the September Seminar meeting of the Department of Philosophy, University College London.

・Arrow, Kenneth J., and Frank H. Hahn. 1971. *General Competitive Analysis.* Advanced Textbooks in Economics 12, San Francisco: Holden-Day. K. J. アロー、F. H. ハーン『一般均衡分析』福岡正夫・川又邦雄訳、岩波書店、1976
・Axelrod, Robert, and William D. Hamilton. 1981. "The Evolution of Cooperation." *Science* 211: 1390–96.
・Bandura, Albert. 1991. "Social Cognitive Theory of Moral Thought and Action." In *Handbook of Moral Behavior and Development,* vol. 1, *Theory,* edited by William Kurtines and Jacob Gewirtz, 45–103. Hillsdale, N.J.: Erlbaum.
・Bar-Gill, Oren, and Chaim Fershtman. 2004. "Law and Preferences." *Journal of Law, Economics, and Organization* 20, no. 2: 331–53.
・———. 2005. "Public Policy with Endogenous Preferences." *Journal of Public Economic Theory* 7, no. 5: 841–57.
・Baran, Nicole M., Paola Sapienza, and Luigi Zingales. 2010. "Can We Infer Social Preferences from the Lab? Evidence from the Trust Game." *Chicago Booth Research Paper* No. 10–02. Available at SSRN: http://dx.doi.org/10.2139/ssrn.1540137.
・Barr, Abigail. 2001. "Social Dilemmas, Shame-Based Sanctions, and Shamelessness: Experimental Results from Rural Zimbabwe." Working Paper WPS/2001.11, Centre for the Study of African Economies, Oxford University.
・Barr, Abigail, and Chris Wallace. 2009. "Homo Aequalis: A Cross-Society Experimental Analysis of Three Bargaining Games." Economics Series Working Paper no. 422, Department of Economics, University of Oxford. Available at EconPapers: http://econpapers.repec.org/repec:oxf:wpaper:422.
・Barry, Herbert III, Irvin L. Child, and Margaret K. Bacon. 1959. "Relation of Child Training to Subsistence Economy." *American Anthropologist* 61: 51–63.
・Becker, Gary. 1974. "A Theory of Social Interactions." *Journal of Political Economy* 82: 1063–93.
・Belkin, Douglas. 2002. "Boston Firefighters Sick — or Tired of Working." *Boston Globe,* January 18.
・Benabou, Roland, and Jean Tirole. 2003. "Intrinsic and Extrinsic Motivation." *Review of Economic Studies* 70: 489–520.
・———. 2006. "Incentives and Prosocial Behavior." *American Economic Review* 96, no. 5: 1652–78.
・Benner, Erica. 2009. *Machiavelli's Ethics.* Princeton, N.J.: Princeton University Press.
・Bentham, Jeremy. 1962. *The Works of Jeremy Bentham,* vol. 8. Edited by John Bowring. New York: Russell and Russell.

引用文献

・Aaron, Henry. 1994. "Public Policy, Values, and Consciousness." *Journal of Economic Perspectives* 8, no. 2: 3–21.

・Aghion, Philippe, Yann Algan, and Pierre Cahuc. 2011. "Civil Society and the State: The Interplay between Cooperation and Minimum Wage Regulation." *Journal of the European Economic Association* 9, no. 1: 3–42.

・Akerlof, George A., and Rachel Kranton. 2010. *Identity Economics: How Our Identities Shape Our Work, Wages, and Well-Being.* Princeton, N.J.: Princeton University Press. ジョージ・A・アカロフ、レイチェル・E・クラントン『アイデンティティ経済学』山形浩生・守岡桜訳、東洋経済新報社、2011

・Alesina, A., and Paola Giuliano. 2011. "Family Ties and Political Participation." *Journal of the European Economic Association* 9, no. 5: 817–39.

・Andreoni, James. 1990. "Impure Altruism and Donations to Public Goods: A Theory of Warm-Glow Giving." *Economic Journal* 100: 464–77.

・Andreoni, James, and John Miller. 2002. "Giving According to GARP: An Experimental Test of the Consistency of Preferences for Altruism." *Econometrica* 70, no. 2: 737–53.

・Angrist, Joshua, and Victor Lavy. 2009. "The Effects of High Stakes High School Achievement Awards: Evidence from a Randomized Trial." *American Economic Review* 99, no. 4: 1384–414.

・Ariely, Dan, Ximena Garcia-Rada, Lars Hornuf, and Heather Mann. 2015. "The (True) Legacy of Two Really Existing Economic Systems." *Munich Discussion Paper* No. 2014-26. Available at SSRN: http://dx.doi.org/10.2139/ssrn.2457000.

・Aristotle. 1962. *Nicomachean Ethics.* Translated by Martin Ostwald. Indianapolis: Bobbs-Merrill. アリストテレス『ニコマコス倫理学』(上・下)高田三郎訳、岩波文庫、1971–73など

・———. 2006. *On Rhetoric: A Theory of Civic Discourse.* Translated by George A. Kennedy. Oxford: Oxford University Press.

・Arrow, Kenneth J. 1971. "Political and Economic Evaluation of Social Effects and Externalities." In *Frontiers of Quantitative Economics,* edited by M. D. Intriligator, 3–23. Amsterdam: North Holland.

・———. 1972. "Gifts and Exchanges." *Philosophy and Public Affairs* 1, no. 4: 343–62.

解説

亀田　達也

『モラル・エコノミー』について、実験社会科学（experimental social sciences）の観点から論考を試みたい。私自身は経済学者ではないが、社会心理学を起点に、経済学・認知科学・神経科学・進化生物学などの視点を取り入れながら、人間の社会行動について実験を中心とする研究アプローチを進めてきた（ゆえに「実験社会科学者」と勝手に自称している：亀田二〇二二）。本書『モラル・エコノミー』の立論でも、「実験」が最重要の鍵を握っている。ここではまず、自分の経験に即して実験社会科学の展開を解説することを出発点に、ボウルズ博士の豊かな議論について吟味を行いたい。

実験社会科学とは？

周知のように、実験とは変数を操作し（いくつかの条件を作り）、その変数がどのような効果をもたらすかを検討する研究手法である。例えば新薬の効果を検討するためには、新薬を投与する条件、偽薬（プラセボ）を投与する条件の最低二つを用意して条件間で効果を比較すれば良い。このとき、偽薬条件よりも新薬条件で治癒・改善の程度が統計的に（有意に）高いならば、薬理効果があったと結論できる。

実験は物理学・化学・生物学など自然科学の世界では標準的な手法だが、社会科学の世界では、心理学を除いて、長い間、使われることがなかった。しかしこの事情は、二〇世紀の終わり頃から急速に変化し始め、今日では、経済学、人類学、政治学、ひいては哲学においても有力な研究手法の一つとなっている（例えば、近年のノーベル経済学賞は、二〇〇二年のヴァーノン・スミス博士、ダニエル・カーネマン博士、二〇〇九年のエリノア・オストロム博士、二〇一七年のリチャード・セイラー博士など、実験を用いる研究者にも与えられている）。

こうした背景のもと、我が国においても、科学研究費特定領域研究「実験社会科学——実験が切り開く21世紀の社会科学」（二〇〇七—一二年度：西條辰義領域代表）が展開した。そこでの研究組織は、制度設計と評価（市場、組織、政治、社会の四つの班）、人間モデルの構築（集団、文化、意思決定の三つの班）、理論班、総括班、および公募班だった。これらの班の守備範囲は、従来の学問分野で言うならば、経済学、経営学、政治学、社会学、心理学、哲学、生物学、工学、神経科学にまたがっていた。

容易に想像されるように、プロジェクト発足の当初は、分野間のコミュニケーションに大きな壁があった。例えば、ゲームを用いた実験を長い間行ってきた経済学者と社会心理学者の間でも、互いの論点や興味の持ち方が最初は全く理解できなかった。しかし、実験という手法の共有は、それぞれの主張が実験のプロトコル（手順）とデータからどのように担保されるのか、経験的な土俵に立って、相手に分かるように明確に説明できなければならないという重要な制約を、メンバー全員に課した。その結果、相手のポイントや興味のあり方が（技術的な細部はともかく）、データや方法に即したかたちで次第に理解できるようになった。

また、この時期には、社会行動を考えるための人間モデルが、無限の計算能力をもつスーパースマートなホモ・エコノミクスから、進化的・生態学的・認知的制約のもとで適応合理的（adaptively rational）に振る舞う人間観に次第に置き換わるという重要な学問的変化が世界的に進行した。この結果、実験という方法レベルの共有からスタートした研究者たちの間に、個別分野の壁を超えた「共通の問題群・概念枠組み」への関心が生まれた。すなわち、協力・信頼・共感・正義など、人間社会を作るbuilding blocksの働き、人文学・社会科学にとってコアの問題群への実験による接近が「実験社会科学」として意識されるようになった。

全く同様の展開が、アメリカにおいても一九九〇年代後半に急速に進行した。本書でも紹介される経済学者と人類学者の共同による「一五の伝統的小社会」についてのゲームを用いた比較実験、生物学と社会科学が交叉する人間行動進化学会（Human Behavior and Evolution Society）の活発化など、世界各地のさまざまな研究者・拠点の間で、「適応・進化」のメタな共通視点のもとに、人間の社会行動を理解する新しいパラダイムを生み出そうという強い機運が生まれた。ボウルズ博士はその中心メンバーの一人だった。このように見ると、『モラル・エコノミー』で展開される、経済学の伝統的範疇にとどまらないボウルズ博士の議論は、まさに実験社会科学の流れそのものを体現していると言えるだろう。

クラウディングアウト現象

本書でボウルズ博士は、ホモ・エコノミクスでは表現できない人間像、すなわち、協力・信頼・共感・規範・正義など、「社会や人間関係のあり方を深く気にしてしまう」人間像（ホモ・ソキアリス＝社会的人間）をもとに、社会科学の中心的問いである「秩序問題」（無秩序な混乱や争いを避け、平和で安定した社会を実現するためにはどうしたらよいか：Machiavelli, 1531; Hobbes, 1651; 盛山・海野一九九一）に挑んでいる。

標準的な「ホモ・エコノミクスの仮定」は、秩序問題を考える上でなぜうまく機能しないのか？　この点をハイライトするために、ボウルズ博士がまず取り上げるのが、クラウディングアウト現象である。イスラエル・ハイファの託児所で遅刻に罰金を科すことが却って遅刻者を増した事例（Gneezy & Rustichini, 2000）、コロンビアの農民が森林資源の過剰伐採に対して監視・罰金システムを科されると却って伐採水準を上げる事例（Cardenas et al. 2000）など、法学でいう「抑止理論」（罰の導入は違反行為を抑止するはず）とは正反対の実験結果が次々と鮮やかに描かれている。[注]

（注）付言すれば、心理学の古典的研究でも、やること自体が楽しい課題に金銭などの外部報酬が追加されると、もともとのやる気（内発的動機づけ）が低下する場合があることが指摘されてきた。「絵を描けばご褒美をあげる」と約束すると、それまで楽しんでいたお絵描きにアメリカの子供たちが却って興味を失ったという実験結果（Lepper et al. 1973）は、社会心理学で、過度の正当化（overjustification）現象と呼ばれ、学業場面における遂行を中心にその規定因や範囲が検討されてきた（Deci et al., 1999）。一九九〇年代の後半になって、経済学で独立に検討されてきた、金銭報酬が献血など善意の行為を減らす効果をもつ場合があるという知見（Titmuss, 1971）との共通性が指摘されるようになり、クラウディングアウト（締め出す、阻害する）という言葉が生まれた（Frey, 1997; Frey & Reto, 2001）。

私たちの生活において、市場は極めて重要だ。しかし、上述の公共サービスの提供、森林や水資源の利用など、私たちの日常には、「見えざる手」や「価格」が機能しない重要な相互依存場面が無数に存在する。周知のように、誰もが自由にアクセスできる一方、対価を支払わない者を排除できない公共財（public goods）の利用にあたっては、私的な利益と集団・公共の利益の間に、市場メカニズムでは解決できない深刻な葛藤が起きる。共有地の悲劇や社会的ジレンマに代表されるこうした社会的問題を解決するために、経済学を中心に、ホモ・エコノミクスを前提としながら個人にとってのインセンティブを上手に設計する、さまざまな「賢い」方法が提案されてきた（本書で痛烈に批判されるメカニズム・デザインはその代表である）。

その一方で、「適応合理的」な人間が持つ社会的選好（social preference）を重視するアプローチがある。本書で論じられるように、社会的選好とは、利他性、互酬性、不平等回避、倫理的関心、嫉妬心など、「自分以外の他者の福利に私たちが抱く関心」を反映した選好（other-regarding preference）である。ホモ・エコノミクスが自分の福利・状態のみに関心を向ける（self-regarding）存在であるのに対して、実際のヒトは、プラス（共感・利他性）、マイナス（嫉妬・偏見・差別）の両面で、他者の福利や社会状態に無関心でいることができない、極めて敏感な社会的感受性を備えている（亀田二〇一七）。例えば、多くの人間は「同じグループに属するほかの者が協力する限り自分も協力する」ホモ・レシプロカンスであるという議論、「協力する人間は違反者を自主的に罰する強い互酬性（strong reciprocity）を備えている」という議論が、秩序問題を解く鍵として（さまざまな論争を巻き起こしながら）、ボウルズ博士を含む研究者たちにより「協力の進化」の文脈で精力的に提唱されてきた（Fehr & Gächter, 2002; Bowles & Gintis, 2011）。

しかし、本書の白眉は、こうした「進化的に獲得された社会的選好」が実際には極めて脆弱なものかもしれないという論点である。法学の抑止理論を含む政策パラダイムは、「社会的選好の効果は経済的インセンティブの効果と独立である（分離可能で上乗せされる）」という前提に基づいている。しかし、トップダウンの罰則規定の導入がコロンビア農民のもともとの協力傾向を阻害（クラウディングアウト）したように、社会的選好は、本質的な意味で、経済的なインセンティブと独立に（単純な足し算として）働かない。「公共財の供給に人々がどのように協力するか」を題材にさまざまなクラウディングアウトのかたち（限界的クラウディングアウト、強いクラウディングアウト、カテゴリー的クラウディングアウト）を区別した第3章の議論（図3・3）、およびそれに基づく実験結果の再解析（図3・4）は実に見事である。

政策決定者（ボウルズ博士の言葉を使えば、立法者）が「ふつうの人々」について、(i)ホモ・エコノミクス・モデル、(ii)分離可能な社会的選好、(iii)分離可能ではない社会的選好のどれを仮定するかにより、政策の立て方は大きく異なるだろう。イスラエルの託児所実験、コロンビアの森林伐採実験のような「劇的な失敗事例」はともかく、「新たに導入した罰金・監視制度が協力行動を何パーセント増やした」といった結果報告だけを聞くと、私たちはその政策が成功した、正解だったとつい思いがちである。しかし、そうした「成功」が本当に成功と言えるのか、クラウディングアウト現象は、私たちが陥りがちな素朴な政策評価に対して警鐘を鳴らしてくれる。

コロナ禍と「秩序のゆらぎ」

本書『モラル・エコノミー』が書かれた二〇一六年以降、私たちは人類史的な経験をした。二〇一九年から顕在化したコロナ禍である。コロナ禍では、日常品の買い占め、大衆ファシズムと評された「自粛警察」や相互監視のエスカレーション、感染者や医療関係者への偏見や差別の連鎖、SNSにおける風評の拡散、「コロナ疲れ」と社会規範の劣化（アノミー）など、さまざまな社会現象に注目が集まった。同時に、新型コロナウィルスの流行によって加速された社会の変化、以前から進んでいた技術革新やその社会的受容が一挙に加速したことによる「秩序のゆらぎ」に私たちは気づかされた。クラウディングアウト現象の存在は、私たちが「秩序のゆらぎ」にどう対処するかを考える上で極めて重要である。倫理やモラルが、インセンティブの効果に上乗せされるだけの補助的存在ではないとすれば、両者がどのように交絡するかを実証的に検討するアプローチは必須だろう。本書で、ボウルズ博士は、アメリカ的なリベラリズムの立場からクラウディングアウト現象の弊害を描き出した。

しかし、その一方で、インセンティブに対するクラウディングアウト的な反応パターンが、ヒト全般に普遍的に当てはまる現象かどうかは分からない。例えば、外的報酬により内発的動機づけが低下する現象（ご褒美の約束が子供のお絵描きへの興味を低下させるなど：Lepper et al., 1973）は、特定の文化や社会階層に限定されるという指摘もある。現象の背景には、「自由な選択」に価値を置くリベラルな文化（アメリカや西ヨーロッパ、中産階級の文化）があり、「自分で選ぶ自由が外側から脅かされる」と感じるときに限って生じる、という指摘である（Iyengar & Lepper, 1999）。

同じように、サンクション（賞罰）や監視制度に対する反応も、人々がどのような政治・文化に埋め込まれているのかに大きく依存するのかもしれない。たしかに、共感性やモラルなどの心理的能力は、ヒトに生物的・進化的に組み込まれている普遍的能力だろう。しかし、人々がこれらの能力をどの程度発揮するか、認知的道具としてどのように実際に使うかは、人々が属する政治・文化の文脈と切り離せない。発達科学の観点からも、個人の能力がどのように発現するかは社会生態学的環境に強く依存する（明和二〇一九）。さらにまた、政治・文化そのものも、経済状況や技術革新によってダイナミックに変容する（Acemoglu & Robinson, 2019 ; Deneen, 2018）。

経済学者の梶谷懐とジャーナリストの高口康太は、『幸福な監視国家・中国』（NHK出版新書、二〇一九）のなかで、現在、テクノロジーやそれを実装したアーキテクチャが、人々の行動パターンだけではなく考え方までも大きく変えつつあることを指摘し、次のように論じた。

現実世界でもインターネット上でもすべてが政府に筒抜けなのですが、驚くべきは中国人のほとんどがそれに不満を抱いていないどころか現状を肯定的に見ているということです。それは中国人がプライバシーに無頓着だから、専制政治によって洗脳されているから……という単純な理由からではありません。（四頁）

中国における「監視社会」化の進行を、欧米や日本におけるそれとはまったく異質な、おぞましいディストピアの到来として「他者化」してしまう短絡的な姿勢は厳に慎むべきでしょう。「監視社会」が現代社会において人々に受け入れられてきた背景が利便性・安全性と個人のプライバシーとのトレードオフにおいて、前者をより優先させる、功利主義的な姿勢にあるとしたら、中国におけるその受容と「西側先進諸国」におけるそれとの間に、明確に線を引くことはどう考えても困難だからです。（一六七―一六八頁）

「安全・安心」が強調される日本社会にとって、この指摘は重い。共感や倫理・モラルを含む人々の社会的選好が「システム」に影響され、翻って「システム」を創出し維持する双方向的で複雑なプロセス——その圧倒的なリアリティに私たちはいま直面している。

本書『モラル・エコノミー』は、ポストコロナ社会における「秩序のゆらぎ」を考えるうえで、最重要の著作の一つである。クラウディングアウトからクラウディングインに向けて、「アリストテレスの立法者」をリベラリズムのもとでどう実現するのか、ボウルズ博士の問題提起は、社会科学全体に対して極めてアクチュアルな意味をもつ、現在進行形の普遍的な問いである。

（かめだ・たつや　明治学院大学情報数理学部教授・情報科学融合領域センター長）

解説引用文献

・Acemoglu, D., & Robinson, J.A.（2019）. *The narrow corridor: States, societies, and the fate of liberty*. Penguin Press.（ダロン・アセモグル、ジェイムズ・A・ロビンソン『自由の命運――国家、社会、そして狭い回廊』櫻井祐子訳、早川書房、二〇二〇）
・Bowles, S., & Gintis, H.（2011）. *A cooperative species: Human reciprocity and its evolution*. Princeton University Press.（サミュエル・ボウルズ、ハーバート・ギンタス『協力する種――制度と心の共進化』竹澤正哲・高橋伸幸・大槻久・稲葉美里・波多野礼佳訳、NTT出版、二〇一七）
・Cardenas, J.C., Stranlund, J., & Willis, C.（2000）. Local environmental control and institutional crowding-out. *World Development*, 28, 1719–1733.
・Deci, E. L., Koestner, R., & Ryan, R. M.（1999）. A meta-analytic review of experiments examining the effects of extrinsic rewards on intrinsic motivation. *Psychological Bulletin*, 125, 627–668.

・Deneen, P.J.（2018）. *Why liberalism failed.* Yale University Press.（パトリック・J・デニーン『リベラリズムはなぜ失敗したのか』角敦子訳、原書房、二〇一九）
・Fehr, E., & Gächter, S.（2002）. Altruistic punishment in humans. *Nature*, 415, 137–140.
・Frey, B.（1997）. A constitution for knaves crowds out civic virtues. *Economic Journal*, 107, 1043–1053.
・Frey, B., & Reto, J.（2001）. Motivation crowding theory: A survey of empirical evidence. *Journal of Economic Surveys*, 15, 589–611.
・Gneezy, U., & Rustichini, A.（2000）. A fine is a price. *Journal of Legal Studies*, 29, 1–17.
・Hobbes, T.（1651）. *Leviathan : Or the Matter, Forme and Power of a Commonwealth Ecclesiasticall and Civil*（トマス・ホッブズ『リヴァイアサン』水田洋訳、岩波文庫、一九九二）
・Iyengar, S.S., & Lepper, M.R.（1999）. Rethinking the value of choice: A cultural perspective on intrinsic motivation. *Journal of Personality and Social Psychology*, 76, 349–366.
・梶谷懐・高口康太『幸福な監視国家・中国』ＮＨＫ出版新書、二〇一九
・亀田達也『モラルの起源――実験社会科学からの問い』岩波新書、二〇一七
・亀田達也『連帯のための実験社会科学――共感・分配・秩序』岩波書店、二〇二二
・Lepper, M.R., Greene, D., & Nisbett, R. E.（1973）. Undermining children's intrinsic interest with extrinsic reward: A test of the "overjustification" hypothesis. Journal of Personality and Social Psychology, 28, 129–137.
・Machiavelli, N.（1531）. Discorsi sopra la prima Deca di Tito Livio（ニッコロ・マキァヴェッリ『ディスコルシ――「ローマ史」論』永井三明訳、ちくま学芸文庫、二〇一一）
・明和政子『ヒトの発達の謎を解く』ちくま新書、二〇一九

・盛山和夫・海野道郎編『秩序問題と社会的ジレンマ』ハーベスト社、一九九一
・Titmuss, R.（1971）. *The gift relationship: From human blood to social policy*. New York: Pantheon.

ま

や・ら・わ

た

は

人名索引

あ

か

さ

ま

ら、わ

な

は

た

事項索引

本書は、二〇一七年三月二十三日、ＮＴＴ出版より刊行された。

じゅうぶん豊かで、貧しい社会
ロバート・スキデルスキー／エドワード・スキデルスキー
村井章子訳
ケインズ研究の世界的権威による喜びのある労働と意味のある人生の実現に向けた経済政策の提言。目指すべきは、労働生産性の低下である。（諸富徹）

アマルティア・セン講義
経済学と倫理学
アマルティア・セン
徳永澄憲／松本保美／青山治城訳
経済学は人を幸福にできるか？ 多大な学問的・社会的貢献で知られる当代随一の経済学者、セン。その根本をなす思想を平明に説いた記念碑的講義。

アマルティア・セン講義
グローバリゼーションと人間の安全保障
アマルティア・セン
加藤幹雄訳
貧困なき世界は可能か。ノーベル賞経済学者が今日のグローバル化の実像を見定め、個人の生や自由を確保し、公正で豊かな世界を築くための道を説く。

大企業の誕生
A・D・チャンドラー
丸山惠也訳
世界秩序の行方を握る多国籍企業は、いったいいつ、どのようにして生まれたのか？ アメリカ経営史のカリスマが、豊富な史料からその歴史に迫る。

日本資本主義の群像
栂井義雄
渋沢栄一、岩崎弥之助、団琢磨ら。明治維新から太平洋戦争終焉まで、日本資本主義を創建・牽引した10名の財界指導者達の活動を描く。（武田晴人）

日本の経済統制
中村隆英
戦時中から戦後にかけて経済への国家統制とはどのようなものであったのか。その歴史と内包する論理を実体験とともに明らかにした名著。（岡崎哲二）

交響する経済学
中村達也
それぞれの分野ですぐれた処方箋を出した経済学者にスポットライトをあて、経済学をどう理解し、どう使えば社会がうまく回るのかを、指し示す。

ポランニー・コレクション
経済と自由
カール・ポランニー
福田邦夫ほか訳
二度の大戦を引き起こした近代市場社会の問題点をえぐり出し、真の平和に寄与する社会科学の構築を目指す。ポランニー思想の全てが分かる論稿集。

経済思想入門
松原隆一郎
スミス、マルクス、ケインズら経済学の巨人たちは、どのような問題に対峙し思想を形成したのか。その今日的意義までを視野に説く、入門書の決定版。

宗教の理論　ジョルジュ・バタイユ　湯浅博雄 訳
聖なるものの誕生から衰滅までをつきつめ、宗教の根源的核心に迫る。文学、芸術、哲学、そして人間にとって宗教の〈理論〉とは何なのか。

純然たる幸福　ジョルジュ・バタイユ　酒井健 編訳
著者の思想の核心をなす重要論考20篇を収録。文庫化にあたり「クレー」「ヘーゲル弁証法の基底への批判」「シャプサルによるインタビュー」を増補。

エロティシズムの歴史　ジョルジュ・バタイユ　湯浅博雄／中地義和 訳
三部作として構想された『呪われた部分』の第二部。荒々しい力〈性〉の禁忌に迫り、エロティシズムの本質を暴く、バタイユの真骨頂たる一冊。（吉本隆明）

エロスの涙　ジョルジュ・バタイユ　森本和夫 訳
エロティシズムは禁忌と侵犯の中にこそあり、それは死と切り離すことができない。二百数十点の図版で構成されたバタイユの遺著。（林好雄）

呪われた部分　有用性の限界　ジョルジュ・バタイユ　中山元 訳
『呪われた部分』草稿、アフォリズム、ノートなど15年にわたり書き残した断片。バタイユの思想体系の全体像と精髄を浮き彫りにする待望の新訳。

入門経済思想史　世俗の思想家たち　R・L・ハイルブローナー　八木甫ほか 訳
何が経済を動かしているのか。スミスからマルクス、ケインズ、シュンペーターまで、経済思想の巨人たちのヴィジョンを追う名著の最新版訳。

分析哲学を知るための　哲学の小さな学校　ジョン・パスモア　大島保彦／高橋久一郎 訳
数々の名テキストで哲学ファンを魅了してきた分析哲学界の重鎮が、現代哲学を総ざらい！　思考や議論の技を磨きつつ、哲学史を学べる便利な一冊。

表現と介入　イアン・ハッキング　渡辺博 訳
科学にとって「在る」とは何か？　科学は真理を捉えられるのか？　現代哲学の鬼才が20世紀を揺るがした問いの数々に鋭く切り込む！　（戸田山和久）

社会学への招待　ピーター・L・バーガー　水野節夫／村山研一 訳
社会学とは、「当たり前」とされてきた物事をあえて疑い、その背後に隠された謎を探求しようとする営みである。長年親しまれてきた大定番の入門書。

創造的進化
アンリ・ベルクソン
合田正人／松井久訳

生命そして宇宙は「エラン・ヴィタル」を起爆力に、自由な変形を重ねて進化してきた——。生命概念を刷新したベルクソン思想の集大成的主著。

道徳と宗教の二つの源泉
アンリ・ベルクソン
合田正人／小野浩太郎訳

閉じた道徳／開かれた道徳、静的宗教／動的宗教への洞察から、個人のエネルギーが人類全体の倫理的行為へ向かう可能性を問う。最後の哲学的主著新訳。

笑い
アンリ・ベルクソン
合田正人／平賀裕貴訳

「おかしみ」の根底には何があるのか。主要四著作に続き、多くの読者に読みつがれてきた本著作の最新訳。主要著作との関連も俯瞰した充実の解説付。

精神現象学（上）
G・W・F・ヘーゲル
熊野純彦訳

人間精神が、感覚的経験という低次の段階から「絶対知」へと至るまでの壮大な遍歴を描いた不朽の名著。平明かつ流麗な文体による決定版新訳。

精神現象学（下）
G・W・F・ヘーゲル
熊野純彦訳

人類知の全貌を綴った哲学史上の一大傑作。四つの原典との頁対応を付し、著名な格言を採録した索引を巻末に収録。従来の解釈の遥か先へ読者を導く。

道徳および立法の諸原理序説（上）
ジェレミー・ベンサム
中山元訳

快と苦痛のみに基礎づけられた功利性の原理から、個人および共同体のありようを分析する。近代功利主義の嚆矢をなす記念碑的名著をついに完訳。

道徳および立法の諸原理序説（下）
ジェレミー・ベンサム
中山元訳

法とは何のためにあるのか？　科学に立脚して立法と道徳を問いなおし、真に普遍的な法体系を打ち立てんとするベンサムの代表作を清新な訳文で送る。

象徴交換と死
J・ボードリヤール
今村仁司／塚原史訳

すべてがシミュレーションと化した高度資本主義像を鮮やかに提示し、〈死の象徴交換〉による、その内部からの〈反乱〉を説く、ポストモダンの代表作。

経済の文明史
カール・ポランニー
玉野井芳郎ほか訳

市場経済社会は人類史上極めて特殊な制度的所産である——非市場社会の考察を通じて経済人類学に大転換をもたらした古典的名著。（佐藤光）

暗黙知の次元
マイケル・ポランニー
高橋勇夫訳

非言語的で包括的なもうひとつの知。創造的な科学活動にとって重要な〈暗黙知〉の構造を明らかにしつつ、人間と科学の本質に迫る。新訳。

現代という時代の気質
エリック・ホッファー
柄谷行人訳

群れず、熱狂に翻弄されることなく、しかし自分自身の内にこもることなしに、人々と歩み、権力と向きあっていく姿勢を、省察の人・ホッファーに学ぶ。

リヴァイアサン(上)
トマス・ホッブズ
加藤節訳

各人の各人に対する戦いから脱し、平和と安全を確立すべく政治的共同体は生まれた。その仕組みを分析した不朽の古典を明晰な新訳でおくる。全二巻。

リヴァイアサン(下)
トマス・ホッブズ
加藤節訳

キリスト教徒の政治的共同体における本質と諸権利、そして「暗黒の支配者たち」を論じて大著は完結する。近代政治哲学の歩みはここから始まった。

知恵の樹
H・マトゥラーナ／F・バレーラ
管啓次郎訳

生命を制御対象ではなく自律主体とし、自己創出を良き環と捉え直した新しい生物学。現代思想に影響を与えたオートポイエーシス理論の入門書。

社会学的想像力
C・ライト・ミルズ
伊奈正人／中村好孝訳

なぜ社会学を学ぶのか。抽象的な理論や微細な調査に明け暮れる現状を批判し、個人と社会を架橋する学という原点から問い直す重要古典、待望の新訳。

パワー・エリート
C・ライト・ミルズ
鵜飼信成／綿貫譲治訳

エリート層に権力が集中し、相互連結しつつ大衆社会を支配する構図を詳細に分析。世界中で読まれる階級論・格差論の古典的必読書。（伊奈正人）

メルロ=ポンティ・コレクション
モーリス・メルロ=ポンティ
中山元編訳

意識の本性を探究し、生活世界の現象学的記述を実存主義的に企てたメルロ=ポンティ。その思想の粋を厳選して編んだ入門のためのアンソロジー。

知覚の哲学
モーリス・メルロ=ポンティ
菅野盾樹訳

時代の動きと同時に、哲学自体も大きく転身した。それまでの存在論の転回を促したメルロ=ポンティ哲学と現代哲学の核心を自ら語る。

ちくま学芸文庫

モラル・エコノミー
インセンティブか善き市民か

二〇二四年九月十日　第一刷発行

著　者　サミュエル・ボウルズ
訳　者　植村博恭（うえむら・ひろやす）
　　　　磯谷明徳（いそがい・あきのり）
　　　　遠山弘徳（とおやま・ひろのり）
発行者　増田健史
発行所　株式会社　筑摩書房
　　　　東京都台東区蔵前二―五―三　〒一一一―八七五五
　　　　電話番号　〇三―五六八七―二六〇一（代表）
装幀者　安野光雅
印刷所　中央精版印刷株式会社
製本所　中央精版印刷株式会社

ISBN978-4-480-51259-8 C0133